U1071419

作者致谢

本书为本人个人研究项目“残障，社会政策和生命历程”的一部分，该项目得到了英国经济和社会研究委员会三年的研究经费支持（编号：R000271078）。我感谢在本书理论发展和经验研究中支持我的许多朋友。我特别感谢利兹大学残障研究中心的所有教职员工和学生们，你们为我提供了一个充满盎然生机与挑战的工作环境。

译者致谢

感谢中国残疾人联合会、中国残疾人事业发展研究会为本书出版提供的慷慨资助。

感谢法国驻华大使馆为本书翻译提供了部分翻译费善款。

感谢中国社会工作协会全国医疗救助与社会工作联盟为本书的海外版权转让事宜提供的转让费善款。

残障：一个生命历程的进路

Disability: A Life Course Approach

【英】马克 · 普里斯特利 著
王霞绯 李 敬 译
李 敬 王霞绯 校

人 民 出 版 社

“残障与发展系列译丛”编委会

编委会主任：程　凯

副　主　任：陈新民　郭春宁　杜　鹏　陈　功

编　　　委：（按照姓氏笔画排名）

丁　勇　丁元竹　王宁利　王旭东　王延中
王声湧　仉兴玉　方　仪　厉才茂　申曙光
白桂梅　曲相霏　吕庆喆　乔尚奎　刘伯红
刘继同　关信平　孙喜斌　李　敬　李芳萍
杨　佳　杨立雄　杨成钢　邱观建　何　欣
何文炯　邹广文　宋宝安　宋新明　张永安
张纯和　张国忠　张金明　张恺悌　林　义
周　沛　周晓林　胡　务　祖玉琴　费安玲
顾林生　高晓平　席　恒　唐　钧　陶慧芬
黄悦勤　常为民　盛大成　葛忠明　董才生
富明慧　蒲晓红　赖德胜　黎建飞　潘福林

项目统筹：胡仲明　杨文霞

总　　序

中国残疾人联合会理事长　鲁　勇

自有人类，就有残疾人。残疾是人类状况的一部分，几乎每个人在生命的某一阶段都会有暂时或永久性的损伤。世界卫生组织2002年至2004年在59个国家和地区开展的《世界健康调查》数据显示，全球1.1亿人有很严重的功能障碍，约占全球人口的2.2%。2004年，世界卫生组织更新的《全球疾病负担》统计数据显示，全球1.9亿人有“严重的残疾”，如四肢瘫痪、严重的抑郁或者失明，约占全球人口的3.8%。2011年，世界卫生组织发布的《世界残疾报告》指出，根据2010年人口估计，全世界超过10亿人生活在残疾状态下，约占全球人口的15%。2006年，联合国通过了《残疾人权利公约》，这是国际社会在21世纪通过的第一个综合性人权公约，它标志着人们对待残疾人的态度和方法发生了重大转变。关心残疾人，做好残疾人服务工作，正在成为各界广泛的共识。

我国历来关心残疾人，高度重视残疾人工作。党和国家始终把残疾人事业纳入国家发展的大局，建立健全保障残疾人权益的法律体系，设立政府残疾人工作机构，建立残疾人事业保障体系和服务体系，广泛开展残疾人事业的国际交流与合作，促进残疾人事业发展取得了辉煌成就，全社会逐步形成了扶残助残的良好社会风尚，残疾人生存状况、生活状况显著改善，生活水平不断提高。特别是改革开放三十多年来，中国残疾人事业实现了历史性的开拓，探索出了一条具有中国特色的残疾人事业发展道路。1987年,我国开展了新中国成立后的第一次全国残疾人状况抽样调查;2006年,我国又实施了第二次全国残疾人状况抽样调查;2014年,我国首次启动了全国残疾人基本服务状况和需求的专项调查。抽样调查和专项调查结果,对促进残疾人事业加快发展提供了重要支撑。与此同时,我国加快健全保障残疾人权益的法律法规和政策措施。我国《宪法》对保障残疾人合法权益作出了明确规定。1990年,颁布实施了《中华人民共和国残疾人保障法》并于2008年进行了修订。2008年,中共中央、国务院出台了《关于促进残疾人事业发展的意见》。随着《残疾人教育条例》、《残疾人就业条例》、《无障碍环境建设条例》等法规的实施,进一步推动了残疾人权益保障和基本公共服务的落实。

党的十八大以来,以习近平同志为总书记的党中央十分关心残疾人、高度重视残疾人事业。党的十八大和十八届三中全会、四中全会都对关爱残疾人、发展残疾人事业提出了明确的要求。2013年9月,党中央国务院在中国残疾人联合会第六次全国代表大会开幕式祝词中指出,我们要充分认识做好残疾人工作的长期性和艰巨性,按照平等、参与、共享的目标要求,突出保障和改善残疾人民生,增强残疾人基本公共服务供给能力,促进残疾人全面发展,在实现中国梦的伟大实践中,团结带领、支持帮助广大残疾人创造更加幸福美好的新生活。2014年3月,习近平总书记在致中国残疾人福利基金会成立30周年贺信中特别强调,残疾人是一个特殊困难的群体,需要格外关心、格外关注。让广大残疾人安居乐业、衣食无忧,过上幸福美好的生活,是我们党全心全意为人民服务宗旨的重要体现,是我国社会主义制度的必然要求。2014年5月,习近平总书记在会见全国第五次自强模范暨助残先进表彰大会代表时更明确指出,残疾人是社会大家庭的平等成员,是人类文明发展的一支重要力量,是坚持和发展中国特色社会主义的一支重要力量。中国梦,是民族梦、国家梦,是每一个中国人的梦,也是每一个残疾人朋友的梦。我们都要凝心聚力,在实现人生梦想的同时,共同推动中华民族的美好梦想早日实现。各级党委和政府要高度重视残疾人事业,把推进残疾人事业当作分内的责任,各项建设事业都要把残疾人事业纳入其中,不断健全残疾人权益保障制度。各级残联要发扬优良传统,切实履行职责,为残疾人解难、为党和政府分忧,团结带领残疾人继续开创工作新局面。2015年2月,国务院印发了《关于加快推进残疾人小康进程的意见》,对保障和改善残疾人民生,帮助残疾人共享发展成果、同奔小康生活作出了具体部署。

当前,我们正行进在全面建成小康社会、全面深化改革、全面推进依法治国的新征程中。以习近平同志为总书记的党中央对残疾人事业作出的新部署新要求,为残疾人事业在新的起点上实现创新发展指明了方向。国务院出台《关于加快推进残疾人小康进程的意见》,为做好全面小康进程中的残疾人工作明确了任务。启动我国残疾人事业"十三五"发展纲要的规划编制工作,更为落实好各项举措提供了契机。

在实践中推动残疾人事业创新发展,既需要实际工作者的大胆实践,更需要理论工作者的有力指导。以治学的严谨审视鲜活的实践,以生动的实践检验理论的成果,才能学用相长,推动事业沿着正确的方向健康发展。正是在这种背景下,中国残疾人事业发展研究会联合中国社会科学院社会学所共同组织实施"残障与发展系列译丛"编译项目。

"残障与发展系列译丛"第一批项目由《〈残疾人权利公约〉研究:海外视角》、《残障:一个生命历程的进路》、《残障人士社会工作》、《探索残障:一个社会学引论》和《残障与损伤:同儿童和家庭一起工作》五本译著组成,是近年来国际社会知名学者关注残疾人群体、进行理论研究和实践探索的成果结晶。这套丛书以研究联合国《残疾人权利公约》为切入点,从社会科学和法学专业视角探讨了残疾人事务,包括社会工作、社会政策、特殊教育、医疗康复等领域。丛书中一些提法包括一些翻译用法,如用"残障人士"或"残障者"取代了"残疾人",丛书取名"残障与发展系列译丛"等等,体现出联合国《残疾人权利公约》中倡导的残障社会模式理念,即残障问题不仅是一个人的问题,还是一个需要从社会环境因素分析和解决的社会问题。

他山之石,可以攻玉。作为一种学术思考,丛书中的一些理念、翻译方法或许会引发争鸣与讨论,各界的认识并不完全一致。但我想,这种探索精神是值得肯定的。希望丛书的出版,有助于全社会更加重视对残疾人、残疾人事业的研究与关心,有关成果能为编制我国残疾人事业"十三五"发展纲要、加快残疾人小康进程、促进残疾人事业发展提供有益的借鉴。

衷心感谢本译丛的作者、译者,感谢为编辑出版这套译丛作出贡献的编委会成员。祝愿在未来的发展中,残疾人事业的理论与实践研究成果更加丰硕!

2015 年 2 月 15 日

译者前言

以“残障”取代“残疾”，虽然仅是一词变化，这一称呼改变背后支撑其存在的却是一种如何看待损伤的范式转换，也就是说，是将因损伤造成的差异看作个人不幸，还是去考察社会组织对这些存在差异人群的限制究竟是什么以及为什么？

欧洲顶尖残障研究学者之一马克·普里斯特利教授的《残障：一个生命历程的进路》一书，挑战了由来已久的个体模式，转而考察当代社会在政策、文化、社会结构和实践等层面对残障人士制造出来的种种排斥，以及残障人士对这些排斥的抵抗行动。

“生命历程”是普里斯特利教授作品中一以贯之的视角。他按照人生时序：出生、童年期、青少年期、成人期、老年期和死亡几个阶段，分别讨论残障人士在社会生活中的经历。未出世时准父母、医师、国家政策基于基因筛查技术所作的优生考量，童年期接受融合教育的权利和机会，青年期的同伴认同与性欲控制，成年期的亲权和就业等核心公民身份的得失，人至老年时被边缘化而产生的认同危机与安乐死问题，凡此种种都是残障者一生中不断遭遇的挑战。

当代，高度组织化的社会生成了种种致残性的社会障碍，排斥了残障人士的充分参与。可贵的是，残障人士也逐渐开始抵抗排斥。读者通过这种“生命历程”视角，将能体会到同一个个体在不同年龄阶段所拥有的残障体验是如此不同。而处于不同世代的残障人士，譬如，处于前工业化时期的青年残障人士与工业化时期，直至后工业化时期的青年残障人士，他们拥有的残障体验也大相径庭。

本书的重要性首先体现在本书新颖的概念框架上。在中国既存的残障研究中，将残障和生命历程结合起来论述的著作和研究尚不多见，而本书却是用“生命历程”为框架，一以贯之地组织起了所有关于残障议题的讨论。事实上，生命历程框架对于分析残障者个体、残障社群、相关社会政策和立法都有普遍适用性。除了理论框架上的新颖，本书还具有深厚的理论底蕴。目前中国的残障研究，特别是在残障社会科学研究领域，普遍面临理论基础相对薄弱问题，可汲取的理论范式和概念框架寥寥。而本书在“生命历程”概念框架下，介绍数以十计的理论进路，并提供了大量的参考文献，为后继研究者提供了指路明灯。

在此，译者希望也预先对普里斯特利教授在论述过程中涉及的某些理论概念、我们所选择的译法作一点说明。

Generation 这个词汇是作者的核心概念之一。国内多译为代际。但是，考虑到本书作者事实上赋予了该词两层含义：一是指代出生在相同时间段的同辈群体。他们因被某个时间段的社会事件（如大萧条）所影响，其行动、理念都携带着某个时代的共同特色，如现今常用的 80/90/00 后等概念。如是，一个人一生只会被标定为一个**世代**。二是指时序上的世代，和生命历程相似，一个人生命会经历很多世代，如童年、青年、老年，在此意义上，该词有代际的意思。鉴于上述两点，我们将 generation 翻译为**世代**，它包含代际之意但并不仅限于代际的含义。

作者在本书中使用 Embodied Experience 这一短语表达残障人士生理体验和心理状态之间的联系，二者是相互影响的。译者参照国内认知心理学领域的惯用译法，将其翻译为**具身性**。

Biographical Disruption：作者使用该词描述某些聚焦于残障对人生进程产生破坏性效应的研究。该词源自医学社会学家迈克尔·伯里（Michael Bury）的著作《作为人生进程破坏的慢性病》（*Chronic illness as biographical disruption*）。本书中译者沿用郇建立先生《慢性病与人生进程的破坏——评迈克尔·伯里的一个核心概念》一文中的译法，将 biographical disruption

翻译为**人生进程的破坏**。

Reflectivity 一词源自英国社会学家吉登斯的反思社会学传统，本书作者使用该词描述个体在现代性晚期与后现代时期具备的自我反思性。沿袭国内已有译法，我们将 reflectivity 翻译为**反思性**。

我们由衷希望本书的翻译可以为目前中国残障研究和政策发展提供一些新的精神食粮。书中翻译是否准确恰当，期待检验，恳请读者批评斧正。

目　　录

导　　论

理解残障及我们对残障的社会反应，不仅对学生和学者、还是对政策制定者以及关注社会变革的活动家而言，都呈现出了很多挑战。我希望本书对大家进一步认识残障问题能有所帮助。通过采纳生命历程进路（life course approach），本书提供了另一种思考残障问题的框架，即残障在各个世代（generations），并且在每一个生命历程转折点上都对人们产生了影响。生命历程视角很重要，因为它关注致残性社会（disabling societies）及其中的种种做法是如何以不同方式对不同世代（如儿童、青年、成人及老年人）造成了影响。同时，这种视角也启发我们在最初始的和终结的（出生和死亡）的生命历程中思考某些重要的残障议题。所以，在这种视角下，我们能够更为清晰地看到社会是如何以一种集体化的方式组织起世代边界（generational boundaries）和生命历程的转折点，以及它是如何塑造了我们在社会世界（social world）中对于残障的认识。

采纳生命历程进路可以提出很多重大问题。比如，为什么国家要竭力限制或预防残障儿童的出生？为什么人们总是把残障儿童排斥在主流教育之外？对残障青年人而言，青年文化和青年期转折有什么显著之处？对一个“独立的”成人期的社会期待，如，就业与教养后代，是如何作用于现代社会中的残障再生产的？为什么年老的残障人士鲜有如年轻残障人士那样，被人们认为是有残障的呢？为什么针对残障和非残障群体的死亡和临终问题，我们会使用不同的伦理标准呢？通过在理论和当前各类辩论的背景下来思考这些问题，本书展示出某些特定生命历程线性演进观以及当代社会中社会组织塑造出的种种生命历程是如何影响了我们对残障问题的理解。

一、本书为了谁

这是一本主要针对高校中从事残障研究学生和老师的书。本书的写作和它的呈现方式使人们可以在关于残障研究和其他相关领域的课程中把它当作教科书或辅助材料。但是，本书所涉及的议题将远远超越课堂讨论，其中很多部分可直接针对本领域的专家学者、政策制定者和感兴趣的大众读者。对那些在残障领域已相当熟悉的读者而言，本书采取的生命历程框架提供的是一种全新的针对当代残障理论和辩论的重要思考方式。在这种意义上，我希望本书在残障议题的学习和思考上可以提出一些重大的新进展。

二、本书关注的是什么？

本书讨论残障议题是当代社会中，各个年龄阶段、被认为是有损伤的人（people with perceived impairments）充分参与过程中遭到排斥的种种方式。它是关于讲述在实践、政策、文化和社会结构层面上对残障人士制造排斥以及残障人士对这些排斥进行抵抗的一本书。本书特别强调当代社会是如何组织残障和生命历程之间关系以及这种组织化又是如何影响不同年龄和不同世代人群的。本书很多章节中的材料都融入了关于世代和生命历程问题的理论分析，并提出这些材料是如何影响了我们对残障问题的理解。同时，对于特定残障议题本书也会有大量说明性材料，希望通过对这些案例的强调可以鼓励讨论和争辩。

三、本书不关注的是什么？

这主要是一本关于质疑针对残障人士致残性的阻隔和做法的书。它不是一本讨论牵涉到损伤或医学议题的书，也不会过多涉及残障人士的个体体验问题（虽然很大程度上，残障人士的作品和文化启迪了本书的创作）。现今有大量直接触及残障人士生命体验的作品，它们将对补充本书的探讨很有裨益。若对残障人士个人生平和生命史的研究感兴趣，可以在阅读本书的同时，参阅我编辑的论文集《残障和生命历程：全球视野》[*Disability and the Life Course*：*Global Perspectives*(*Priestley* 2001)]。

四、如何使用本书

本书的资料是按照人类生命历程的时间顺序进行组织的，粗略地说，就是“从摇篮到坟墓”，或更精确地说是（通过出生、童年、青年、成年、老年和死亡）“从子宫到坟冢”。我把章节作如此的安排，是为了便于读者既可以从头至尾按照顺序阅读，也可以将每一章视作一个独立的单元进行阅读。书中每一章会呈现出特定的主题，并探索相关议题。在全部主要章节中，我都会提供大量案例，针对相关议题的参考文献，进行扩展阅读、讨论要点和有助于学习的练习。本书第一章将提供贯穿全书始终的关于一些基本概念的背景和讨论，所以，人们首先阅读第一章可能很有益处。

五、关于术语的一点说明

本书使用“残障”（disability）这个术语，一如它在残障人士社会运动中的使用方式，是为了表明那些被认为有损伤的人由于物质和社会障碍，在充分参与社会中遭到的排斥。如今，这种定义在国际政策制定中得到了广泛应用，但是，这一概念起源于残障人士的书写中（譬如在英国“肢体损伤者反隔离联盟”①或“残疾人国际”②的文字作品里）。我将在第一章中详细讨论这些发展历程。

这种进路构成了今天众所周知的残障“社会模式”或社会阐释的基础。

---

① The Union of Physically Impaired Against Segregation in the UK（UPIAS），英国肢体损伤者反对隔离联盟，是20世纪70年代由肢体残障者组织起来的一个草根组织，它囊括了当时为数众多的具有从社会视角看待残障问题的社会活动家，也包括诸如后来成了残障研究领军学者Michael Oliver这样的人物，关于这个联盟的历史发展及相关文献请参阅英国利兹大学残障研究中心的档案：www.leeds.ac.uk/disability-studies/archiveuk/index.html。最后访问于2014年9月12日。——校者注

② Disabled People’s International（DPI）中国惯常翻译为残疾人国际，是1981年成立的全世界范围的残障者组织的代表机构，网址链接：http://www.dpi.org/。最后访问于2014年9月12日。——校者注

这一进路着重关注人们由于遭遇致残性阻隔变得残障，而不是通过个体层面的生理和认知功能这些必然的因果联系。这意味着残障作为一种社会不利性因素，产生于社会和文化过程。而通过构建一个包容性的社会，残障影响或许可以得到削弱或消除。

第一节　生命历程

本书的核心论点是基于这样的信念，也就是说，我们可以通过在生命历程情境中检视有关残障的种种争鸣而领悟到更多。在这里，人们所理解的生命历程是作为一种现代社会的核心组织原则，而不是作为个体一生事业的描述。在这种意义上，采取生命历程进路去研究残障问题，意味着我们将审视残障生命在社会中得以理解、组织和管理的种种方式，即，从规制生育和再生产到死亡和临终的社会组织（以及在这两者之间的任意时点上的情形）。既存残障研究文献的一个缺陷是，它们存在着关注非常狭隘领域问题的趋势，通常仅仅是关注那些涉及工作年龄段的成人议题。正如我们所见，那样做可能是有合理依据的，因为，我们对成人角色和责任的理解可以帮助我们认识到为什么被认为具有伤残的人士会如此频繁地在充分社会参与中遭到排斥。但成年人绝对无法代表这个群体的全部。作为概念框架的生命历程是一个富有成效的进路，因为它要求我们考虑影响人们生命各个阶段的更为宽泛的议题，从而不只局限在只针对少数群体的议题里。

有关残障的当代理论化过程倾向于强调残障人士作为一个社会中遭到压迫群体的集体经验，而这曾经非常具有创造性。但是，这同时也存在一个把集体经验过度简单化的危险，因为，我们了解到致残性的社会是以不同的方式影响不同人群的。譬如，在男性和女性之间、对具有不同损伤类型的人、对来自不同族裔的人和在不同文化情境中，残障体验都会存在显著不同。在这一情境下，生命历程进路提出对不同年龄层和不同生命阶段的人而言，残障也承载了不同的显著意义。如同社会性别理论展示的，我们通过区分残障男性和残障女性能取得很大收获一样，同理，生命历程进路也暗示出，当我们认真思考诸如“残障儿童”、“残障成年人”和“残障老年人”的时候，我们能有大量收获。

正因为如此，残障生命历程进路要求我们加入**世代**①（generation）这个概念。在这个意义下的世代，其内涵要远超过年龄的意义。它包括了思考人们建构重要的世代类别（如童年期、青年、成人期和老年期）的方式，以及各个世代之间的类别边界和转折是如何遭到社会关系和社会制度的管辖。对残障问题使用世代分析，强调了在生命历程不同时点中，某些特殊议题的不同含义。这里有一个很好的例子，例如，我们缺乏针对老年期残障相关议题的批判性讨论。随着年龄的增长，伤残的可能性日益增加。同时，在西方工业社会，残障人士中的大多数人已经超过了退休年龄。虽然事实如此，但人们却很少是用看待年轻人或儿童残障的那种方式，来看待老年“残障”的（即便是在更为激进的残障权利讨论中也是如此）。唯有我们考量了残障和世代的关系，才能理解这些异常现象。

在更普遍意义上，以世代和生命历程的视角来考虑残障问题，提供了一种可以连接当代社会理论和研究中一些重要议题的方式。在这方面，近期的社会科学发展强调了两种重要的趋势。首先，社会科学家对于以世代概念来研究社会分工（social divisions）的兴趣日益高涨，例如，一个崭新且具有批判性的童年社会学的兴起，青年研究的复兴以及社会老年学的一个更新了的兴趣。理解这些世代类别的结构与文化含义已经成为社会科学的核心任务。其次，在社会科学书写中出现了一个显著的“个人生平传记转向”（biographical turn），它强调了思考生命历程和个体生命议程的重要性（见Rustin 2000）。所以这里的重点是思考生命体验在某些社会和文化情境下的独特性。在现今残障研究中，已有大量的作品反映了这种更为普遍的趋势。

---

① generation在原文作者是通过斜体表示强调，翻译成中文后用字体加黑表示强调，在以下的翻译中遇到作者斜体强调的将都一律用黑体字表示。此外作者原文使用括号表示强调的，翻译中保留括号中文不加黑，请注意。——校者注

总而言之,采取生命历程进路包含了一种用贯穿生命始终的方式去审视残障问题。这包括思考社会中的生命历程转折在集体层面上被组织起来的方式;还包括残障问题的世代重要性,因为它们影响了不同年龄的人。生命历程进路为我们理解残障群体的分类方法提供了新的维度,并且具有为更广泛残障议题提供新的思考方法的前景(类似于一个社会性别分析的导论)。而世代和生命历程的分析也提供了将残障议题连接到某些重要的当代社会科学发展上的方式。

第二节　以下各章之要点

通过介绍本书的核心概念,即,残障、世代和生命历程,第一章提供了全书的理念基础。作为重要的社会类别,残障和世代在规制和管理我们对现代社会中“正常化”的生命历程的理解时,扮演着重要的角色。这一讨论将利用来自残障研究和生命历程研究两个方面的文献,以便强调正常化在通过残障和世代建构过程中的一些重要的相似性。这一讨论勾画出了这些建构面临的主要挑战,并呈现残障和世代概念是如何在当代就有关人格、公民身份和资格等讨论中被广泛运用的。这一分析认为,针对理想而性别化的成人期的历史性建构在对儿童、老人和(各个年龄阶段的)残障人士的边缘化中发挥了重要的社会影响。

第二章开篇考察出生和生命权问题,通过枚举各类国家政策和实践,本章探索了当代残障和优生领域的种种争议。这些讨论既包括限制残障儿童出生的国家支持性项目;也包括父母个体的生育选择。在这种情境下,信息和消费社会中的出生筛查和堕胎问题就显得尤其显著了。在社会学语境下,本章检视了国际政策的争论,并关注到残障人士运动是如何围绕这个议题展开的。这些案例都向我们展示了生物技术的新发展,稀缺福利资源的理性供给以及根深蒂固的优生学意识是如何相互结合,影响了我们对残障儿童出生的看法。在一个全球化社会中,不断增多的生活方式多样化却是和不断增多的使用优生学技术去管制其边界相冲突的。

第三章探索了残障和童年期的关系。这一讨论始于介绍大量涉及童年研究的理论取向（如，发展理论、社会化和“新”童年社会学）。这一研究展示出了传统进路是如何通过正常化儿童发展以及强调诸如“发育迟缓”等概念，持续弱化了残障儿童。结构论认为，作为现代社会的社会类别的残障和童年期，它们的产生方式（就依赖而言）有很多相似之处。而在社会建构（social construction）或对待问题儿童和残障人士上也极为相似。人们拒绝承认他们两者具有能动性（agency）或能力（competence），他们都臣服于更有权力的成年人的不同监督和控制机制之下。残障成年人，特别是有学习困难（learning difficulties）①的成人也是这个情况，人们往往把后者看作永远的孩子。但是，针对儿童和残障人士在人权方面不断高涨的诉求极大挑战了这些既存观点。

第四章介绍青年的概念，并考察从童年到成人期的转折问题。青年作为一个独特的世代类别兴起并引发了针对青年文化和认同的兴趣（如，休闲性消费、年轻的身体和性欲的表达）。这些辩论对于青年残障人士尤为重要。针对青年期过渡性的各种方法展现了生命历程如何在现代社会的集体层面上被高度组织起来，而大量社会投资也被用于确保我们作出“合适”的转衔（“proper” transitions），特别是从童年期到成人期。与此相似，主要的社会制度就此产生，用来管理那些因为“不合适”的转衔而出现的问题（如人们认为残障人士无法达到独立成人地位）。这就有了这样一种感觉，即，人们把残障建构为永恒的青少年，而这个意象不断在各类政策辩论中得到了再生产。例如，转衔政策将很多人（通常是有学习困难的人）列入无法

---

① Learning difficulties：学习困难。这是一个英国特色概念，涵盖了智力和精神障碍人群，如英国利兹大学 Sarah Woodin：《英国成年学习困难与精神健康问题人士的社会政策与服务》（王霞绯翻译，李敬校对，载于李敬、程为敏：《照顾的困境突围：成年心智障碍者及其家庭福利政策初探》，国防大学出版社 2012 年版）中的表述。在 Michael Oliver，Bob Sapey and Pam Thomas“Social work with Disabled People”（Palgrave 2012）中也提到“学习困难（包括特定学习困难，如阅读障碍；以及神经多样性，如阿斯伯格综合征）”原书 36 页，校对者翻译。所以这里在翻译中使用学习困难，保留原文用法，请注意。——校者注

完成转衔的序列，在这个序列中他们的真正成人地位是不可想象亦是不可达成的。理解我们所拥有的对于年轻人的希望和期待，有助于说明关于残障和社会中的一些重要辩论。

第五章检视了成人期这一核心概念：成人期在不同社会意味着什么，而这种认识又是如何形塑了我们对于残障的认识。为了说明社会性别化的独立成年人的理想，是如何强化现代社会致残性的种种假设和社会制度，这里的讨论探索了独立、自主（autonomy）和能力等概念。特别是用就业和教养子女的例子展现了涉及残障、公民身份和公民权之间关系的一些核心争论。与此同时，科技、社会性别角色、工作实践、家庭和民族国家的巨大变迁挑战了我们关于成人角色和责任的预设。因此，此处的讨论利用国际残障人士社会运动中提出的诉求和实践，来批判性地审视在这个变迁社会中的个体主义、自主性和相互依赖之间的关系。

第六章探索了残障和老年期的关系。残障人士在结构和文化两方面被建构的方式通常与老年人相似（如两者都相似地“依赖”于成人劳动力）。损伤和残障也皆是理解认同和年老躯体议题的关键。在西方工业社会中，大多数残障人士都已过退休年龄。因此，对于许多老年人来说，残障如果不能算是一种社会常规（social norm），也是一种生活的事实了。也许也正是因为如此，尽管这一情况在人口学上不证自明，但是，人们很少把具有损伤的老年人如儿童、青年和成年人那般视作“残障”了。残障政策制定过去聚焦于那些影响了工作年龄以及这一年龄段之下的人们的问题，而老年残障人士在残障人士社会运动中非常缺乏代表性。这一章引入了一些主要理论方法来思考老年期，并且利用了针对老年人权利的国际辩论以审视“为所有年龄段的人服务的社会”（society for all ages）的政策意义。

第七章通过转向死亡和临终以及热议的生命权（见第二章）议题，为生命历程探讨作结。这一章起于回顾针对临终、预期寿命和“善终”（good death）等文化建构的理论路径。这些回顾凸显了在信息社会的消费主义语境中，正常化（normalization）和现代社会对死亡日益强大的管制。在一个全球化情境中，残障可以说就是一个生与死的问题。由于缺乏资源、遭遇暴力或谋杀、被拒绝提供挽救生命的医学治疗，抑或以安乐死的形式被合法地杀害，残障人士面临不断增加的死亡风险。通过使用诸如纳粹大屠杀和医生协助自杀（physician-assisted suicide）等案例研究为例，本章的讨论检视了当代社会对残障者死亡的政策干预。在这样做时本章还关注了残障生命价值（worth）或“质量”，以及残障人士社会运动在挑战传统正常生命历程假设中所作的贡献。

本书用一个简短的结论作为结束，串联起前述章节的经验教训。此处强调的是研究生命历程分析对残障理论发展的潜在贡献，并为未来研究指明方向。在很大程度上，本书提出的问题比它回答得要多，而这也正是此书本意。本书不仅旨在提升当代社会残障议题的意识，也为了激发出进一步的讨论和辩论。

推荐阅读

在批判性残障研究领域存在大量而多样的研究文献，在其后的章节将对其中的很多资料进行引用。为了能够了解某些核心（理论）进路以及残障研究作为社会科学中的一个学科的发展的入门，回顾某些文本可能还是有用的。奥列弗（Oliver）的**《理解残障》**（*Understanding Disability* 1996）是一个关于残障理论和实践的有益的概览（也可参见 Priestley 1998），莫里斯（Morris 1991）也为某些核心概念提供了导论。巴恩斯、默瑟和莎士比亚（Barnes，Mercer and Shakespeare 1999）提供了一个社会学领域中发展（残障）理念及其批判的绝佳论述。林顿（Linton 1998）则探讨了在既存学科边界中呈现的张力。**《残障研究指南》**（*The Handbook of Disability Studies*，Albrecht，Seelman and Bury 2001）则能够呈现一系列新近的研究成果和残障研究取向。

有用的网站

现在有大量相关的网站或许也能支持本书提出的某些议题的进一步讨论。在各章节的最后都会有专门推荐。但是，下面这些普遍性资源也是有用的。

Centre for Disability Studies：*www.leeds.ac.uk/disability-studies*。残障研究中心（包括得到广泛的关于残障作品的在线档案）。

Disability-Research Discussion List：*www.jiscmail.ac.uk/lists/disability-research.html*。残障研究讨论清单（是一个主要的在线讨论国际论坛）。

Disabled People's International：*www.dpi.org*。残疾人国际（代表残障人士运动理念和工作重点的国际大伞性组织）。

Disability Awareness in Action：*www.daa.org.uk*。行动中的残障意识（一个重要的国际倡导和信息网络）。

Disability World：*www.disabilityworld.org*。残障世界（关于全球残障议题的定期出版物）。

Cornucopia of Disability Information（CODI）：*www.codi.buffalo.edu*。残障信息宝库。

Independent Living Virtual Library：*www.independentliving.org/htdig/libsrch.html*。独立生活虚拟图书馆。

Disability and Society（学术期刊）：*www.tandf.co.uk/journals/carfax/09687599.html*。《残障和社会》。

Disability Studies Quarterly（学术期刊）：*http://www.cds.hawaii.edu/dsq*。《残障研究季刊》。

Society for Disability Studies：*www.uic.edu/orgs/sds*。（美国）残障研究协会。

第一章 概 念

第一章的开篇将对本书中使用的一些核心概念作个介绍，即，残障(disability)、世代(generation)和生命历程(the life course)。我们将在残障个体模式和社会模式之间作区分，并注意到在解释残障时把残障诠释为一个社会现象的复杂性要求。我们讨论残障议题时，具有显著性表现的四个主题需要鉴别出来：身体、认同、文化和社会结构。我们引入世代这个概念，把它当作社会分层上的一个重要维度，并涉及不同的理论进路。这里，我们建议将不同世代之间的权力关系作为一个“世代系统”(generational system)来看待，它类似于性别或阶级关系。最后，我们还将仔细研究生命历程这个概念，强调生命历程这一概念在当代社会思想中的重要性。这一讨论将根据个人生平和集体性社会组织两方面来审视生命历程。它将探讨社会和社会制度(social institutions)如何基于共享的文化规则来规制性别化(gendered)的生命进程。然而，个体化扩张和更具批判性的残障理解所引发的社会变迁，质疑了“**正常**”生活可能会是什么样的这类传统观念。

第一节 残 障

因为本书对残障的关注贯穿始终，所以对这个概念，这里仅作一个简短介绍。残障研究作为一个学科，其兴起迅速并覆盖着广泛的领域。但是，它是植根于残障者社会运动和生活经历的。因此，并非巧合，残障理论的发展与世界范围内的残障者社会运动休戚相关，这些社会运动倡导残障人士在社会生活诸方面的平等、充分参与及人权。事实上，过去二十多年，使学者或研究者能够以一种全新的、更为激进的视角来重新审视残障问题的那些模式和思想，都直接源于残障行动（activism）发展出来的思想（Driedger 1989；Campbell and Oliver 1996；Fleischer and Zames 2001）。

毫无疑问，残障社会诠释或“社会模式”的发展是它在学术和政治上所获得的最重要的成就。这一视角凸显了传统个体模式在处理残障问题上的缺陷。因此，不同于将残障看成一个简单且不可避免的个体或生理差异的结果，众多社会科学家逐渐将残障问题看成一个复杂的社会结构和社会过程产物。这一强调从个体到社会模式的历史性转变，使社会行动家和学者能够促成一种根本性的、影响深远的批判性视角，即社会障碍了（disabled）被认为是有损伤（perceived impairments）的人，从而展望了一个更能动的（enabling）社会选择的可能性。所以，把握残障个体模式和社会模式的深层差异，是理解当代残障讨论的关键。

理解这一区别的方法之一是思考残障人士的生活经历。大量证据表明，有损伤的人（people with impairment）在社会生活的重要领域里普遍遭受了排斥或歧视，这包括教育、工作、家庭生活、政治参与和文化代表性。同时，他们在获得产品和服务，譬如交通、住房和信息上亦是如此（如 Barnes 1991）。对残障问题研究者和理论家而言，他们遭遇到的一个重大挑战就是要提出对上述情况为什么会发生以及是怎样发生的解释。社会科学或医学领域传统观念的假设是，身负损伤的人将不可避免地发现完成某些“正常”活动很困难。结果，他们也就很难实现正常的社会角色（如 Parsons 1951）。因此，在现代社会中，人们常常把这种因残障而引发的社会不利处境（social disadvantage）认为是**损伤引发的个人问题**。从这一观点出发，最适宜的社会回应就是矫正损伤或是帮助人们“安于”损伤，并成功获得不同（价值略低）的社会角色（如 Nirje 1969）。

与之相反，残障社会诠释论彻底推翻了上述观点。社会诠释论质疑了有某种损伤与成为残障（becoming disabled）之间存在着必然因果关系的假设。例如,在不同文化或不同历史阶段,残障经历对不同人都是迥然不同的(如 Ingstad and Reynolds Whyte 1995)。因此,具有明显相似生理特征的人很可能在不同的社会环境下,或多或少地被障碍了(disabled)。这就意味,经常和残障关联的社会不利问题,可能是一种社会现象,而非个体现象。它并非由生理决定,而是产生于特殊的社会过程。更关键的是,这一观点提出了并不是因为生理、认知或感觉功能上的缺陷造成了残障,而是因为这个社会无法适应人与人的自然差异(如 Zola 1989)。结果,残障社会诠释论学者试图重新定位问题,即,把"问题"从个体移向社会。因此,人们把残障能够视作**社会过程导致的社会问题**。

一、个体模式和社会模式

关于残障的各类截然不同的思考在残障研究文献中,更为正式的表述是两个互相竞争的模式,即家喻户晓的"个体模式"和"社会模式"。传统上,个体模式主导残障学术研究,特别是在医学和治疗领域。但如今,却是社会诠释很大程度上界定了残障研究的边界(Albrecht, Seelman and Bury 2001;Davis 1997;Linton 1998)。奥利弗(Oliver, 1983)是在学术语境下,阐释残障个人模式和社会模式差异的第一人,随后,他的阐释得到更为充分发展。但是,这一思想最初的动力是源自残障人士社会运动里发展出来的思想。奥利弗直接采纳了 20 世纪 70 年代英国一个名叫肢体损伤者反对隔离联盟(Union of Physically Impaired Against Segregation/UPIAS)组织中的社会活动家所作的(模式)区分。肢体损伤者反对隔离联盟在和更主流的游说团体交换意见后提出,"残障是强加于我们损伤之上的结果,它通过一种根本不必要的方式,将我们隔离和排斥于原本可以充分参与的社会之外。所以,残障人士是社会中遭压迫的群体"(Union of Physically Impaired against Segregation/Disability Alliance, 1976: 3)。

在一个工业社会中,尽管肢体损伤者反对隔离联盟的创始成员们是基于作为成年肢体损伤者经历建立他们的组织。但是,他们也深刻地认识到他们的诉求有着广泛的社会影响力。然而,他们也许未能意识到他们的观点在随后的20年里极大地影响着残障政治(disability politics)。肢体残障人士反对隔离联盟对于残障的阐释,不仅影响了诸如奥利弗这样的残障学者(disabled academics①),也影响着20世纪80年代国际残障人士运动中采纳的关于残障的定义。同时,通过这一社会行动,21世纪开启了更为激进的、以推进充分参与和平等为目标的政策议程。

肢体损伤者反对隔离联盟的定义里充满了我们现今理解的、残障社会模式中的很多要素。进一步细究其措辞,它有四个要点。第一,肢体损伤者反对隔离联盟提出的解释是承认了某些人确实有损伤,但他们认为,残障却是另外一回事了,"是加诸其上的"。第二,残障是关于对充分参与社会的排斥。第三,也是最重要的,即,这种排斥既不必要,也并非不可避免(也就是说,我们可以想象一个即使有个体存有损伤也并未遭障碍的社会)。第四,设想残障人士是遭受压迫的社会群体而非简单的个体悲剧的受害者,是有道理的(对肢体损伤人士反隔离运动联盟文件的讨论,见 Oliver 1996)。

残障社会模式的进路,聚焦于作为社会少数群体中被认为有损伤的人,是对障碍他们的社会过程和社会力量的解释。针对这一解释问题存在多个研究进路。例如,残障政治经济学研究者主张,压迫肢体损伤或学习困难者的是工业资本主义产物的这一说法(Finkelstein 1980; Ryan and Thomas 1980)。他们关注的是:在劳动分工和计件工资的经济体制下所形成的结构力量和权力物质关系是如何将某些人群排斥出有偿劳动参与的。针对这个观点,奥利弗(1990)还发展出了更为正式的表述。有些学者则侧重强调文化和观念对于构成残障标签和社会角色的作用(如 Ingstad and Ryenolds Whyte 1995; Shakespear 1994; Ustun et al.2001)。这一进路经常强调传统观念、民俗以及大众传媒对于残障意象的持续再生产过程。尽管,文化进路和结构进路的差异需要强调,但大多数社会模式学者都认同物质力量和文化力量共同作用于塑造残障集体性的社会经历上了(Barnes 1996; Finkelstein

① 目前西方残障研究学术界和社会运动中的参与者中,一类是如奥利弗这样的身有损伤的学者,一类是有健全身体的学者,前者把他们自己称为被社会残障的学者,如本翻译。——校者注

1991;Oliver 1990)。

因此,社会模式认为残障是指加诸残障人士身上的所有限制,是从个体偏见到制度歧视,从有障碍的建筑到无用的交通系统,从隔离式教育到排斥性的就业安置,凡此种种。同时,这种失败的结果并非简单、随机的由单个个体去承担,而是系统性地加诸作为一个群体的残障社群之上,这一社群通过社会的制度性歧视体验了这一失败(Oliver 1996: 33)。

二、一个复杂的现象

在我看来,我发现使用个体模式和社会模式的区别以及物质解释和观念解释的区别,从四个维度来划分研究残障问题的不同进路将很有帮助。概括地说,个体模式的进路倾向于提供残障的生物或心理学解释,而社会的进路倾向于聚焦于文化或结构的解释。在之前发表的一篇论文中,我已经对这种分类法的细节问题作了详细说明(Priestley 1998b),但这里再次简短回顾一下这个框架或许有益。

在个体模式中,我们可以发现两类平行的主题:一类关注身体可测量的特质和它的生理和认知上的功能(残障的生物模式);一类关注个体认同和社会适应之间的获得要素(残障的心理模式)。与之类似,社会模式的叙述也汇聚成两类解释:一类关注文化价值和代表性的作用(残障的文化模式),一类关注政治经济和致残性的环境(残障的结构模式)。表 1 呈现了这种分类的简化形式。

表 1 四种针对残障问题的研究进路

	唯物(materialist)解释	唯心(idealist)解释
个体模式	生物	心理
社会模式	结构	文化

我们在这里没有必要对这些区别作详细研究。可以这么说,这四类主

题中的每一个主题都在当代残障书写中显而易见。在本书中，我也并未僵硬地采纳某一个立场来进行各章节的叙述。全书总基调是建立在结构和文化的社会模式解释之上，但是我在寻求加入相当多的更为个体模式的研究（包括很多来自医学和治疗领域研究文献）。对这种多样化理论路径不太熟悉的读者请参阅我先前的论文（Priestley 1998b）及我在本章最后列出的参考文献将很有裨益。

理解上述勾画出的基本分类存在很多交叉也很重要。举个例子说，把所有基于身体或损伤的残障研究都简单归为生物模式倾向也应是个谬误。事实上，社会模式也一直因为忽略残障者的具身性经验（embodied experiences）（如 Crow 1996）并且将身体研究“丢弃”给了医学领域（Hughes and Paterson 1997）而广遭批判。理解身体时，生物领域的研究确实非常相关，但环境和社会过程同样对其产生了重大影响。事实上，社会因素也形塑了我们身体的生理特质，譬如，通过获得营养、工作形态、意外和实践的做法等等（参见 Abberley 1987）。超越单纯的生物学维度，残障身体的体验和表达，也受到获得认同、借助语言、需要仰赖文化表征的影响（Corker and French 1999）。

同样，认为基于认同的残障研究进路完全是个体模式也不对。残障人士的私人生活体验和认同并非纯粹认知心理的产物，它在社会中根深蒂固（deeply embedded）。个体认同的形成依赖于在社会情境下和他人的协商，是对文化价值和结构力量的一种回应。个体认同通过语言得以表述，且处于某一社会空间和历史时点上（Corker 2001）。所以，大量依据个体叙述经验或认同的残障解释，并不单纯是一个心理学问题。

上述这类例子表明了，与其将前述的四种理论进路理解为“个体”或“社会”这样非此即彼的概念性框框，进行交叉领域的思考或许更加合适。如果能这样考虑，则图 1 提供了一种思考残障及其在社会科学领域中多样化表征时更为有用的框架。

研究残障的复杂性，在这一视角下一目了然。我们要了解的残障的很多核心问题，都处于不同理论或进路的交叉领域中。譬如，生产方式的结构

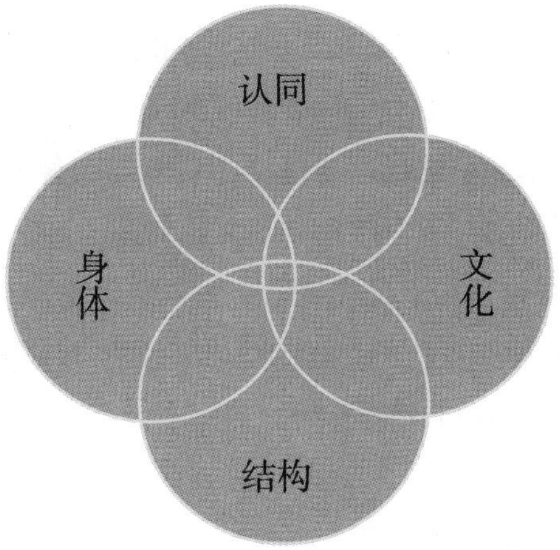

图 1 残障问题的复杂性

性转变,如何影响我们的集体性文化去理解在某个特定社会中的障碍意味着什么？在这个问题上,伯齐(Burch 2000)揭示了在俄国革命前后,独特的社会经济环境是如何锻造出不同于美国和英国的“聋人认同”(deaf identity)的,而这种另类的“颠覆运动”又是如何维持了聋人文化。同样地,在另一个有显著交叉领域,我们还可以追问,具身性体验和文化或历史的情境在多大程度上影响了对残障认同的接纳(如 Kalekin-Fishman 2001),凡此种种。

而且当我们依据“世代”和“生命历程”(本书的关注重点)来思考残障问题时,这种多重进路的分析框架也很有用。譬如,我们可以考虑在一个特定结构或文化情境下,身体和认同感如何伴随着生命历程发展的方式。这一复杂解释将涉及生理、心理与客观世界中社会地位、权力、语言和文化是如何互动的。同时,全盘考虑所有因素的确是一个智识上的大考验。但是相较于采取单一的研究范式,这种模式也赋予我们更为全面理解残障的前景(针对社会—科学思想的本体多元论探讨,更详细的讨论见 Giddens 1984;Miller 1992;Rohrlich 2001)。在个体模式和社会模式这些不同模式的互动中还没有能够提炼出一个更为概括的针对残障的“社会理论”,但是这一理论肯定需要对生物、心理、文化和结构等这些相互促进的因素之间的动态关系作出解释。

回到本书文本上，与此相关的是在这一相同的概念框架下，我们可以考虑重要的世代类别议题（generational categories）（如童年、成人期或老年期）。譬如，我们可以简单地把前述讨论的残障问题替换为童年，因为对于童年的研究进路同样奠基于生理、心理、文化和政治经济层面的分析（见第三章）。同样的方法也适用于世代类别的老年期研究（见第六章）等等。总之，全书将不断呈现两个平行的主题，即，我们关于残障的理解和对世代的理解（之后的章节将详述世代问题）。

核心观点和学习要点

总之，在一种全新的、批判性的理解现代社会残障是什么的视角下，当代残障研究变得多样而富有生气了。残障研究起源于残障人士的经历和社会行动，并随着基于残障个体模式和社会模式的区分，在学术界逐步得以发展。但超越简单二元区分视野，并关注不同理论进路对解释因子的强调也很重要。尽管有很多不同的进路，而在不同的理论进路中，从身体、认同、文化和社会结构这四种交叉的主题处去着眼很有帮助。而这种分类法也提供了一个考察残障、世代和生命历程这三者关系的很有趣的可能性。

1. 问题

（1）什么是残障？

（2）个体模式进路和社会模式进路的区别是什么？

（3）身体、认同、文化和社会结构是如何交互作用并得以形塑残障体验的？

2. 练习

一个有益的练习就是：考察某篇针对残障问题的文章或研究，并且决定它的分析是否能够置于前述的分类框架中。作者的立场是否侧重于四个进路中的某一个，还是包含了两个或两个以上的立场？分类框架在强调特定作者或作品之间不同上有什么益处？

第二节 世 代

本书的第二个核心概念是“世代”。在其后关于童年、青少年期、成人期和老年期的论述中，这个概念将得以详述，所以在此不过多赘述（见本书第三到第六章）。但是，这里对它作一点简述，并详释世代概念在本书如何运用还是相当重要的。因为在某些方面，本书世代概念的运用与通常在生命历程研究中所使用的方式不太一样。

一、实际的世代和同期人群研究

德国学者卡尔·曼海姆（Karl Mannheim 1952）将世代概念引入社会学理论。曼海姆注意到，虽然相同世代的人以某些方式被“联结在一起”，但人们并没有自然而然把他们视为某个特定社会群体中的成员。相反，世代的位置（generational location）可能与社会阶级更为相似。所以，尽管人们处于某个特定的世代（根据他们的出生），但是他们可能会经历、但也可能无法经历共享的世代意识或认同。所以，尽管世代位置存在生物学基础，但是它却远超生物学范畴。世代同时还有一个社会落点，它深嵌于社会结构和历史时点（譬如，不同世代所受到的不同社会影响和各种可能）。但是，曼海姆认为，当某些有意识的联结存在时，将会出现“实际”的、可识别的世代。在这一意义上，某个世代的认同将涉及与其他世代相关联的认同的集体意识。

在这一点上，世代经常被理解为历史上的同期人群（historical cohorts）。这些同期者年龄相似，与他们之前或之后的世代相比，共享着某些对他们产生重大影响的、形成他们独特经历的一群人。而那些影响对他们的生活和认同而言，历时弥久、意义重大。这一研究进路被广泛应用于生命历程的研究，特别是使用于解释特殊历史事件（如战争、经济萧条等诸如此类的事件）是如何塑造着不同的个人生平和世代认同上。由此，克里斯顿（Corsten

1999:249）提出针对“集体性认知基础或一个世代的视野”的讨论是如何随着时间延展、个人生平、历史和世代的三类视角的结合产生的。所以，出生于类似的社会和家庭背景，但是，处于不同历史时期的人群，可能会发展出不同的世界观和社会价值。这些集体性价值的差异可能反过来加剧了既存的世代差异和矛盾（如 Scott 2000）。

这种研究进路在解释不同世代同期人群所持有的不同政治理念和行动方式上应用广泛。在历史性的重要时期，世代意识的感知对于历史重要时刻上的同期者或社会行动是至关重要的。譬如，邓纳姆（Dunham 1998）对于加利福尼亚州反越战运动的研究表明，具有更强“世代意识”的青年群体将会更踊跃地抗议战争并诉求和平。同样地，彻林顿（Cherrington 1997）使用曼海姆的研究路径，考察了 20 世纪 80 年代中国民主化运动中“改革一代”的年轻知识分子独特的政治自信心。米兹太尔（Misztal 1998）则用世代视角去解释 20 世纪 60 年代学术界中批判社会理论的兴起。残障视角下，卡斯尼慈（Kasnitz 2001）也用相似的思考进路，解释了美国独立生活运动中，政治领导力兴起中所包含的同期者因素。

然而，世代同期研究并不仅仅关注政治观念和参与问题。这类研究还大量检视了在连续的世代之间，教育、就业、生育和家庭生活的模式是如何发生改变的（一些例证如，Giele and Elder 1998；Hareven 1994）。利用一项在荷兰的交叉世代研究，普迪施特拉腾、艾斯特和魏肯（Diepstraten，Ester and Vinken 1999）表明针对私人关系的观念，如教养子女、家庭生活和性行为，实质上更多和世代位置相关，而与公共领域的政治或就业的关联并不那么显眼。所以，起源于曼海姆的世代研究，在揭示当代社会中不同模式的社会变迁、参与和文化传播之类时，是相当有帮助的。世代视角也可以广泛应用于残障研究中，用以审视不同社会中残障人士和世代同期人群所经历的生活体验的变迁（这些观点的应用，参见 Priestley 2001）。

二、世代类别和冲突

思考世代的另一种方式，是根据在一个社会中宽泛的、和年龄相关的类别去考虑世代的位置(譬如童年、青少年期、成人期和老年期)。用这种方法看待世代时,个人和同期的那些人在他们的一生中,并不再停留于某个相同的世代,而是随着生命的演进,经历从一个世代类别到另一个世代类别的转折(如,从童年到成年期)。这种世代视角提出了一系列新的问题,如:这些世代类别的含义是什么,这些类别包括或排斥了哪些人。例如,“童年”的起始和终结在哪里?在一个社会中成为“成年人”意味着什么?“老年期”的概念是否经历变迁?

近年来,世代研究的兴趣近乎戏剧性地复兴了,推动了这种世代类别的研究进路。例如“新童年社会学”的兴起(Brannen and O'Brien 1995),“青少年研究”的复兴(Coles 1986),和对老年社会学的批判性认识(Bengtson, Burgess and Parrott 1997)。这些研究展示了世代类别在时间流转中的变迁以及世代类别是如何深嵌于文化之中,又经过了怎样的社会变迁的结构过程塑造(譬如,生产方式和劳动力供给的变迁)。因此,现在世代的社会研究逐渐成为某些社会科学分支学科的焦点。

思考不同世代类别的内涵以及各个世代类别之间的关系时,我们不免会触及世代不平等这个问题。这种不平等体现在权力、获取物质和文化资源上。特别是在儿童期和老年期研究中就极大地展现了显著的世代冲突、契约和协商问题(参见 Cailaud and Cohen 2000;Collard 2001;Johnson 1995;Turner 1998)。这些争议也反映出近期对于世代权利和责任的广泛关注(如,在联合国《儿童权利公约》中)。在某种程度上,当前社会科学中的世代不平等问题的关注反映了更为传统的、针对社会分层的思考,例如,和社会阶级或性别联系在一起的那些思考。同时,这还引发了关于社会是如何组织和规制不同世代类别之间的边界以及不同世代类别之间的转折的这类问题?欧文(Irwin 1999)在总结上述论点的进展后,总结如下:

> 这些观点认为,生命历程的差异被视为一种不平等的表现。独立的成人是社会包容和相对优势的关键,而儿童期、青少年期和生命晚期则呈现出了处于社会劣势的、边缘的社会位置的特征。年幼的和年长的人群经历了各种形式的、意味深长的社会参与上的排斥,当代社会也

很难倾听到他们的声音。所以，生命历程的不同阶段在这些进路中，特别是，当他们在“儿童（和青少年）”，“独立的成人”和“老人”这三个阶段时，呈现出了不平等的一个新的、显著的维度（Irwin 1999：62）。

福纳（Foner 1988：176）认为，虽然世代不平等不能简单地用阶级概念来理解，但是不同的年龄群体的确是根据“不同的权利、责任、地位、角色、特权和被剥夺的权利”来划分的。她认为年龄是一个特别有效的研究进路，因为它警示我们从整个生命周期（life span）去考量不平等，而非局限于某些特定的年龄群体上（如，处于工作年龄的群体）。通过残障产生不平等来进行讨论也正是本书的目的。这样做有两方面的重要原因。一方面，在不同世代的残障群体中存在这种类似的不平等，但是这种不平等还没有得到认知（如，相较于老年群体，我们更多地关注有损伤的年轻人士争取残障权利）。另一方面，不同世代群体经历的残障不平等存在重大差异。

艾伦纳（Alanen 1994）在进行童年社会学的讨论时指出，采纳世代分析和社会性别研究的发展存在很多相似之处。特别是，她提示当把社会性别视为一种关系性和普遍性的概念引入时，就获得了分析的效力，这种效力将为我们检视社会世界的各个方面提供一种系统化的研究进路。与之类似，她提出世代概念（如童年）同样也是关系性的，因为它们无法脱离与他者的联系而独立存在，从而，它们提供了一种更为普遍的思考社会关系的重要维度。同样，麦克丹尼尔（McDaniel 2001）提出，世代和社会性别相近的、都以“社会类别和认同标识”的形式呈现出来，用来影响公共辩论和公共政策。艾伦纳认为，与社会性别系统相似，采取“世代系统”的视角去研究社会世界的日常生活和社会关系的各个层面是有益的。因此：

> 广为流传的社会性别系统的假设认为，所有社会关系都是性别化的。因此女权主义者主张并开展了大量研究来证实这种观点。如果承认这种观点，我们的研究就会从关注女性的单一视角转移到审视社会性别是如何塑造各种社会现象的，而社会性别又是如何被社会现象所塑造的……那么，我们是否也能接受，所有社会现象不仅是“性别化”的，也是“世代化”的？（Alanen 1994：37）

这是一种有益的类比,这个问题也影响了本书第三章到第六章的分析。当我们细观现代社会制造和规制残障的过程时,我们会清晰地看到其中存在着一些非常重要的世代维度。世代系统确实在其中起着重要的作用。以世代类别(儿童期、青年、成人期或老年期)来思考残障问题时,我们可以更加清晰地理解残障和损伤是如何制造出来的,是如何社会建构(social constructed)的,以及它们是如何在生命历程的不同阶段以显著不同的方式得到了规制。

这里,我们重回之前提过的残障理论分类,某些同样的概念可以运用在关于世代的思考上。事实上,残障和世代都属于重要的社会分类,它们之间存在极大的相似性。两者也都极大地仰赖基于生物特质的标签过程(如,实足年龄、生理和认知发展,或身体上的差异)。残障和世代都涉及获得认同和接受的社会角色。人们都可以把两者视为文化性社会建构的产物。它们也是社会通过结构性变迁而经社会制造出的产物。在这种意义上,先前使用过的分类:身体、认同、文化和结构,用于同时思考残障类别和世代类别(如童年期或老年期)时很合适。这样说,并不是意味着残障和世代是一回事,而是仅仅表明了作为社会类别,它们两个以非常相似的方式得以制造和规制。

核心观点和学习要点

总之,世代日渐成为一个重要的社会理论和社会研究概念。这体现在两个方面。首先,存在一个强大的、考察特定世代同期人群经历的变迁模式的研究传统。其次,以社会分层和不平等的视角来研究世代位置的研究兴趣正在扩展。残障和世代类别(诸如,童年、青年、成人期和老年期)都是社会塑造的、文化建构的,且同时受到社会中制度和政策的规制。而不同世代中同样存在权力关系和冲突,这些权力关系和冲突在社会分层中扮演着重要的角色。考察世代体系如何运作并运用世代概念的分析框架,将为理解残障等社会议题提供一个有用的视角。

1. 问题

(1)不同世代人群之间的主要差别是什么(如儿童、成年人和老人),我们是如何知晓我们自身所处的世代的？

（2）在现代社会中，哪类世代群体起强大的主导作用，而哪类不起主导作用？为什么？

（3）在社会中讨论“世代体系”是否可行？

2. 练习

在进入着眼于残障和世代位置的章节前，有必要对这些观念作更多的思考。一种方式是详析某个案例（成人期是一个好例子）。思考社会是如何界定成人期以及如何理解成人期的。例如，我们是如何知晓某人是成年人而非儿童？哪些事成年人可以做而儿童不可以做？成人期何时开始，何时结束？思考我们前述的四个概念，身体、认同、文化和结构，尝试去思考这些不同中的哪些层面可以被归因为（1）实足年龄或生物的，（2）个体自身所持有的世代认同，（3）共享的文化传统，（4）经济和结构的影响。列举出某些用于界定成人的国家政策和法规也是有用的（它们是基于个体的年龄，还是基于在某些行动上的能力？）。

第三节　生命历程

本书强调的第三个核心概念是生命历程。生命历程的观念可通过一系列不同的方式来阐释或理解。在经验研究中，人们通常把生命历程概念描述为个体或同期者伴随时间而延展的生命进程。多数研究采纳了基于生命事件记录的量化研究方法，而质性和叙述的研究方法也日渐流行。生命历程的研究方法相当多元，其中包含了纵贯研究或横截面研究（longitudinal or cross - sectional studies），回溯性叙事或未来性叙事（retrospective or prospective accounts），关注个体也关注同期群体（关于研究方法更为详尽的讨论，参见 Giele and Elder 1998）。例如，迈耶和图巴（Mayer and Tuba 1990）倡导使用生命事件史的方法，按照时间序列去标定个体经历的重要生命事件，从而解释个体随着生命历程的演进所经历的角色转变和“地位变迁”。标定残障人士所经历的特殊生命事件和社会变迁也可以应用这类方法(参见 Kasnitz 2001)。对于那些期望寻找到确认是残障人士生命史中有“真正的”叙述价值的研究者来说,质性的研究方法则更受青睐(如 Goodley 1996)。尽管我相信,在时间长河中看待个体生命的研究方法,是扩展我们对残障问题和社会变迁认知的非常有用的方法(Priestley 2001)。不过,本书强调的是另一种更为普遍的方式来思考生命历程概念,把它作为一种分析框架来辅助我们更好地理解当代针对残障问题的辩论。

一、规制“正常的”生命历程

对生命史(life cycle)的传统解释,是经历一系列与生理性和时间性衰老相关的生命阶段(例如,从出生到死亡,其中经历着童年、成人期和老年期),是一个可预测的进程。因此,人们认为社会制度(social institutions)的职责很大程度上是管理和协助个体,使其顺利地由一个人生阶段过渡到另一个人生阶段。举例来说,我们所见到的,诸如家庭、学校、劳动力市场或福利国家等社会组织(social organizations)的历史性转变,皆是对新生代再生产所面临的挑战的制度性回应(或者,是为了管理和限制那些“无法”实现“合适的”人生转折的人),也试图保证新生世代能够顺利实现人生各阶段的转折。这种观点实质上隐含了一个针对“正常”(normal)的生命历程的理解,是一个基于文化制度和规范的理想化的人生模式。

批判性地审视我们普遍持有的某些假设,如生命的递进形式及社会制度对生命递进形式的规制是有益的。那么,理想的生命历程是什么?社会政策和各类制度又扮演了什么角色来规范它?在这一理想化的世界里,我们健康地出生,童年里自然地成长,通过教育我们成为独立的成人,我们求职并觅得伴侣相伴一生,我们建立自己的家庭并可能有自己的孩子,发展我们的职业,逐渐老去并得以“善终”(并且毫无疑问地,知道自己若重来一次也将如此快乐)。这种理想化的关于正常生活的理念也是高度性别化的,社会针对男性和女性存在着关于什么是合适的职场和家庭角色的不同期待。当然,“现实”生活不会如此顺风顺水。上述刻板印象也随着对生活史更为情境化和社会建构化观点的兴起，不断遭到质疑（参见 Bryman et al. 1987）。

然而，社会制度还是不断形塑了我们对于正常生活的理解。当个体或群体“不能”实现合适的生命演进过程时，“问题”就出现了。例如，在社会模式视角下，我们可以将处理老年人和残障人士问题的公共机构和专业的历史发展，看作人们对这些群体认为他们是“失败的”一种社会回应。这些人无法实现或维持一种理想的、独立的、自主的成人中心主义的生命历程（Albrecht 1992；Finkelstein 1991；Oliver 1989）。与之相似，迈耶（1988）也认为，重要的社会制度的兴起，都是因正常生命历程中的“共享文化规范”遭背离后的回应。

> 个人生命历程中的问题已成为深邃的**集体性**隐忧了，而现代社会中，多数生命历程已被明显地且有目的地在集体层面上组织起来了。不合适或不明确的序列，不正义的转折或对个体发展权的漠视，都成为主要的社会问题，并依赖社会制度进行合理管理。这一过程中，针对生命历程的文化规则是社会制度与其他主要制度的核心（Meyer 1988：58，原文加重）。

因此，沃克和雷斯令（Walker and Leisering 1998）认为，生命周期的“准生物”视角已经过时。“生命历程”概念才可以帮助我们对我们的生命时序问题产生更加深入的理解，我们的生命受个体决策牵引，但它又是为公共制度和政策所形塑的。他们认为，政策制度和实践在构成生命历程的转衔及各个世代群体间关系上扮演了重要的角色（如，通过教育、社会保障、就业和养老金等政策）。因此，他们体察出了社会政策同建构和维持正常化的生命历程演进之间保持着绵延不绝的联系。事实上，布鲁克纳（Brückner 1995）认为，社会政策实质上成为了“生命历程政策”，因为社会政策确实负责协调和管理生命历程中的危机（也可参见 Falkingham and Hills，1995）。

这是本书语境下的一个重要的观察性评论，因为残障研究的批判性理解，既是挑战了生命历程制度，又是挑战了文化规则中关于“正常”生命的内涵。于是，这一观点是理解本书随后各章的核心。于是，这一论点也成为理解随后各章之核心。之后的各章主要关注的是，生命历程转衔以及它们在残障生产和再生产中的作用里那些社会组织的规划。例如，如果能够更深入地理解“正常”出生的社会规范，也就更能理解“谁应该出生”这类优生学议题为何争论得如此热烈了。理解我们关于什么是“正常的”儿童的发展假设，就可以更清晰地认识到为什么针对残障儿童的教育和照料会在现代社会成为了一个问题。与之相似，若能更深入地理解我们对成为具备自主性成年人的理想化期待（如，工作和教养子女），也将更容易理解为何残障领域的辩论会如此关注依赖和独立等问题。同样，如能深入理解“正常的”衰老，则能够解释为何存有损伤的老年人通常在残障领域的讨论中遭到忽视了。这些问题以及相关的议题将在其后的章节中逐一讨论。我的核心论点就是，我们只有更多地理解社会对于正常化的生命历程的规制，才可能把握当代残障领域中讨论的精髓。

二、不确定性和人生进程的破坏

如前所述，我们对理想化生命历程模式中明显的确定性和“现实”生活中相对的不确定性加以区分很重要。相应地，这带来了对传统意义的“正常的”生命历程是可以预测的质疑。并且，随之关注后现代社会理论中的日益碎片化、不确定性和人生进程危机（参见 Bauman 1995）。这一论述倾向于强调基于阶级、社会性别或国别刻板印象的传统生命历程的破裂，并强调个体化的兴起和当代社会中处置风险中的选择（Beck 1992）。简而言之，“早期农业和工业社会提供了一套强调服从和集体主义的社会脚本要求个体遵循，但是，现代社会则将更多的责任抛掷给个体，要求个体去选择自身的认同”（Rustin 2000：33）。

因此，吉登斯（Giddens 1991）观察到现代性晚期消费模式的变化，即从可预测性的生命历程轨迹转变为更为个体化的生平观念的选择，如对“生活方式”或“生活规划”的选择。鉴于在消费社会中，我们拥有多元的叙事选择和“道具”，从中我们可以建构并实施我们个人的生活规划。于是，这就像反思性的个人生平和“选择”一样，我们自己的生活存在无限可能。但是，吉登斯（1991:54）也承认，这种反思性个人认同也依赖于“将某个特定叙事进行下去”的能力。在这个意义上，我们需要展望个体所能够获取的资源，以及他们在得到想得到的生活时所面临的障碍。

对个人生平和风险处置议题的理论兴趣在生命历程研究中正日益彰显，并兴起了社会科学中关于生平书写的流派（Chamberlayne，Bornat and Wengraf 2000；Luken and Vaughan 1999；D. Morgan 1998）。这一理论进路中人们更为关注在整个生命进程中损伤和残障所产生的影响。譬如，在医学社会学中，损伤和慢性病被看作一种需要经历“叙事重建”（G. Williams 1984）的“人生进程的破坏”（Brown and Harris 1989；Bury 1982）。在这一意义上，医学社会学试图将损伤视为断裂或对我们关于“正常”生命历程的假设和解释框架的颠覆。

西蒙·威廉姆斯（Simon Williams①2000）检讨了这一传统，并质疑这种人生进程破坏的概念在晚期现代性中是否仍然有效的问题。例如，当传统的生命历程假设被反思性、多样性和风险等因素模糊化后，我们拓展了对于“正常化”的生平假设。更具体而言，威廉姆斯认为，以人生进程的破坏来解释残障和生命历程，实际上依赖于“疾病的成人中心模式”，因此：

> 人生进程的破坏……有赖于那些我们习以为常的、破碎的假设，那些假设涉及了我们的身体、自我和我们所处的世界。这样的结果是，当疾病已然成为个体生平的核心时，人生进程破坏的概念忽视了很多别的可能，譬如出生、儿童早期或生命晚期（S. Williams 2000:60）。

他还指出，人生进程破坏的框架也未能足够重视大众针对生命历程中“正常”疾病和损伤的认识（见 Kelly and Dickinson 1997；Pound，Gompertz and Ebrahim 1998）。在这个意义上，世代位置和世代认同便变得非常重要（如，人在晚年时的损伤，会被大多数人接受为一种正常现象）。所以，威廉姆斯认为，年龄、时间和情境都是相当关键的要素，我们需要寻求把生平社

---

① 作者原文为名字字头大写（S. Williams），作者后根据中方出版社要求更改为姓名全称（Simon Williams）。但在英文原著中作者多用姓氏来指代引用的作品来源，这也是西方普遍的学术规范。下面类似情况将根据作者提供信息注明引用作者的全名。——校者注

会学的研究视域从以成人为中心的成见中解放出来，即增加“生命历程两端的经历”作为研究对象。这一关切也将反映在本书随后的讨论中。

三、个人生平的局限性

通过“真实”叙述残障人士的生活经历，这种关注个体层面认同和生平的研究旨趣对残障研究作出了很大贡献。但是，这种局限于个体的生平叙述或是在一种完全后结构主义方式中的阐释，不免存在某些危险。这使我们完全回到将残障问题单纯视为个体处置生活危机的循环中了。而这种运动无疑会消解我们在理论和政治上将残障视为社会或集体现象的进步。所以，在采取生命历程视角考虑残障问题时，我们需要审慎思考书写个人生平时所产生的局限。

大量女权主义的书写不断提醒我们，个体生活是关系性的、与他人相互依赖的，是一起制造的、相互交缠并共同建构的生平。例如，个人生活叙事深嵌于与家庭史不断进行的历史对话中（Vierzigmann and Kreher 1998）。同样地，相互依赖的社交圈子和网络中的其他个体，如父母、同辈、伴侣、照料者、同事，也都非常密切地参与了个体生平的建构和再建构。因此，以个体生平为进路研究生命历程的方法需要一种关系性的、而非个体性的方式去观察生命历程及其叙事的建构过程。

迈耶（1988）深化了这种观点，他认为，以个体取向作出的解释是不完备的，因此需要加入更多的社会情境因素。在迈耶看来，生命历程的个体主义成见反映的是主导西方社会的个人主义价值观，而不是社会中任意的“真正”个体化（individualization）。所以，他担忧这种个人主义的路径存在着用不容置疑的方式再造个人主义社会中的文化价值的风险：

> 围绕个体权利和个体发展的这一现代制度性的生命历程，与其说是政治和经济变迁的结果，不如说是从个体视角下的、集体性文化权威审慎而理智的反应。也就是说，在个人主义的社会中，与其说结构化的生命历程反映了自然个体的努力或是个体化的社会组织，不如说反映了文化的个人主义（Mayer 1988：50）。

这里的核心要点是，迈耶认识到生命历程并非简单的个人事务，很大程度上，它是社会（通过文化、政策和治理）加以组织并制度化的过程。我们在塑造我们生命历程中的演进过程时对社会制度和文化过程投入了大量精力，譬如，我们管理教育、就业和照料的方式。而这也正是迈耶在谈“制度化”的生命历程时所指涉的含义。这些制度化的实践中还是为流露出的反思性和抵抗生物性方法保留了很大的空间。但是，我们不可否认，我们可及的生命历程转折和选择，还是在一种集体性的层次上为社会所规划了。

如果我们想要以社会模式的视角理解残障，这一理论进路便尤为重要了。残障人士的生平书写和生活经历极大地丰富了残障研究。即便这些叙述，因为它们帮助我们理解和质疑了致残的社会阻隔而具有了政治意义与政治力量，但是，因为它们能使我们更多的理解一个致残性的社会是如何运作的，以及人们又是如何在现实生活情境中挑战了那些致残的社会关系而对我们特别有帮助。发现个人生平和社会障碍之间的关系相当重要，虽然在某些时候，这种发现并不容易。在这一意义上，生平叙事不仅仅是个人的，它帮助我们打开了一扇通往社会世界的窗户，或提供了一条通向更广阔社会关系和宏观社会变迁的通途（如 Chamberlayne and Rustin 1999；Priestley 2001；Ulrich 2000）。

核心观点和学习要点

总之，生命历程概念和生命历程研究，在当代社会思想中扮演着日益重要的角色。在个体层面，生命历程是一个分析与现代社会个体化过程相连的个体生平中出现风险和不确定性迹象的有益工具。而在更广阔的层面，生命历程也是一种有益的概念，它概括了社会制度是如何组织并管理起了“正常的”生命进程，以应对社会力量和共享文化规则的要求。在个体生平研究路径下，损伤和残障普遍被视为一种正常生命历程的断裂。而依据制度主义的观点，残障则成为一个“未能”成功实现人生转折的社会问题。而一个更具批判性的残障理解视角，给我们提供了这样的机会。它质疑了关于“正常生命历程”的传统假设，以及挑战了那些用以规制生命历程边界的制度安排。

1. 问题

(1)存在“正常生活”这回事吗？如果存在，它应该是什么样子的？

(2)社会制度(如家庭、学校、媒体和福利制度)是如何形塑我们对于正常生活的期待的？

(3)在哪些方面，残障人士的生活体验会不同于性别化“文化规范”中倡导的“正常的生命历程”？

(4)残障应该被视为“生命历程的断裂”还是正常生命历程的一部分？

2. 练习

对个人生平与社会制度的关系如何塑造生命历程的路径作更多思考或许是有益的。引入这一思想的方法之一是批判性地审视残障人士生活的生平叙述。参考两份或更多的个人自传或生平书写，鉴别出对个人生活产生重大影响(积极或消极)的核心转折点。而在这些转折点中，有哪些是个体选择的，又有哪些是外部影响的？若在另一个时点或另一种文化情境下，生命是否会有不同？

第四节 总结和推荐阅读

一、总结

前述讨论介绍了思考残障、世代和生命历程的方式，并且展现了在社会研究中这些概念如何操作。这一回顾启发了人们将残障应视为社会过程所产生的社会现象，而非一种生物过程导致的个体现象。但是，残障依旧是一个可以在很多层面上被阐释的复杂的现象。因此，是需要从各种可行路径上进行思考。譬如，关于身体、认同、文化和社会结构上的思考有重要意义。

类似地，世代概念也有多重阐释。在本书，世代被用以界定重要的社会类别或生命历程阶段(如童年期、青年期、成人期或老年期)。一如残障类别，社会制造和文化建构了这些世代位置。世代边界和世代转折在某种程度上与人们的主观感受相关，这一主观感受指的是他们相对于他者所在的位置。它还部分地与政策和治理得到的集体性阐释框架和期待有关。考虑到还存在着一个充斥冲突和权力关系的世代系统，将世代分析运用到某些社会分工，如残障，将是一种研究不平等的有益尝试。

把生命历程作为一个整体去思考，要求我们把社会议题作为影响所有世代并贯穿人的全部生命周期（从出生到死亡）的问题给予考虑。这一视角对我们思考残障议题非常重要，因为它可避免将残障人士的集体性体验过度简单化。它还能避免把影响那些未得到充分代表的群体（如残障儿童和老人）的问题边缘化了。生命历程既是个体的，也是社会建构的。而社会进路是特别有益的，因为它凸显了社会和社会制度是如何再造某些理想化的观念的，诸如"正常的"生活意味着什么。在这种背景下，批判残障研究和残障政治质疑了我们关于什么是正常生命历程转衔的假设，并对规制生命历程转折的政策和制度提出了重要的疑问。

二、推荐阅读

在残障研究领域，大量的文献都关注于残障的个体和社会模式的区分。就这些概念的简介部分，推荐阅读 Oliver（1996）**《理解残障》**（*Understanding Disability*），尤其是第二章。而该著作也部分再现了具有历史意义的"肢体损伤者反对隔离联盟"的讨论文件**《残障基本原则》**（*Fundamental Principles of Disability*）。就残障的社会思考的发展介绍，推荐阅读《残障：社会学导论》[（*Disability: A Sociology Introduction*）Barnes, Mercer and Shakespeare 1999]或**《今日残障研究》**[（*Disability Studies Today*）Barnes, Barton and Oliver 2002]。同样也可以参考之前提及的关于概念分类的讨论（Priestley 1998b）。林顿（Linton 1998）**《主张残障》**（*Claiming Disability*）一书处理了某些针对残障和残障研究定义的问题，而对本学科更为全面的介绍则体现在**《残障研究指南》**[（*The Handbook of Disability*）Albrecht, Seelman and Bury 2001]。

与此相同，也有大量文献是研究世代和生命历程等概念的。就简介部分,**《生命历程研究方法:定性和定量的进路》**[(*Methods of Life Course Research: Qualitative and Quantitative Approaches*)Giele and Elder 1998]或**《社会结构和人类生活》**[(*Social Structures and Human*)Lives Riley 1988b]是值得参考的,这本书里迈耶和赖利(Meyer and Riley)的章节尤其重要。而一个更为直接的相关讨论,可以在 1993 年阿伯尔和艾万德罗(Arber and Evandrou 1993)的**《老龄化、独立和生命历程》**(*Aging, Independence and the Life Course*)或 1993 年霍基和詹姆士(Hockey and James)**《长大和变老》**(*Growing Up and Growing Older*)中发现。**《残障和生命历程》**[(*Disability and the Life Course*)Priestley 2001]则是这些概念直接运用到残障议题上的一个有用的汇编文集。

第二章　出生权

基于第一章中阐述的概念,第二章将通过讨论出生权和生命权问题来进行残障生命历程的分析。我们对生育决策管理和规制的讨论是一个有益的起点,因为它凸显了在正常化生命历程假设下,不同人类特质和生命得到差别相待的方式。那些旨在干预人类出生的手段塑造了我们对人类潜能和公民身份的理解,而近来的一些讨论也呈现出以这种方式对残障生命的低估。在福利资源稀缺的政治语境下,新技术和旧观念塑造了我们针对残障儿童出生的思考方式。这些讨论引入了优生的概念以及它对公共和个人决策的影响,包括优生实践的案例(如选择性堕胎和产前筛查)。这将展现新遗传知识的可及性是如何日益影响出生决策,而在知识社会中,面对风险管理的问题,损伤和残障的议题又是为何如此重要。最后,本章通过呈现残障人士在多样性和生命权问题上进行的政治倡导运动作为小结。

第一节　生育决策和生命的价值

我在本书采纳生命历程进路的一个目的是要将关于残障议题的讨论贯穿整于个生命周期,而不是仅仅关注对某些特定世代有重要意义的那些时段。为了做到这一点,我们有必要批判性地审视生命起源的方式,以及那些致残性的社会阻隔是如何在出生时就影响了残障人士的预期寿命和生活机会(这种影响也扩展到出生,甚至是受孕之前)。

一、选择我们的孩子

在第一章中，生命历程被认为是一种集体性的社会关切，通过“正常化”的生命历程模式建构，由共享的文化规范界定并受到社会政策和社会制度的规范。在这种背景下，对出生的规制就成为了一个特别重要的问题。社会对谁应该出生的规范表明了这样的事实：针对不同人类特质和不同生命，社会赋予它们的价值是不同的。因此，本章节的讨论和例证旨在处理一些重要但有时却又是非常艰难的议题，这些议题关涉生命的价值和多样性，涉及谁应活着、谁不应活着的选择。虽然这些并不是新近出现的议题，但它们在当代社会仍然存在显著而现实的意义。

特别是，生育知识和技术的迅猛发展扩张了管理生育选择的可能性。家长、医学专家、政策制定者、立法者全都参与决策过程以决定谁应该出生了。从社会学的视角看来，我们极易把这些激增的拣选生命特质的可能性作为现代性中反思性的一个功能（呈现出了个人在生命历程的风险管理中具备了更多的选择）。但是，我们必须审视作出这些决策时个体所处的边界和情境。因为，这些决策并不仅仅受到个体选择的影响，也同时受到专家话语和国家利益的影响。

生育率在全球范围内都呈现出历史性的大规模下降。尽管，存在某些显著例外，（西方）工业化国家和发展中国家都存在这种下降趋势（Attane 1998；Gajdos 2000；H. Kohler 2000；Salisbury 1998，1999；Strickland and Tuffrey 1997）。事实上，生育率会随社会和技术发展的因素波动，这包括：生物、人口变化、计划生育手段和国家政策（Courbage 1994；Fargues 1997；Potts 1997）。尽管，现在并没有一般性的理论去解释所有趋势，但现代社会中技术知识的发展和生育率降低这二者的结合则被大多数人阐释为：在当代社会，反思性选择在生育决策中起着更为显著的作用，也就是说，经济需要、社会压力和机会（Buchanan et al. 2000；Eastwood and Lipton 1999；Stobel-Richter and Brahler 2001）。

考虑到教养子女和社会决策制定，考虑作出何种类型的生育决策时有哪些因素影响了这些生育决策非常重要。这种思考在残障情境下尤为重要，因为生育选择已经愈发受到关于损伤的知识和认知的影响。在出生前发现更多后代生理特质的可能性扩展了我们的决策空间，这决定了存有损伤的孩子是否应该出世。但是，这种选择也深嵌于人格和公民身份的文化话语中，这类话语影响着我们如何思考残障生命价值，比如母亲所能感知到的要生产一个"正常婴儿"的压力（Ettorre 2000）。尽管能够指导出生选择的基因和医学技术还相当新，但是，深层次的道德和优生争议却应该在更为历史性的语境中来理解（后文将更为详细地讨论这些概念）。

所以，确定什么样的人类特质是社会偏好的或社会不偏好的，以及我们在哪里可以"划出线"是作出谁应该出生或谁不应该出生这类决策时的中心问题（Buchanan et al.2000；Wolbring 2001）。在此背景下，人们普遍认为损伤特质不是社会偏好的，于是人们广泛采取了遗传咨询、产前筛查或选择性堕胎以降低残障儿童出生的数量。这反过来也强化了人们认为那些存活下来的残障儿童是社会和经济价值低下的现象。对于政策制定者和残障社会活动家们来说，出生权和生物伦理已经成为现今激烈争议的领域（参见 Shakespeare 1999）。

> 在世界范围内，残障组织、残障权利社会活动家以及理论家们都在讨论大量使用产前筛查和选择性堕胎是如何影响全球残障人士处境的……然而，大多数理论家和医学专家依然认为产前筛查以及随之而来的因为筛查出损伤而终止妊娠的行为，将会促进家庭福祉和公共健康。对于他们来说，这仅仅是一种避免残障的更为合法的方式。（Asche 2001：306）

二、一个错误的生命？

这些争论的核心是：当这种出生能避免时，那么允许存在损伤的人出生是否正确或者甚至是可接受的呢？当然，进行生育决策时，我们依赖的并不是存在某些特质的某些人的实际生活，而是基于我们对某些有着类似特质的人在今日世界上如何生活的知识去设想那类人可能的生活类型。所以，当我们面对生命历程初始的生育选择问题时，也就是在面对我们评判社会中不同生命价值的标准问题。正如本书其后章节所要展现的，残障人士的生命价值在很多层面上都被普遍低估了，如生理低下、心理受损、作为文化上的“他者”，并对福利资本主义造成了一种经济“负担”。结果，毫不奇怪的是，人们持续地在残障生命是错误生命这一无处不在的观点中塑造着当代生育选择问题。

近来西方工业社会中医疗诉讼的发展为这一论点提供了鲜活例证。在这一情境下，父母忧虑残障儿童“错误地出生”而提出的法律诉讼日益增多（Gold 1996）。这些案子涉及的都是由那些有损伤特质的新生儿父母提起的诉讼，而那些损伤原本可以在出生前（通过筛查）得到发现。这意味着医学诊断、遗传咨询和选择性堕胎本来可以避免这些孩子出生（而且，父母必须得到财产补偿用来抚养他们本不希望抚养的残障儿童）。而这一观点也可以得到另一代表儿童、要求补偿他们“错误生命”（wrongful life）的案件所支持（Laudor 1994）。而这样的一个生命，暗含着的是本来就不应该活着。

例如，2000 年 11 月法国某个影响深远的案子激发了广泛的公共辩论。在此案例中，法院判决给予少年尼古拉斯·佩吕什（Nicolas Perruche）补偿，这个少年出生时存在多重损伤，这是因为他的母亲在怀孕期间感染了风疹（他的母亲声称她若产前获得正确诊断就会选择堕胎）。两个针对唐氏综合征儿童的相似判决则招致了法国残障社群大规模的抗议。除了公共压力下，法国妇科医生也因为害怕承担责任而拒绝执行超声波扫描，法国议会则被迫通过法案以推翻法院判决，将错误生命的诉求定为非法。针对错误生命的法律案件在其他很多国家均有记录，北美地区最为显著。美国至少有 25 个州法律中确认了“错误出生”或“错误生命”的诉求（更为详细的讨论，参见 Waldman 1990）。法律文献则关注澄清在此类案件中的专家责任的必要性（例如 Norrie 1991；Petersen 1997；Shapira 1998；Um 2000）。但是，谢波德（Shepherd 1995）指出，日益增长要求生育不带损伤后代的压力，意味着父母也需要得到法律保护，特别是当他们选择生育存在基因差异孩子的时候。

“错误生命”的建构及其在法律中的形式化，看起来都是本章讨论的核心。即便是那些精致的陈述涉及了复杂的生育权和医学技术，但是，它们最终都滑向了简单化的伦理框架，它们的特点在于认为存有损伤的生命是错误的。那些提出我们必须竭尽全力去避免有损伤儿童出生的人中的很多人，确实是在损伤和残障关系中作出了一个重要假设（见第一章所勾画的内容）。这种假设认为，若出生时携带某些在医学上被定义为损伤的**生理**特质，将不可避免地把人引向一种社会不利的生活状况（同时作为一个整体，也将他们所在的家庭和社会引致不利状况）。阿施（Asche 2001：307）对这一观点作出如下总结：

> 第一，相对于其他社会成员，残障人士将花费更多社会资源，但是实际上，社会应该将这些资源投资于没有损伤的儿童和成年人身上。第二，残障儿童的生活或是将非常悲惨以至于他们并不值得活下去，或是人们预料他们将会比非残障的儿童活得更为悲惨。第三，父母和家庭成员的生活将会因承受心理、社会和经济负担而大受影响，而这些负担却无法以养育一个非残障孩子得来的心理和社会补偿而得以消解。

但是，一如阿施指出的那样，残障社会模式挑战了这些假设的论证过程，它认为压迫或地位低下的结果，主要来源于社会而非生理因素。如先前的观点所述，残障并非缘于生理特质的差异，而是缘于社会无法适应个体差异。基于这一立场，我们可以认为我们并不需要抹去生理差异，而是需要去除那些致残性阻隔；残障的生命并不是错误，错误的是这个致残的社会。

核心观点和学习要点

人口增长的经济压力和医学知识的发展提升了作更多生育选择的可能性和动力。社会管理和规制这些选择的方式引导我们去思考社会是如何对不同人类特质和生命赋予了价值。随着对生产“正常”婴儿的社会责任的持续关注，残障问题在这些争论中的意义日渐凸显。因此，面对下一代生理特质的更大的“选择性”，我们必须将其置于社会背景中来考虑，即，被障碍的生命日益被界定为“错误的”出生而需要被避免。此论点在生理、认同、文化和经济领域中已得到广泛认可。但是，残障政治和残障权利运动的发展，已经开始挑战这些认为出生时携带的损伤将会不可避免地降低人们生命价值的假设。所以，我们有必要批判性地审视那些防止残障儿童出生的政策和实践。

1. 问题

(1) 有哪些证据可以表明，现今父母处于一个“选择”孩子的更好的位置上了？

(2) 为什么在作生育决策时，控制生理特征是如此重要，父母应该有权利去期待一个“正常的”孩子吗？

(3) 存在“错误出生”这样的事情吗？

(4) 相比于过去，生理差异对残障人士生活机会的影响，是变大了还是变小了？

2. 练习

在有损伤儿童的出生问题上，存在预防或支持两种对立的观点。对这两种观点进行思考。那些出生时存在损伤的人群数量的大规模攀升或减少，会产生什么影响？用以下四点来列出可能存在的影响：(1) 对一个社会生物多样性的影响，(2) 对残障人士自我认同的影响，(3) 对残障文化价值的影响，(4) 对经济的影响。课堂或在线讨论时，对这些不同的立场进行辩论将是一个有益的尝试。如果具有损伤儿童的出生是可以避免的，那这些儿童是否应该出生？在这些辩论中，是否存在中间地带或妥协的空间？

第二节　优生：新旧观点

为了理解当代社会生育选择的社会意义，我们需要了解过往实践的历史意义。用社会规范来“改善”人类生理、认知和道德特征的历史源远流长，但是，最清晰的表现则体现在 20 世纪国家支持的优生运动中。然而，当代消费社会中反思性选择和风险处置的显著增加则提醒我们如果将公共政策和个体选择加以区分或许是有益处的。以下章节将对这些辩论提供一个概述,并用案例来展现公共性和私人性优生实践中的复杂关系。

一、优生简史

“优生”一词(起源于希腊文 eugenes,意味着出生时状况良好)其含义包括对人群中人类特质进行挑选的哲学和提升该人群基因的实践,特别是决定谁应该出生,谁应该死亡,谁应该繁衍后代。大卫·高尔顿(David Galton①1998)追溯了希腊学者,诸如亚里士多德和柏拉图等人的作品中,关于优生书写的早期影响(也可见 Barnes 1996;Garland 1995)。然而,20 世纪优生思想的发展及其广泛实践可以被认为是个更为现代性的项目,它与 19 世纪科技革命和现代民族国家的兴起直接相关。

现代优生学的先驱者是英国科学家弗朗西斯科·高尔登(Francis Galton)(他受堂弟查尔斯·达尔文的影响深远)。高尔登深深着迷于人类多样性,特别是认知精神能力(mental ability)的多样性。1869 年他发表名为《世袭天才》(*Hereditary Genius*)的著作,在此书中他试图展示,“天生的能力来自遗传,正如整个有机世界的形式和物理特质所受到的限制一样”(Galton 1869:1)。高尔登想要探索关于人类多样性和能力的科学知识,以此来扩展下一代的“优质基因”。虽然其结论的因果逻辑还有待改善,但高尔登的优生思想产生了巨大的影响(参见 Galton and Galton 1998)。这种科学可以提供“改善”人类基础的思想,在当时担忧国民健康状况和军备服务的政治家和社会思想家中得到了广泛认同。

统计方法的发展对于人类多样性的测量提供了进一步的推动力。特别是,高尔登对于从“常态”中有所“偏离”的数学模型的强调,使得对某些群体贴上劣等基因文化标签成为可能。譬如,特伦特(1998)提到,1904 年美国圣路易斯世界博览会上把残障人士作为“有缺陷的”和“初级生物”进行展览。正如福柯(Foucault 1977)提出,将反常(abnormal)的群体定义为“他

---

① 作者原文为名字字头大写(D.Galton),译者后根据中方出版社要求更改为姓名全称(David Galton)。——校者注

者”是一切正常化过程的先决条件。所以,将存在某些损伤的人群定义为统计意义上的非常态和低下,是为优生实践提供了科学和伦理上的支持,由此,可以将这些特质清除出人类群体。塞尔登(Selden 2000)认为,在民族国家中通过优生实践以“提升”国民素质,应该被看作是关于正常化的现代性项目。

20 世纪早期,科学优生的信念在现代社会中已广为流传,它并不是仅限于高尔登自己所在的英国,而是扩展到欧陆、北美、斯堪的纳维亚、东南亚和南美。早期优生哲学是高度种族化的,人力资本或价值通常是以“种族类别”呈现出来,这在隔离和种族主义泛滥的美国社会尤为明显(Selden 1999)。至此,英国、北美、斯堪的纳维亚、意大利、奥地利、法国、日本和南美都创建了优生协会。大多数优生学的领袖也是积极的倡导者,他们诉诸立法以减少非白人移民和其他“劣等”人群的出现(关于此运动在英国发展的描述,参见 Mazummdar 1992)。所谓的“积极”优生推动着社会最偏好部分的那部分人的再生产(如通过人工配种或人工授精),而“消极”优生则是抑制社会最不偏好的那部分人的再生产(如通过隔离、堕胎、出生控制或绝育)。此处无法对这些进程作详细介绍,但是,很多学者都提供了非常有用的概述(如 Kevles 1985)。不过,我们需要注意的是,与“种族”和性别一道,对损伤和残障的认识显著而持续地呈现于世界范围内的优生辩论中。

避免残障儿童出生的政策往往基于经济考量。例如,美国优生协会(the American Eugenics Society)致力于把对智力障碍人士进行绝育或隔离所需的明显低廉的费用去和社会对“有缺陷”人群的后代进行支持所需的高昂费用进行比较(参见 Larson 1995)。这种观点对于考虑生产效率和福利开支的政策制定者而言极具说服力。因此,多萝西·波特(Dorothy Porter[①] 2000)展示了从 19 世纪晚期起,英国对于“精神缺陷”(mental deficiency)的优生焦虑是如何成为一个核心原则来组织社会政策发展的。而

① 作者原文为名字字头大写(D.Porter),译者后根据中方出版社要求更改为姓名全称(Dorothy Porter)。——译者注

在其他西欧国家，如法国，尽管它的优生发展比英国或美国稍晚，也存在相似的发展进程和目标（Drouard 1992）。

将优生思想的迅速发展置于殖民主义和现代民族国家兴起的情境中思考相当重要。西方优生思想的传播，着眼于民族认同和“种族”纯洁性，对其他国家产生了一些悖论。例如，尽管美国优生理念中将亚裔人群标定为基因劣等群体，为缩小从这些国家的移民提供了支持，但是，日本科学家和政策制定者却对这个优生逻辑适用于他们自己的人口上表示可以接受（Otsubo and Bartholomew 1998）。在这里，残障再次成为一个焦点。日本《国家优生法》（*National Eugenic Law*）（1940 年通过，并且仿效了纳粹德国）寻求通过减少出生时携带损伤儿童的数量来提高国民“素质”。尽管此法在 1948 年重新修订成为《优生保护法》（*Eugenic Protection Law*），但该法一直着眼于避免“有缺陷的后代”出生，直到 1966 年的修正案出台（参见 Morita 2001）。

20 世纪的优生幽灵更为普遍地和希特勒政权下的德国第三帝国的大屠杀和种族灭绝关联在了一起。纳粹医生确实是第一批发展出系统方法，用经济“效用”标准来测量残障社群的生命的人群了（参见 Burleigh 1994，1998）。然而，我们需要认识到，虽然 20 世纪 30 年代和 40 年代德国使用的优生方法相当极端，但他们广泛诉诸的却是起源于英国和美国的、在现代社会也广为流传的思想。马勒（Mehler 1997）认为，考虑到优生思想在不同国家被不同人群广泛接受（例如，这包括自由主义者，共产主义者和天主教徒），学者们认为优生的特征是“一个边缘化或已过世的极右运动”，这是一个误导。

二、公共性优生和私人性优生

以上简要综述说明 20 世纪大规模执行优生政策以控制障碍（儿童）出生，正是社会理论家眼中现代性民族国家的核心特征（Bauman 1987）。例如，优生原则是基于理性主义的科学化方法对不同人群进行的分类。这些原则反映着了基于维持种族“**纯洁性**”的殷切希望和对民族国家实力的关切。关注优生同样反映出工业资本主义社会关系中生产率、社会秩序和社会服从的必要性。同时,那些用以筛查人类特质、执行优生策略的方法,则是仰赖以官僚化和等级化为特征的现代国家中科技的发展(参见 Bauman 1989)。

与之相反,现在越来越难用相同的方式去理解现存的、规制生育的实践了。因为,针对后现代或晚期现代社会的分析往往着眼于质疑了统一性和国家控制的反思性和消费者选择(Bauman 2001)。在此情境下,人们越来越多地认为今天的生育决策是个体对于生命历程中风险处置或是降低生命历程中不确定性的尝试(Beck 1992)。所以,尽管个体层面和国家层面上的优生决策紧密交织在一起,我们将这二者区分开是有益的。至少在更为富裕的科技社会,生育选择更多是基于个体决策而非大规模的国家项目。这似乎表明我们正在见证从传统社会文化性优生向奠基于理性消费者选择的个体性优生转向(Wolbring 2001)。

但是,我们必须记住,在作生育决策时父母并不是唯一的参与者,医生和其他医疗保健专家发挥了很大作用(Iredale 2000)。鉴于医学专家是相对有权力的,我们需要特别关注这些特别有影响的人中优生思想的流行状况。例如,一项在 37 个国家中对近 3000 名遗传学家的调查表明,个体优生学将会影响家长获知咨询和信息的种类(特别是在亚洲和东欧)。这项研究表明,遗传学家普遍持有对先天损伤人群的负面评价,而“不具有导向的”(non-directive)咨询实则是个特例而不是普遍规则。但是,个体态度还没有讲出所有的故事。经济背景同样重要,特别是当我们考虑到未来大量人口繁衍中 10 个人里有 9 个人将出生在发展中国家(Galjaard 1997)。尽管发展中国家(majority world)多种多样,但是,结构性的经济压力使很多国家都表达出寻求更为直接的控制人口和减少出现出生损伤的意愿。

在这一点上,中国的实践是一个很有用的案例,它凸显出了公共性优生和私人性优生之间的复杂关系。中国是世界上人口最多的国家,有超过 13 亿人口。中国对人口控制的政策上有很多关注(Attane 1998;Thomas and Price 1996;J. Wu 1994)。同时看起来,中国儿童出生时携带基因损伤的发生率也高于平均水平(Chen and Simeonsson 1993;Luo 1988)。中国对此的回应是进行生育控制并形成“**一对夫妻一个孩子**”的正式政策。因为对于父母而言只有一次机会，我们可以认为中国家庭所背负的拥有一个“正常”儿童的社会压力将会更大（Harper and Harris 1986）。此外，国家政策很大程度上规定了教养子女的决定。因此，中国父母的“个体”决策实际上被限定于必须减少人口增长的经济结构框架中，而在文化情境中，国家对于私人生活的干预也是一种既存规范。

1994 年，《母婴保健法》①通过后，中国父母们行使优生决策的压力骤增。这项法律要求医师进行婚前“检查”，以及检查潜在的遗传性“疾病”（这里指的是任何会损害个体未来独立性的状况）。“对诊断患**医学上认为**不宜生育的，经男女双方同意，采取长效避孕措施或者施行结扎手术后不生育的，可以结婚”（第十条，作者加重）。所以，在中国的情境下，在推动优生实践上医学专家和国家之间关系被认为是尤为重要的。

在先前提到的跨文化研究中发现，中国遗传学家非同寻常地强力支持国家干预父母的生育决策，并且大多数人都赞同采用堕胎的方法清除损伤特质（Mao 1998；Mao and Wertz 1997）。事实上，超过 90%的人的都认同“如果这种出生本是可以避免的话，那么将一个存在严重遗传疾病的儿童带到这个世界上来是不公平的”，而 5 个人中就有 4 个人认为，即使社会有支持，存在严重损伤的人的残障也是永远不能被克服的（Mao and Wertz 1997）。这些发现亦证明了对于残障政策缺乏意识。超过一半的中国遗传学家认为中国不存在禁止歧视残障的法律，但是艾玛・斯通（Emma Stone②1996）指出，此类法律已存在一段时间了。事实上，1990 年《残疾人保障法》③第三

① 1994 年通过，1995 年实施的《中华人民共和国母婴保健法》全文链接见：http://www.gov.cn/banshi/2005-08/01/content_18943.htm。最后访问 2014 年 9 月 17 日。原文中直接引用的部分都是直接根据英文摘自中文。——校者注

② 作者原文为名字字头大写（E.Stone），译者后根据中方出版社要求更改为姓名全称（Emma Stone）。——校者注

③ 1990 年通过《中华人民共和国残疾人保障法》，全文链接见：http://www.mca.gov.cn/article/zwgk/fvfg/shflhshsw/200709/20070900001734.shtml。2008 年进行修订时这一条没有作改动。最后访问于 2014 年 9 月 17 日。——校者注

条规定“残疾人在政治、经济、文化、社会和家庭生活等方面享有同其他公民平等的权利……禁止歧视、侮辱、侵害残疾人”（引自 Stone 1996:472）。

为了寻求解释中国遗传学家的观点，毛（Mao）认为：

> 这也许是因为，尽管中国在宪法上保障残障人士的权利，但却没有具体的中国法律来规定存在遗传问题的人群是否应该作为残障人士受到保护。这项调查同时也表明大多数中国人将残障视为对于家庭和社会的沉重负担。人口问题和残障问题是普遍性的。西方优生运动的历史表明，在某种程度上，这些议题为优生实践的兴起和成长提供了社会“媒介”或环境。

在西方，不管是在科学研究（Morton 1998；O'Brien 1996）或残障研究（E. Stone 1996）领域，中国模式的优生实践都得到了广泛关注。然而，这一情况相当复杂，针对残障儿童出生问题的优生政策与保障残障权利的公共承诺相互冲突，西方的生物伦理也在很多方面与中国的传统价值不符（Lee 2001；Z. Wu 1994）。经济、文化和政治上的考量都起着重要作用，加之国家规制的力量，都说明在和其他国家进行比较时，中国父母“选择”的空间很有限（如，Lisker，Carnevale and Armendares 1999）。正如中国案例所展示的，将私人性和公共性的优生实践区分开往往很困难。

三、选择性堕胎的案例

为了避免存有损伤儿童的出生，最明显的私人性优生决策例子就是选择性堕胎。如鲁斯·哈巴德（Ruth Hubbard①1997）指出，选择性堕胎涉及某些重要的决定，即“谁应该或谁不应该生活在这个世界上”。围绕堕胎的辩论是伦理上充斥着争议的，双方都持有某些原则性的且不可动摇的立场，譬如对“支持生命权”或者“妇女选择权”的绝对性主张。一如最近在德国关于堕胎合法性的争议，堕胎政策受到热烈争议表明就伦理矛盾的解决方

① 作者原文为名字字头大写（R. Hubbard），译者后根据中方出版社要求更改为姓名全称（Ruth Hubbard）。——校者注

法是模糊不清的(Simon 2000)。在实践中,就残障和堕胎问题的现实生活讨论与那些更为广泛的各类争议作区分是非常困难的。然而,在堕胎问题**本身**持有的伦理或女权主义立场并不必然涉及在残障和优生问题上的观点(对这些问题的讨论,参见 Sharp and Earle 2002)。在残障问题的辩论中,最重要的是判断针对堕胎的实践和规范是否有**差别地**运用于存在可见损伤的儿童和没有损伤的儿童身上了。

在此意义上,个体的堕胎选择普遍受到国家政策的影响。譬如,英国堕胎法案的运用存在差异,特别是当“存在大量风险,儿童出生时会承受非正常的身心状态以至于严重障碍(handicapped)”时[《堕胎法案》(*Abortion Act*,1.1.d 节)]。一般情况下,以对母亲和婴儿可能产生伤害的理由来实行堕胎需要在怀孕 24 周之内;但是理论上,对于可能“严重障碍”儿童理由下的妊娠终止则不受时间限制,甚至在出生前都是合法的。这种终止的区分成为最近热议的焦点,2001 年 6 月英国残障权利委员会(UK Disability Rights Commission/DRC)受理来自反堕胎组织“生命”(Life)①的诉求,该组织向政府提出《堕胎法案》中这些部分的内容是歧视残障人士的。残障权利委员会在一个声明中说:

> 此部分冒犯了很多人。它强化了对残障的负面刻板印象并强力支持以残障风险为理由在任何时间段都可终止妊娠的观点。但是,在《堕胎法案》中,以其他理由终止妊娠却是受到时间限制的,这与平等对待残障和非残障的价值相互冲突。

考虑到多数国家并不允许以损伤为由在妊娠后期实行堕胎,英国的案例可算是不同寻常的了。但是,医师在实践中对这个问题具有很大的阐释空间。例如,赛维乐斯库(Savulescu 2001)通过澳大利亚的研究表明,关于怀孕晚期结束妊娠标准的使用常常是不一致的,结果是,残障人士遭到潜在的歧视和优生。以下这个案例将描述这种状况并呈现出了个体决策、国家

---

① “生命”组织是英国最大的反堕胎组织,并可能是世界上最全面和最有雄心的组织。该组织结合了倡导和教育工作。该组织对任何面临怀孕危机、流产或流产后照料提供支持,并致力于影响、教育下一代。

政策和医学专家之间焦虑关系。

2000年6月澳大利亚维多利亚的法医开始调查一桩怀孕晚期结束妊娠的案子。在此事件中,一位40岁的母亲在发现她的胎儿存在软骨发育不全综合征(也即侏儒症)时选择堕胎,而当时这个母亲已经妊娠32周。她以自杀要挟医师为她结束妊娠(堕胎在澳大利亚原则上是不合法的,但是当母亲身心健康受到威胁时可得允许)。因为软骨发育不全综合征并非极端(残障)状况,因此,对软骨发育不全综合征进行选择性堕胎行为是很张扬的。事实上,软骨发育不全综合征并不致命,也不会对个体产生严重伤害,甚至不会造成极端的社会排斥(例如,Shakespeare 1998)。很多患软骨发育不全综合征的人都拥有丰富而快乐的生活,但是,当这个妇女的胎儿被诊断出软骨发育不全综合征而决定因此结束妊娠时,而且还是在妊娠晚期,医师们都几乎没有提出反对意见,而对不存在此特征的胎儿,在妊娠晚期实行堕胎是不允许的。

在执行完这个充满争议的妊娠终止后,三位高级医务人员遭到停职以等待内部调查。而在一个到场两百多人的医务工作人员的公开会议也就这个议题展开了热议。这个案件还吸引了大量媒体关注,下面这些评论来自于当时的澳大利亚新闻报道:

> 事实上,妊娠晚期和非致命性的胎儿畸形不是那个让我们大量关注的致命问题。(Glenn Bowes 教授,医院医学主席)
>
> 这让我愤怒。这让我悲伤。我们是矮。但那又怎么样?这个问题最终归结为自尊问题……我们需要强调,侏儒症并没有给生活宣判死刑,我们的生活依旧充满盼头。(Francis Kelly,澳大利亚矮个人士主席)
>
> 是时候要求澳大利亚的医院管理者在医生作出这些决定的时候去支持医生了。(Julian Savulescu 教授,默多克儿童研究所)
>
> 我没有发觉任何错误。妇女比胎儿重要得多。(John Mckie 博士,人类生物伦理中心,莫那什大学)
>
> 这个问题的终极是一种最真实的恐惧,社会会说“如果最初可以

选择避免那些人的出生，我们为什么要为那些人付出昂贵的医疗看护费用？”（Julian Gardner，公共倡导者）

残障仅仅是我们所生活的这个丰富而多样性的社会的一个组成部分，真正的问题不是我们如何清除存在残障的人士，而是我们如何去包容我们社区中的多样性。（Philip Ripper，社区生活行动）

这些评论提供了可以证明或挑战私人性优生的论点。在这里，我们可以看到很多相互冲突的、涉及不同群体的权利诉求的各种观点，它包括了，患有软骨综合征的胎儿、母亲、医生和社会的经济利益。反观本书主题，我们还可以看到关于生物医学、认同、文化和结构性经济的各种关切。在消费社会中，尽管选择性堕胎的决定可能会被认为是私人性优生的典型案例，这其中包括父母们的个体风险处置。但是，这些选择实际上极少是“自主”的，经济、专业人士和国家利益不断在这其中扮演着重要角色。

核心观点和学习要点

总而言之，优生政策和实践关切的是，通过拣选或抛弃某些特质来限制人类多样性。优生思想的历史源远流长，而且人们可以在世界上多个国家发现它。科技和国家官僚系统的重大发展使得优生思想在20世纪时得到更为明确的表达，特别是在现代民族国家中。残障议题显著呈现出来，同时预防残障儿童出生的公共项目广泛流行。更新近一点的分析倾向强调“私人性”优生决策的重要意义，这包括消费选择和准父母个体对风险的处置。选择性堕胎以避免具有损伤儿童出生的实践正是私人性优生的典型案例。但是，在私人性和公共性上进行的区分仍然存在争议，因为经济考量、文化价值和医学专家的权力都持续地影响着人类繁衍决策的过程。

1. 问题

（1）为何在20世纪的现代民族国家中，优生政策变得广为流传？

（2）区分“**私人性**”和“**公共性**”优生合理吗？

（3）父母决策残障儿童出生问题时，他们受到的主要限制和影响是什么？

(4)在生育决策上采纳残障权利的视角是否必然要求在堕胎问题上采纳“**维护生命**”(pro-life)的立场?

2. 练习

思考上面讨论的在妊娠晚期进行堕胎的那个澳大利亚案例。使用文中总结和那些评论作为起点,思考不同群体在案件调查中将会持有的观点。可能会要求谁进行举证?这类调查的最终结果可能会是什么?结论本来应该是什么?在课堂上或网络讨论中以角色扮演的形式对此案或相似案例进行模拟调查。咨询澳大利亚矮个人士协会(Short Statured People of Australia/SSPA)的网站 *www.sspa.org.au*,以及维多利亚医师执业者委员会(Medical Practitioners Board of Victoria)发表的关于因胎儿畸形在妊娠晚期进行堕胎这类伦理议题的评述(在线阅读 *www.dhs.vic.gov.au/ahs/report*)或许有用。

第三节　新的选择还是旧的议题

如前所述,医学知识和技术的新近发展对优生争论产生了极大的影响。特别是基因研究的发展为筛查和选择大量不同生物特质提供了可能。我们需要了解这些发展在多大程度上提供了风险管理中新的消费者选择,而又在多大程度上消除了旧有的优生理念。以下的章节将考察特定的实践,如基因筛查、胚胎着床前检测,以及遗传学知识的扩展对残障人士所造成的影响。

一、基因筛查和消费者选择

筛查损伤特质的实践在各国间差距颇大(例 Chadwick et al.1998)。然而,这里明显地存在两个主要的干预领域:在受孕前识别某个遗传特质的携带者(如父母携带的镰刀型红血球疾病或膀胱纤维化的基因);在受孕后识别胎儿的特质(如肌肉萎缩症或唐氏综合征)。这两种方法都致力于为父母提供其作出知情生育决策之所需，以协助他们决定是否继续妊娠。筛查已经成为了一个日益普遍的选择，医生也为这些筛查遗传性损伤特质的项目提供支持。

生育技术上的新近发展也引入了**挑选**某些出生特质的可能，而并非简单地清除我们不想要的特质。在这方面的核心案例是体外受精、胚胎着床前检测（“试管婴儿”）和基因疗法（“婴儿设计师”）。事实上，这些程序都避免了堕胎所涉及的棘手伦理问题，这意味着家长和医生们可以轻而易举地进行优生生育选择。在这种情况下，因为存在着大量真实的遗传后代可供选择，那么消费者选择的味道显得非常真实了（例如，选择哪个卵子受精）。因此，金（King 1999）认为，对胚胎着床前检测技术的大量偏好将引导我们走向一种新的“自由市场的优生”。

基因筛查的效用通常从两方得到论证：根据成本效益和提供知情选择。成本效益分析认为，基因筛查和堕胎的费用远远少于支持一个出生时携带严重损伤的人的花费（例如，Vintzileos et al.1998；Wald et al.1992）。对此解释路径最主要的批判是它倾向于将残障人士简单定义为社会的财政“负担”，却没有看到残障人士潜在的贡献。第二种论证观点，也就是基因筛查使父母作出更多知情生育选择也是问题多多。因为这种论断建立在所提供信息是准确且相关的假设上的。而我们知道，这可能是一个有问题的假设。

在消费社会中，公众对医学知识准确性和确定性的信任日益成为问题（Illich 1975；Zola 1977），通过基因筛查而来的知识也不例外。例如，尽管消费者渴求“准确”的医学信息（Wertz and Gregg 2000），但某些筛查结果却是臭名昭著，让人无法信赖（参见 Painton 1997）。更需指出，基因筛查预设着更多的关于**生物**特质的信息将为父母作出生育决策提供充分的支持。但是，这掩盖了某一事实，即，父母进行生育决策时，也应该基于**社会**考量（如，具有损伤的人士在社会中所拥有的生活机会）。因此，阿施（Asche 1999, 2000）认为，家长应该在残障运动中获得更多信息，而残障运动质疑了损伤和负面生活质量的关联。

在对唐氏综合征产前检查文献进行仔细研究后，特别是在那些临床叙事和媒体呈现出不断再造的唐氏综合征负面形象的情况下，阿尔德森（Alderson 2001）就家长或专家是否得到了充分信息提出了质疑。她认为我们更需要了解残障的社会模式，而社会模式将会支持更多的知情选择和伦理观点。与此类似，莎士比亚（Shakespeare 1998）强调了生育决策的社会情境，包括影响筛查过程的性别化和专业化的权力关系。他关注到，当母亲依赖医学建议时，将会出现更多终止妊娠的决定，特别是当依赖产科医生而不是依赖"不具有导向性的"咨询时。因此，他认为：

> 我们应该要求提供临床信息之外的关于残障的正面信息，从而使准父母能够尽可能地作出知情决策。人们应该用那些残障平等资源，如和残障儿童一起生活，以及事实上作为残障成人如何生活的那些更为现实的叙述，去平衡那些"医学悲剧"的信息（Shakespeare 1998：681）。

当家长无法获知同等类别的其他信息时，尤其是处在一个贬低残障生命的伦理框架中作出生育选择时，所谓的"知情选择"的生育决策假设是站不住脚的。特别对于母亲而言，我们需要追问妇女的"选择权"中是否包括选择损伤的权利（Bailey 1996；Rock 1996）。在医学专家那里有一个普遍假设，也就是父母获知存在损伤的基因筛查结果后他们将选择终止妊娠。例如，英国胚胎学家鲍伯·爱德华兹（Bob Edwards）主张，基因筛查的可行性赋予了父母避免生育残障儿童的道德责任，他的话语被广泛引用："我们即将看到，生育出携带遗传病沉重负担的儿女的父母是有罪的。我们正在进入一个关注儿童质量的世界"［周日时报（Sunday Times）1999 年 6 月 4 日］。

这些论断凸显了论证基因筛查合理性中的重大冲突。一方面，筛查作为一种在信息时代为父母提供知情消费者选择的工具而备受推崇；另一方面，在生物医学层面，人们认可它的目的是避免具有损伤的儿童的出生。为了展现这些冲突，亚利诺亚（Jallinoja 2001）评述了某个在芬兰的产前筛查项目，并发现工作人员在面对"避免残障"和扩大母亲选择这两个项目所表达出的目标时存在冲突（如，护士很难接受以节省开支为由所提供的堕胎建议）。

考虑到生物医学对生育选择起着重大影响，我们必须质疑基因筛查项目能够提供真正“选择”的程度问题(Farrant 1985; Harper and Clarke 1997)。若缺乏更具批判性的残障视角情况下,针对残障生命价值的负面文化假设是很难遭到质疑的。坎宁安—伯利和克尔(Cunningham-Burley and Kerr 1999)认为,当代遗传学的医学话语强化了“科学和社会”的分工,导致以抛弃批判性视角为代价,强化了临床工作者和科学家“认知权威”的作用。在此权力—知识语境下,只有一点知识将是个非常危险的事儿,而过度依赖遗传知识也将会把准父母们推向自我限制和自我规训的优生之路(Loeppky 1998)。所以,国家性基因筛查项目之推广,如针对唐氏综合征和膀胱纤维化的筛查,都引发了残障运动者、父母和某些医学专家对未来更大范围优生实践的广泛关注。

二、知识社会中的正常化和多样性

正如针对基因筛查的辩论表明,知识和信息是理解当代生育选择的核心。在更一般意义上,社会理论家认为信息和知识网络是后工业社会的显著特征(例如 Castells 1996; Drucker 1993),这其中知识关系就是权力关系(Bohme 1997;Steinbicker 2001),并对人生进程的决策制定起到了显著影响(参见 Delanty 2000)。信息社会里,遗传知识对生活风险管理产生的影响日渐深远。在这一背景下,前述讨论则提出了某些重要问题。如,我们需要获得哪类知识?在获取必要信息时需要承担哪些责任?前面提及的案例处理了一些这类议题。但我们有必要进一步去审视遗传知识的扩展在知识社会中对残障和多样化造成的影响。

人类基因图谱(Human Genome Project)①是这个领域中最显著的发展。

① 人类基因图谱的完成,是医学上一场革命的开始,但这场革命的成功将需要更长的时间。中国科学家承担了这个工程1%的工作量。人类基因图谱的绘制完成,给即将广泛推行的全新基因医疗手段打下了坚实的基础,它使人类向真正的“个性化医疗”时代又迈进了一步。今后,遗传疾病或是疑难杂症,只要根据患者个人的基因图谱“逮住”其中出了问题的基因,用最直接的办法使基因恢复正常状态,人体就会作出相应调整,从而治愈疾病。人类大约有3万个基因,比科研人员原本预料的少了许多。参见:http://baike.baidu.com/view/381329.htm。最后访问于2014年10月5日。——译者注

这个历时15年的国际性项目最初由美国政府于1990年发起，旨在研究和标定人类基因结构和特征的细节（特别是为了能够更好地理解人类基因在损伤和疾病中所起的作用）。最近，英国的研究者完成了在8万基因中30亿碱基对的标定工作，从而提供了整个人类基因的工作“图”。这项科学挑战的规模和复杂性广受关注，但同时，对其社会、法律和伦理影响的关注也日渐呈现（例如，Greely 1998；Wattanapitaykul and Schommer 1999）。

这些争议的核心，同时也对与残障相关的生育选择产生重大影响的是，谁应该了解我们的基因构成或为什么应该了解我们的基因构成这个问题。塔卡拉和居灵（Takala and Gylling 2000）指出四类人群渴望了解的人类基因构成。他们提出遗传知识会帮助个体来“规划人生”，并帮助个体了解在基因上相互连接的家庭成员（见 Juengst 1999）。然而，关于其他人群的权利，他们则有较大保留意见，如雇主、银行和其他商业利益机构（参见 Stepaunk 1998；Zimmerman 1998），以及将筛查信息在社会范围中更大规模的公开（Markham 1998）。他们认为，“只要那些基因偏离平均水准的人群可能遭到怀疑和歧视，社会就不应该合法化那些人们去了解自己的遗传构成的力量”（Takala and Gylling 2000：174）。

基因信息的可及性引发了人们对基因上的少数人群的特别关注，这就包括了残障人士。残障人士担忧隐私问题以及潜在的新形式的基因歧视（Wattanapitayakul and Schommer 1999）。很明显，基因信息提供了避免某些（人）出生的机会，这些被避免的出生不仅包括未来确实会存在的损伤，同时，也包括未来可能出现的损伤。例如，当一个胎儿的基因构成信息显示他在晚期罹患阿尔兹海默症时，医生将如何回应此类信息（参见 Kapp 2000）。预测和风险计算是依赖基因信息的生育决策的核心。尽管，新遗传学的支持者对于“预测药方”的效力信心满满（Gilger 2000），但是，人们对很多境况的预测仍然是非常困难并且充满了不确定（Turney and Turner 2000），尤其是涉及认知和行为特质预测的时候。

除了这些技术上的争论，这里还存在的深层忧虑是广为流行的基因知识将人类生命的社会价值简化到了生物层面。因此，菲茨杰拉德（Fitzgerald

1998）认为我们正在见证一个日益自我“基因化”和“商品化”的时代，这对残障人士将有极大影响。尽管，人类基因图谱项目是在一种“公平和经验主义文化”下发起的，她认为该项目的影响（特别是在经济理性的大气候下）是贬低了残障生命。因此，残障的作家们担忧基因知识的生物还原论思想将招致不受欢迎的残障医学模式和个体模式卷土重来（例如 Newell 2000）。与此类似，埃多勒（Ettorre 2000：409）注意到新“基因伦理秩序”中所提出的有限的身体性叙述，“正如将生物性灌注进社会关系的这种强力方式，生殖遗传学建构了遗传资本、血统的观点（如‘纯正’血统），而且最终社会适应性（social fitness）是可以排序的。但是，当然这种排序方式嵌入在一种先在的不平等情境中，这一情境是低估性别和残障价值的”。在这里，她看到一种利用传统优生话语“有缺陷的基因”和文化话语“羞耻”，来管理女性身体的规训过程。她认为此过程建构了一种极其有限的看待有损伤身体的视角，并且持续否定它的具身性能动作用（embodied agency）。

在更广泛层面，人们担忧这种新基因知识将不仅影响个体，而且会影响某些甄别出来的社会和种族群体，而后者的遗传资本是会被看作不是社会偏好的，或至少是被低估的（Greely 1998）。例如，多德森和威廉森（Dodson and Williamson 1999）关注到对土著人产生的政治、经济和伦理影响，而唐瓦（Tangwa）则认为，这种规范行为可能强加了一套基于西方价值的基因正常化：

> 鉴于西方世界的统治地位及其未来对世界其他部分的统治，全球化可能被简单地转译为西方化。不同的文化群体栖居于世界，其物质条件、权力、理念、经历和态度是如此不同，他们在全球化的力量和场域中又未被平等地代表。在这样的世界中，普遍的生物伦理何以可能？（Tangwa 1999：218）

如果新遗传学确实给全球人类多样性造成威胁，我们则需要了解何种特质最有可能成为优生生育决策的对象。这并非一个简单涉及技术科学的问题，而是一个深嵌在社会和文化过程中的问题。

> 技术并不是中立的，它们属于社会的和政治的现象，在生物/基因

> 技术研究领域亦是如此。基因技术在本质上存在改变社会的可能：将我们分裂成两个阶级——拥有符合社会期待特质的阶级和不是社会偏好的阶级。不管什么时候，一旦人们把某个个体筛查鉴定为不符合社会期待的存在，那么在其出生前后，这个"令人厌恶的"人的存在权利就有风险。任何社会，依据不同的文化、政治、哲学、经济和灵性背景，不同特质都有可能成为目标（Wolbring 2001：38）。

威尔伯恩（Wolbring）从一个残障视角进行着书写，并提出我们如何在不同特质中，如损伤、性别或性欲中作"区分"（对性欲的讨论，见 Gabard 1999）。医学伦理学家一直试图证明将损伤作为生育选择的标准是合理的，同时反对将选择的标准建立在诸如性别等其他特质上。例如，世界卫生组织（WHO）产前筛查纲要，禁止仅仅服务于亲子鉴定或胎儿性别所作的筛查，它暗示的是，以这些原因作为终止妊娠的理由是不可接受的。而亨（Henn 2000）则指出，这为选择大量其他可欲特质的"基因消费主义"留出了空间，如智商和寿命。

在区分损伤特质筛查和其他遗传特质筛查这个问题上，残障社会活动家和科学家社群的辩论日益两极化（Shakespeare 1999）。哈里斯（Harris 1993）和兰德尔（Reindal 2000）已出版的交锋中就呈现着这些明显冲突的观点。哈里斯认为对具有明显损伤特质的胎儿实施堕胎或使用基因疗法治愈某些损伤，并不意味着"偏好"非残障的生命。事实上，基因疗法赋予"基因上的弱势"人群生育出"基因上的强势"人群的可能性。兰德尔（2000：93）的回应则反对此论点，她认为"治愈"残障的观点正是歧视残障人士的核心，因为"治愈的理想"就是顺从和正常化……换句话讲，唯有通过治愈或刚强才能实现充分的社会参与。

2000 年 2 月，27 个国家的残障人士组织代表齐聚英国，参与欧洲残疾人国际（Disabled People's International Europe）举办的涉及残障、生物伦理和人权议题的会议。此次会议的成果是名为"**生活的权利和成为不同的权利**"（The Right to live and be Different）的联合申明（欧洲残疾人国际 Disabled People's International Europe 2000），在他们也被称为"索利赫尔宣言”(Solihull Declaration)的申明中，代表们表达了他们对残障人士的声音被排除在生物伦理讨论外的担忧，并呼吁在倡导另类视角上要得到更大的支持。在题为“多样性的丰富”的标题下，这份宣言有如下说明：

> 我们是整全的人。我们认为没有残障人士的社会是个缺点什么的社会。我们独特的个体的、集体性的经验是对丰富的人类社会的重要贡献。
>
> 我们要求结束生物医学对人类多样性的清洗，结束基于市场力量的基因选择，结束由非残障人群制定的规范和标准。

考虑到生物技术的发展对残障者的人权所造成的威胁(特别是生命权)，这份宣言提出六项具体要求，它们包括：

> 绝对禁止强制的基因筛查，禁止在妊娠的各个阶段，要求妇女因胎儿可能残障的原因而终止妊娠。
>
> 有一个残障儿童不能作为执行堕胎的特殊的法律考量。
>
> 不可就损伤类别和严重性作出区分。因为这将形成等级并强化对残障人士的歧视。

这些声明都切中此章讨论之肯綮。特别是，基于人类多样性和普世生命权的价值，该声明强烈反对针对具有损伤儿童的优生取消选择(eugenic deselection)。

核心观点和学习要点

总而言之，基因科学的飞速发展对优生争议和生育选择都产生了重大影响。科学知识的进步和人类基因图谱项目的发展，使基因筛查得以广泛使用，从而提供了优生选择的大量机会，并避免了堕胎所面临的颇具争议的伦理责难。在知识社会中，遗传信息在形成生育决策和风险管理时发挥着日益重要的作用。然而，这些发展也使过去的优生争论卷土重来，这些争议包括哪些是被偏好的人类特质，哪些生命值得存在。新遗传学中的生物还原论激发了包括关注人类多样性和人权议题的残障运动者在内的少数群体对它们的批判。

1. 问题

(1)就生育残障儿童的选择而言,遗传信息和生物技术进步赋予我们的是更多的选择还是更大的限制?

(2)更为可及的遗传知识是否赋予家长和专家一种新的社会责任,即他们有必要防止可能存有损伤儿童的出生?

(3)在何种程度上,新遗传学可被视为“优生学”?

2. 练习

使用索尔赫尔宣言中的摘录,若以(1)“疾病”和(2)“多样性”的视角来讨论残障和损伤,则会产生何种影响?它们是极端的立场吗?是否存在其他视角呢?基于可见损伤而作出的生育选择和基于其他特质(如性别、身高或智商)所作的生育选择,是否存在区别?批判性地考察文后的推荐阅读,找出作者用以支持或反对那些以残障为由选择不生育决策的论点。

第四节　总结和推荐阅读

本章的讨论通过考察“何者应该出生”这样的社会规范问题,进而展开生命历程视角下的残障议题讨论。本章所用的案例展现了各个国家是如何使用不同的规范和不同的伦理框架,来规制存在可见损伤和不存在可见损伤儿童的出生的。堕胎的案例,特别是妊娠晚期的堕胎,是一个最生动和最具挑战性的案例,我们在其中仍可看到,优生决策是如何被权力—知识关系所形塑的。在知识社会中,优生决策仰赖于探测非偏好特质的能力,以及关于这些非偏好特质所造成影响的知识:包括对儿童、对父母或更普遍意义上对社会的影响。但是,如果非偏好的特质无法在生育前被筛查到,那么产前选择也就不再可能,这也是很多人要求禁止产前筛查的原因。

历史上,关于优生的辩论经历了一个由国家支持的项目向个体优生考量的转折。把这些趋势作为从现代性到社会的晚期现代性或后现代性的转折也能有所帮助。在此意义上,个体优生实践反映了个体对于风险处置和反思性消费选择。但是，私人性和公共性优生的关系是复杂的，我们所作的选择也通常受到国家政策和专家实践的规范。此外，生育决策始终深嵌在低估残障生命价值的文化话语中。所以，在全球化的世界中，所谓的生活方式多样化的价值将不可避免地与广泛使用的、用以规制谁应出生的优生技术相冲突。

一、推荐阅读

在优生思想和实践领域存在大量文献。阅读凯夫利斯（Kevles 1985）**《以优生之名》**（*In the Name of Eugenics*）或高尔登和高尔登（Galton and Galton 1998）的文章来获得全局性的认识或有裨益。从残障视角出发，可以比较某些著名学者的作品，包括莎士比亚（Shakespeare 1998）关于遗传学和残障平等性的作品，阿施（Asche 2000）著作**《产前筛查和残障权利》**（*Prenatal Testing and Disability Rights*），或威尔伯恩（Wolbring 2001）的章节"在不同遗传特质之间作出区分"（drawing the line between different genetic characteristics）。在堕胎这个特殊问题上，阅读鲁斯·哈伯德（Ruth Hubbard 1997）的作品是一个有益起点，而法伊弗（Pfeiffer 2000）认为残障的医学模式持续地为优生议程贡献力量。

二、网络资源

大量网站致力于进行生物伦理和优生的讨论，其中很多直接与残障平等议题相关。因此，可以参考下述资源和它们所链接的其他相关网站。同时，也可参阅本书导论中所提及的某些一般性的残障资源。

National Reference Center for Bioethics Literature at Georgetown University：*www. georgetown. edu/research/nrcbl/scopenotes/sn28. htm*。乔治城大学国家生物伦理文献参考中心（一个很好的概览，有多国的经验和多处来源可以参考）。

美国优生发展的历史信息，见 *www. amphilsoc. org/library/exhibits/treasures/aes.htm* 和 *www.eugenicsarchive.org*。

Eugenics:*www.thalidomide.ca/gwolbring/eugenics.htm*。优生(全面涵盖支持优生和反优生资源的网站)。

The Pro-Choice Forum:*www.prochoiceforum.org.uk*。支持生命论坛(关于堕胎问题的辩论)。

Human Genome Project:*www.ornl.gov/TechResources/Human_Genome*。人类基因图谱(涵盖大量信息和链接的美国政府网站入口)。

第三章 残障与童年期

告别关于生育选择和生命权的讨论，本章开始探讨残障和童年的关系。本章首先介绍理论视角，着重讨论“新童年社会学”和传统儿童发展理论之间的张力。当代社会，童年作为一个世代类别与残障共享某些特质：都是为社会所塑造，都是为文化所建构。同时，就历史而言，针对儿童和残障人士的社会规范方面也存在某些相似之处。他们都被认为不具备自主性、能力和民事权利。经由政策和制度，儿童和残障人士处于强有力的、非残障成人的不同监督和控制机制之下。人们通常把残障成人——特别是有智力障碍的成人，认为是永远的儿童。本章结尾将处理两个重大公共辩论，它关涉了当代社会中残障儿童的处境，即儿童权利和融合教育。

第一节 思考童年期

我们在第一章框架中得以认识到残障和世代之间的重要关系，其中包括它们作为一个社会类别是如何得以建构和管理的。而本章将重回这些核心主题，去分析残障和童年期的特殊关系。但是，学术写作及研究常常以不同的方式阐释童年，致使童年的概念并不清晰。所以，我在开篇介绍中将回顾核心的理论立场，并将其作为我们思考其后章节中关于残障领域争议的背景。

一、朝向一种新的童年社会学

针对童年的理论和研究已有重大发展，最显著的是“新童年社会学”(James, Jenks and Prout 1998;James and Prout 1997)。直到现在，童年议题也极少被社会学视域所触碰(Brannen and O'Brien 1995; Butler and Shaw 1996)，传统的研究路径倾向于间接研究儿童：通过家庭、学校和福利服务等制度切入，或通过宏观层面的数据分析来研究儿童。但是，自20世纪90年代起，一个更具批判性的研究路径开始出现(见 Cunningham 1995; Qvortrup et al. 1994)。这一新的范式包括：在其社会和历史背景下对童年概念进行根本性重述，认可儿童权利，以及允许儿童自身更为主动地参与到了研究中。

因此，詹姆士、詹克斯和普劳特(James, Jenks and Prout 1998)区分了我们目前对西方童年期的理解和先前主导性的“前社会学”的儿童意象。针对后一类别，他们指出五种显著的主题，其中包括：历史上将儿童刻画为邪恶(如不道德的、没有纪律的和自我满足的)却同时又是无邪的(天使般的、浪漫的未被污染的)。他们也关注，针对儿童成长和学习的潜能的认识(可以视其为有待书写的“白纸”，或将其作为“自然发展”的过程)。而随着精神分析理论的发展，童年被视为成人期功能障碍的无意识基础。尽管这些前社会学的建构呈现着相互冲突的意象，但他们之间仍然存在某些相似之处。因此，“这些模式的共通之处在于：他们针对童年问题的视角是外在或不受儿童所处的社会情境影响的。更具体而言，这些模式不受任何社会结构的概念的影响”(James, Jenks and Prout 1998: 10)。

尽管关注到环境和成年人的影响，传统的视角却忽视了童年的社会意义，而仅仅将其看作通向成人期的某个阶段。如维克斯勒(Waksler 1991: 63)提出，儿童的本质在传统视域里被认为是未长成的，与其说他们“是一些什么”，不如说他们“不是一些什么”。理论和政策都集中于为儿童发展标定方向，以确定何种干预可以保证儿童安全地实现成人地位。因此，艾伦纳(Alanen)认为：

> 存在两种理解儿童的主导视角。第一种，人们认为儿童经历着一

系列渐进的成长过程，在将来某时刻最终将成为成人和社会成员；第二种，儿童被认为鉴于其自身不成熟或未完成的社会化状态，他们是成人社会秩序中的问题、受害者或麻烦。这两种视角都把儿童置于社会学的考虑之外。（Alanen 1994：27）

当代理论不同于前社会学论述的地方在于，它提出社会情境和结构的重要意义。更新近的理论将童年建构为一个具有结构意义和文化意涵的独特的社会现象。詹姆士、詹克斯和普劳特（1998）认为四种理论路径都对这一理论取向作出了贡献。它们是“社会结构化的儿童”、“社会建构化的儿童”、“少数群体化的儿童”和“部落化的儿童”。尽管并不必要对这些概念作详细的探究，但对它们的核心主题作出点概述是相当有益的。

童年在任何社会都可被视为一个独特的世代位置，所以我们可以认为“社会结构化的儿童”是一个普世现象（Qvortrup 1994）。但是，儿童同样存在于权力关系中，并与其他世代群体（特别是成年人）产生矛盾。所以，在人格和公民身份的视角下，儿童亦可被认为是一个少数群体。这种“少数群体化的儿童”的视角在其后关于儿童权利的辩论中影响深远。但是，这些理论路径的困难在于他们将童年视为一个普世现象，但是，童年期事实上蕴含着众多文化差异（Aries 1962）。为了处理文化相对主义，将童年期视为社会建构的产物也是相当有益的。由此，我们可以更清晰地观察到儿童在不同社会背景下的情境性的经历（situated experience）以及儿童在形塑这些情境时的能动性。类似观点认为，儿童世界中的意义、文化和仪式，都与成人经历存在很大差异。这种“部落化儿童”的观点认为，儿童的生活和文化也可以被视为人类学现象，儿童在其中是主要的社会行动者（见 James，Jenks and Prout 1998；Opie 1993；Opie and Opie 1959）。

这些理论发展使得残障研究者对残障儿童本身的经历和视角产生了浓厚的兴趣。譬如，沃森主编的书中描述了（Watson et al.1999）在英格兰和苏格兰，他们和残障儿童一道考察后者对日常生活的看法。这项研究呈现了残障儿童生活中高度的成人监控和残障儿童与他人（如家庭，学校和休闲运动）互动的复杂特质。在这些残障儿童的世界里，他们自我认同的发展受到父母、专家和同辈群体的态度的影响（如 Priestley 1998c；Priestley，Corker and Watson 1999）。因此，沃尔曼和巴斯克（Wolman and Basco 1994）认为，如果父母以适合年龄的方式来对待残障青少年，并在童年期鼓励他们进行社会参与，残障青少年的自尊将更有可能得到提高。

斯通曼（Stoneman 2001）回顾了关于残障儿童与其兄弟姐妹、父母的关系的研究。与某些研究者的负面假设相异，她发现残障儿童与非残障儿童一样，同家庭成员建立正面且互动性的关系。但随时间流逝，长大成人后的残障儿童和非残障儿童之间的社会和空间差异因歧视和制度性的障碍而日渐增大。强制性地将残障儿童与其他儿童的生活世界进行隔离的行动，也强化了同辈群体、父母对残障儿童的负面刻板态度（例如，Nikolaraizi and Reybekiel 2001；Russel，John and Lakshmanan 1999）。

通过关注儿童的感知和经历，戴维斯和沃森（Davis and Watson 2001b）和普里斯特利（1998c）展现了残障儿童是如何因为制度性因素和日常的文化事件，而在学校中遭遇“正常化”和“差异性”话语的。特别是当制度将残障儿童作为同质性的群体来建构时，就经常会忽视他们日常生活中的多样性和丰富性。因此，着眼于倾听儿童声音的“新童年社会学”，挑战了将残障儿童视为单一类别、从而否认这个群体认同和实践复杂性的政策和服务（Priestley 1998a）。

二、“正常”儿童发展的霸权

现代社会对于童年的理解在很大程度上受到儿童发展理论的影响。伟大的儿童心理学家的作品，如皮亚杰（Piaget 1959）和埃瑞克森（Erikson 1968）认为：经历一系列可预测的阶段，儿童会逐步发展出成人的能力。与此同时，生物医学的知识和技术也提供一系列新工具，依据某些生理和认知的标准来测量儿童的身体和心智。通过将童年界定为朝向成人期的某个序列，这一序列由某些可测量的阶段构成，经典儿童发展理论建立起何为“正常儿童”的严格的概念框架。由此，儿童发展理论划出了偏离正常发展标准的边界，也为将残障儿童视为差异的甚至是“次正常”或“发育迟缓”的存在的行为提供了执行基础。

儿童发展的正常化生成了一系列标准化的发展序列和时间表，儿童可据此被比较（譬如比较儿童的体质发展和形态、运动和身体的协调性、语言发展、感知、认知和推理、智商、阅读年龄，诸如此类）。这种发展同时也催生了儿童健康评估、福利和教育等产业的兴起。事实上，“发育迟缓”或“生长障碍”的评价一直是对儿童生活进行干预的基础，并且这种评价被广泛用以对儿童进行行政分类（譬如残障类别）。

> 残障儿童不完美的身体在这些正常化的准绳下不可避免地被建构为低劣的了：譬如，“落后的”或“发育迟缓的”。而且，又因为儿童受到的监控甚多，具有损伤的儿童则更多承受着新形式的监督、规训和控制（制度性照料、特殊学校，药物治疗，矫正性手术，补救性疗法，优生性堕胎和基因筛查）（Priestely 1998a：208）。

因为这种正常儿童发展的话语将直接影响残障儿童的生命（Bloch 2000），他们的意义不容忽视。可惜在专业训练中，却常常过度简化这些儿童发展理论的应用。如，吕贝克（Lubeck 1996）认为，以普世现代性为基础的教师培训无法处理儿童发展中尖锐的多样性问题（也参见 Stott and Bowman 1996）。因此，就儿童发展而言，其测量的效度问题即面临挑战。譬如，佩舍（Pecheux 1999）认为，用以进行预测的“发展时间表”太过非此即彼或者非理论取向了，以致无法为常识所采纳、无法情境性地用以理解儿童发展。与此类似，基于多数群体规范的测量，也因其无法推广至少数儿童而受到批判（譬如有色人种的儿童）。同时，这种测量未能纳入某些必要的因素，如：社会阶层、贫困、歧视、压迫和隔离（参见 Coll et al. 1996；Najman et al.1992）。有鉴于此，目前的研究开始强调其他基于人类发展的社会多样性，而非生物普适性的其他视角（Hauser-Cram et al. 2001）。

重回本章之初，经典儿童发展理论及其实践明显受到前社会学视角下的儿童观影响，这种观点将儿童视为不完备的成人。从而，成人期的标准和能力即成为正常化儿童发展的目标和里程碑。因此，残障儿童“发育迟缓”的认识事实上奠基于某种社会建构，即他们“无法”或可能无法成为现代社会需要的、具备自主性的成人公民（见第五章）。这种对发展性的关注同样影响残障成人。事实上，“发展性残障”这个术语长期以来被广泛用以描述那些具有终生损伤，特别是智力障碍的人士（Sandieson 1998；Smith 1999）。这些标签被用来界定那些在发展上存在差异的人，如发展迟滞或发展不全。

早期关于童年的社会学研究也以社会化（儿童习得成人规范和角色的过程）的概念来关注发展问题。他们关注成人文化代代传承的过程，同时，这种传承又是如何通过社会化制度和组织，如家庭或学校（例如，Parsons 1951）得以实现。但是，如詹姆士、詹克斯和普劳特（1998）指出，这种研究路径预设儿童只是简单而被动地受成人影响，同时，既存的关于社会成人模式是确定、可取的。无法吸纳这些成人规范则被视为社会功能性障碍。在此背景下，人们把残障儿童建构成为造成巨额花费的显著社会问题，需要在特殊制度和特殊专业领域进行巨额投资以帮助特殊儿童适应正常的成人角色（或在其无法适应成人角色时对其进行限制）。因此，社会化理论路径对残障儿童造成与发展心理学路径基本相似的影响，但是，它干预的焦点发生转变，即，从矫正那些偏离正常的儿童的生理和认知特质转变为矫正无效制度的结构和过程。

特别是，针对残障儿童的制度有效性问题一直以来都备受关注（例如，健康和社会照料，儿童保护和教育系统）。而这种针对制度而非针对儿童本身的研究取向也体现于私人领域，即，对残障儿童的关注被囊括于“残障家庭”的集体理念中（Hurt 1981；Topliss 1979）。因此，人们把家庭而非残障儿童视为服务使用者；人们关注焦点也集中于父母，特别是母亲所承受的照料负担（例，Baldwin and Carlisle 1994；Ferrari and Sussman 1987）。但是，这种取向的危险在于，残障儿童本身的经历很容易被成人和制度的需要所遮蔽了。

简言之，理解正常化的儿童发展的建构和规制过程，能够帮助我们解释，为什么一直以来，人们都把残障儿童视为个体层面和集体层面上的显著社会问题。以成人中心和非残障的标准来评判，具有损伤的儿童很可能被定义为“失败的”或“发育迟缓的”。但是，当代对经典儿童发展理论和现代性社会化机制的批判表明，在当代社会，我们对童年的社会反映应该更加灵活地应对人类发展多样性。

核心观点和学习要点

现今，将童年视为社会现象的思维方式与传统前社会学的路径大相径庭。现在极少将儿童简单视为“未完成”的成年人，也极少以简单的生物或自然属性去界定儿童发展了。相反，我们努力地以文化意义和儿童权利去解读童年，去理解儿童本身的声音和经历。这种更为批判性的、社会情境性的童年研究的发展，开启了更为丰富的讨论，而下述回顾将展示更多与童年和残障直接相关的主题。

1. 问题

(1) 在何种程度上儿童发展被视为生物决定性的，又在何种程度上他们被视为社会建构性的？

(2) 正常化的儿童发展模式将对具有损伤的儿童产生何种影响？

(3) 为何当儿童的发展进程与规范相异时，他们会被视为社会问题？这种观点面对的挑战是什么？

2. 练习

进一步思考儿童发展的相似性和差异性，以及残障儿童的社会意义将是非常有益的。可以首先列一张关于正常儿童发展重要里程碑的清单。试着加入关于体质发展、认知发展、社会发展和情感发展的例子。而在各个里程碑处，思考那些被认为“发展迟滞”的儿童将会产生何种影响。从(1)身体，(2)儿童的认同意识，(3)对这些儿童的文化态度，(4)对社会的经济影响这几个角度思考可能造成的影响。

第二节　文化和结构

以下章节将表明，残障童年期并非简单地由生理决定，它同时受到文化的建构和社会的制造。比较针对童年和针对残障的建构实践可以帮助我们考察这个论点。譬如，儿童和各个年龄段的残障人士在文化呈现方式上，即存在许多相似之处，如内在的邪恶、无邪、脆弱或对非残障成人的依赖性。与之相似，童年和残障在结构位置上也存在显著相似，譬如，都作为被排斥出成人劳动力市场的社会类别而存在。由此，这可以解释为何儿童和残障人士在现代社会都处于成人监控和制度规制之下。

一、杀害或治疗

西方社会对童年损伤的历史反映体现了长期以来的文化价值。譬如，达顿（Dutton 1996）指出古希腊文化崇尚身体完美以及身心适宜。加兰（Garland 1995）则指出罗马文化中也体现了这些相似的传统、相似的价值和实践。在此背景下，出生时具有显著损伤的儿童会受厌弃而遭抛弃或杀害，有时抛弃或杀害是当地城邦的要求（Tooley 1983）。但巴恩斯（Barnes 1997a）指出，不能仅将该类行为简单视作文化价值的反映，还应该把经济和结构因素纳入考量，即，奴隶制帝国社会中注重人体完美的经济和结构必然性。

在文化层面，哈夫特（Haffter 1968）关注到，某些儿童在前基督教的欧洲民间传说中被描述为“难以对付的”（即，被魔鬼或神灵带来以取代本应存在的“真正的”孩子）。这些传说表明，如果能够与那些难对付的孩子沟通，抑或恶待（打、烧、毒害或暴露）他们，他们非人类的父母就会心存怜悯而将其收回，从而正常的孩子才能归来。因此，这种关于难对付的孩子的传说既解释了残障儿童的出生，也免除了那些生育这些孩子的父母的责任。

> 认为他们并非是由母亲所生育的人类，而是被鬼魂在出生时瞬间偷换的次等人的假设解释了非常态儿童的出现……这不仅意味这种不幸来源于地狱之力，还意味着与这种灾难的抗争事实上是与地狱之力的抗争；必须抚慰他们，依靠智慧对付他们，并以残酷的方式驯化他们。（Haffter 1968：57-8）

杀婴和虐待的历史实践看似极端，但其共同呈现了早期西方文化中赋予残障儿童的负面社会价值。虽然很大程度上，制度性杀婴在晚期犹太—基督教和伊斯兰教文化中是违法的，然而，它却在很深层面上建构了残障儿童非自然和残缺的特质。随着科学理性和医药知识的兴起，矫正和治疗的可行性备受关注。因此，残障童年的文化建构一直以来都关注如何解决或清除损伤特质。基思（Keith 2001）对经典英国少女小说中的性别分析则揭示了这些主题，在关于儿童生活的小说情节与叙事中，损伤和残障是显著而普遍的隐喻（见 Davidson, Woodill and Bredberg 1994）。在其阅读中，基思注意到：

> 在本书研究的某刻我注意到：自 1850 年以来，几乎所有少女小说中都会出现这样的角色：她们在某个关键时刻或因违抗监护人而从秋千或雪橇上滑下，或从马车上倾翻而瘫痪，或遭受某些无法名状的致残疾病，最终她们可以得到治愈，也一定会被治愈这些疾病……对于作者来说，解决瘫痪问题的可行途径只有两条，治愈或死亡。（Keith 2001：5）

对这些作家和他们塑造的儿童形象而言，成年残障人士的生活从未被纳入考虑。儿童不能够维持残障状况，所以在小说叙述中，其解决方式之一是通过深刻道德自省而获得神迹般的治愈，抑或未成年期的死亡。已有充分案例证明，将残障童年建构为非自然的、需要通过死亡或治愈来得以清除的做法存在深厚传统。如第二章的案例显示，防止童年损伤的社会干预催生了优生考量。而就出生时携带损伤特质的儿童而言，其面临着矫正可见的、非正常特质的沉重压力，在技术消费社会中这种压力则更为明显。

因此，莎士比亚和沃森（1998）认为，残障儿童面临的主要问题在于，其所处的社会贬低他们自身的差异性并将他们的存在视为问题，最终他们是不为社会所偏好的。目前针对残障儿童和他们身体的密集而昂贵的治疗、手术干预和行为矫正项目，正是上述观点真实的写照。他们认为：

> 大多数情况下，我们也许无法延续抛弃或杀害残障儿童的老路，但人们热切斥资发展技术以避免这些残障儿童出生……而若具有损伤的儿童漏过筛查而得以出生的话，他们的命运就是通过一系列技术、手术

以消除这些生理上非常态的特质。我们也许需要记得,整形外科一词便是出自希腊文的"儿童矫正"。(Shakespeare and Watson 1998:20)

在此背景下,我们将质疑一系列致力于改善残障儿童行走、言谈或形貌"正常化"的系统性努力。韦斯科特和克罗斯(Westcott and Cross 1996)在考察某些案例后提出,人们应该把这些实践视为严重的制度性儿童虐待。与此类似,阿尔德森(Alderson 1993)就儿童自身对手术的同意问题的研究表明,儿童本身的福利或其内在的生活质量在矫正过程中绝少得以纳入考虑范围,相反,我们要求他们在身体上符合相貌或行为规范。这些干预实践不仅在社会层面上存在问题,同时,也对儿童的自身意识产生了非常负面的影响。如,强化了自己不受喜爱或残缺的感觉(Middleton 1996: 37)。

最近论及某个针对唐氏综合征的儿童进行矫正手术以改变其相貌特征的案例(例如 Glasper and Powell 1999)。在此议题中,艾洛特(Aylott 1999)认为此类手术的大量使用是对社会歧视态度的直接反应。巴里・约翰(Barry Jones①2000)更进一步指出,此类手术并不服务于医学目的,而仅仅服务于儿童相貌正常化。因此,这与其他形式的儿童截断手术,如女性割礼非常雷同。这种论断受到事实支持,即,对唐氏综合征儿童的接纳与否并非基于其生理特质,而是其社会交往的机会(例如 Cunningham et al. 1991; Saviolenegrin and Cristante 1992)。因此,艾洛特(1999)质疑,何以在一个唐氏综合征儿童已日益融入社会、而社会"制造障碍"的态度也受到残障文化挑战的时代里,人们对这种正常化的手术却还满含热情。社会理论家将此类整形美容手术的消费者兴趣阐释为文化抵抗和人类多样性的表达(参见 Brush 1998;Featherstone 2000)。但是,对残障人士进行整形却是对这种后现代趋势的反动。这是在于当家长和医生为儿童选择手术时,也就否定了儿童的能动性。同时,在儿童身体上施展的正常化话语直接否定了人类多样性的宣称。

① 原文中作者名为名字字头大写(B.Jones),译者根据中方出版社要求更改为姓名全称(R.B. Jones or Barry John)。——译者注

总而言之，西方文化中对残障童年的历史性建构深深地落脚于不自然、非人的和不受欢迎的形象中，以此可合理化通过杀害或治愈来清除损伤特质的干预项目。是故，修正残障儿童生理特征和行为的制度性努力可被视为显著的关于正常化的文化实践，它反映出了现代性中对一致性的着迷。但是，这种传统与实践，与残障文化和反思性消费主义中呈现出来的人类多样性却是那么地格格不入。

二、脆弱性和依赖性

对残障童年文化建构的第二个主题是脆弱性和依赖性。在这里，残障和童年期存在显著相似，皆处于依赖地位，而某些携带损伤的人则被建构为永恒的儿童。这在针对智力障碍人士的建构和治疗实践中尤为显著，将此类人群建构为无邪的或野性的儿童，那么对其进行制度性规训和道德教育便是理所当然了（见 Goodley 2000；Ryan and Thomas 1980）。相似观点也可应用于对精神病患者的历史性建构和制度化治疗。因此，在《疯癫与文明》中，福柯描述了人们是如何把住院病人标定为儿童，而体制是如何作用于其婴儿化的日常再生产的："疯癫就是童年状态。精神疗养院内一切井然有序，精神病人转变为未成年人。他们被看作'孩子、精力过剩且滥加利用'"（Foucault 1967：123）。

根据当代制度性婴儿化的实践，霍基和詹姆士（Hockey and James 1993）认为，依赖这种意象是理解儿童文化上的他者、老人和残障人士"非人类"（如非成人）地位的核心。事实上，童年和残障所共有的核心文化内涵就在于被认为的依赖，也因如此，儿童和残障人士就以相似的方式通过成人中心的政策和制度遭到了统治。我们需要了解，童年依赖并不仅由生物决定，同时也受到文化建构和社会塑造的影响（Shamgar-Handelman 1994：251）。童年的定义在任何社会都会随着儿童对成人依赖程度的变化而变化（如，儿童离开家庭的年纪或停止在经济上依赖父母的年纪）。这随之决定了成人在照料儿童上的责任和成人对儿童行使规训的权力。这对残障儿童的处境尤为重要，因为他们对成人的依赖被社会建构为停留时间甚久并与其他儿童对成人的依赖存在差异。了解社会对依赖和独立概念的建构，能够帮助我们思考不同的、针对残障儿童生活的规范方式。

通过回顾早期关于童年残障及其家庭的研究，菲尔和达克沃斯(Philp and Duckworth 1982:48)认为，“无法独立”是家长拒绝某些具有损伤的儿童的原因。但是，也许更确切的是，这种悲剧性的论断事实上源自社会对此人群造成的障碍以及我们对独立赋予的价值——特别是在成人中心的西方社会。当我们能够体察到不同文化间，家长对儿童适龄独立的感知存在重大差异时，我们就更能深切地体会到西方文化对残障儿童的影响。譬如，卡农提、汉德沃克、格罗索和克鲁兹(Cannotti，Handwerker，Grocer and Cruz 2001)考察了波多黎各(父母)在儿童损伤特质上教养子女的感知，他们的发现与在美国收集的数据之间存有差异。特别是，他们关注到在波多黎各相互依赖、父母教养和得到保护被赋予了相对较高的价值，这源自儿童和成年人之间不同的社会关系。

与此类似，沃纳(Werner 1993)认为，在自给自足的农村社区中，家庭和邻里持续性的相互依赖关系为发展中国家的残障儿童提供了城市社区中极度匮乏的核心资源。再次，他认为村落经济的本质将更能提供机会，以使残障儿童在工作和集体生存中实现有意义、有价值的角色。类似的，其他学者也指出，南方世界和北方世界在文化建构童年损伤、残障和依赖这些议题时，亦存在显著不同(例如 Ingstad and Reynolds Whyte 1995；Rao 2001；E. Stone 1999；Zinkin and McConachie 1995)。

总而言之，西方社会中存在一个强有力的、期待儿童持续发展、最终实现独立和自主地位的理想目标的文化力量，而该文化也赋予成人个体主义和个人能力很高的价值(第五章中有讨论)。但是，在这个意义上的文化价值是存在变动的，家长受社会化影响，思考儿童发展的方式实则反映了广延文化意涵，即在日常生活中，和他人建立并维系关系意味着什么。同时，若要更深入地思考这个问题，我们则不能止步于文化因素，同时也应该考察当依赖与童年期和残障相关时，它的结构意义是什么?

三、社会制造的残障和童年

前述章节强调了将残障和童年视为文化建构产物的重要性，原因在于这二者都属于独立成人社会地位的“他者”。但是，如第一章所讨论的，仅仅依靠文化来解释残障现象会面临某种风险，即遮蔽残障人士在现代社会中的结构性位置，这也同样适用于解释童年现象。残障社会模式的发展很大程度上汲取了针对资本社会的唯物主义分析，即奠基于工业化和竞争性劳动力市场所发展的技术、社会组织和思维方式变迁共同作用于残障人士，进而制造了我们今天所理解的这个社会类别（见 Oliver 1989，1990）。如，芬克尔斯坦（Finkelstein 1980）认为，随着机械化和城市工厂化生产方式的兴起，肢体和感官残障人士日益被驱逐出成人劳动力市场。与此类似，赖安和托马斯（Ryan and Thomas 1980）解释了工业革命对于工人技能和学习的要求的变迁是如何将认知损伤的人士驱逐出劳动力参与的。这些都表明：残障人群因政治经济的结构性变迁而在现代经济中呈现为一种特殊的社会类别（Priestley 1997；D.Stone 1984）。残障人士也由此成为极大的“行政麻烦”（Finkelstein 1991），需要扩张卫生和福利制度来管理和规制他们不同于传统成人期领域的生活（Albrecht 1992）。

还可以用相似的视角来看待童年期这一社会类别，儿童在经历社会辩论和劳动力规范后即成为一类脱离成人劳动力市场的人群。其最显著的则是工业社会童工的变迁，儿童由生产性领域或家庭领域的参与者转变为“学院工人”，以预备其后的成人生产性角色（Qvortrup 1994）。奥尔德曼（Oldman 1994）认为此区分非常重要，因为它呈现出了投资儿童和投资成人劳工的不同目的。后者是积累经济资本的考量，而前者则为积累人力资本，即，培育儿童在未来成为成人劳工的技能。所以，他认为儿童与成人间存在不同的世代性生产方式（generational modes of production），其中亦存在阶级关系。同时，奥尔德曼也指出针对儿童（如儿童照料或教育）和针对其他少数群体的成人（如老人和残障人士）的工作的不同结构意义。儿童和老人工作最核心的差异是：前者以及服务于前者的人群属于特殊的生产类别，即它们都通过儿童本身的心灵和身体以创造或维系人力资本（Oladman 1994：

56）。

因此，尽管残障和童年共享某些特质，如都属于生产和再生产关系中被制造出的具有社会性依赖的类别，但他们的结构意涵却存在差异。针对童年的社会投资，如教育制度，都致力于培育未来人力资本和成人生产力，但针对残障的社会投资却延续着传统意义上维系残障人士持续依赖状态的功能（见 Oliver 1989）。这引发了关于国家投资残障儿童现今和未来生活目的的极大质疑（如 Tomlinson and Colquhoun 1995）。如“特殊”教育的投资是服务于残障儿童人力资本的发展，还是服务于他们在成人期持久的依赖身份？

核心观点和学习要点

总而言之，残障和儿童都是基于独立成人的概念，以进行文化和结构界定的显著的社会类别。基于其被设定的依赖关系，这二者都被视为“他者”。残障在文化意涵上长期以来一直以“似儿童的”（childlike）状态得以呈现，而成人监控和照料的制度化实践再造着这种婴儿化的过程；而在结构上，这种依赖是因为资本主义经济生产方式的社会关系将儿童和残障人士排斥出成人劳动力市场。残障和儿童这二者也存在显著不同，因为针对童年依赖的社会投资旨在服务于未来的人力资本发展，而针对残障的投资则倾向于再造和维系其似儿童般的依赖地位直至成人。

1. 问题

（1）残障童年在文献和媒体中的主流文化意向是什么，这些意象向我们揭示的残障儿童的社会地位是什么？

（2）何以依赖议题在理解儿童和成人，残障人士和非残障人士的关系时如此重要？

（3）何种程度上，国家对于残障儿童的政策和投资着眼于他们作为一个成人的未来潜能？

2. 练习

从文献、电视、电影、慈善广告和网站中发现描述残障儿童的例子（文字或图片的形式)。试着发现正面和负面的呈现方式,也包括从残障人士组织中发现的案例。用简单几句话总结各个案例传达的深层信息,如补全这样的论述,对于一个残障儿童来说,生活是……用这些论断和案例来进行课堂或在线讨论。

第三节　近期的讨论

考虑到迄今为止所提出的质疑,我们需要注意到国家针对残障儿童未来的投资方向已有改变,即更为关注提供融合教育和未来成人性雇佣。这些进步是对残障运动中政治诉求、技术和成人劳动力市场的灵活性变迁的回应。本章最后部分将探讨两大影响深远的主题:思考儿童权利的国际框架的发展和关于融合教育的争论。

一、儿童的权利

针对童年更具批判性的理论取向与影响深远的政策运动并驾齐驱,特别是随着通过了 1989 年《联合国儿童权利公约》(*United Nations Convention on the Rights of the Child/UNCRC*①)。这些运动的意义不容忽视,因为儿童直到现今也基本上不被纳入人权的讨论。这种排斥源自于普遍持有的一些假设,即儿童在某些方面与成人存在质的差别,成人地位却是考量人或公民的最主要方式。但奎沃托普(Qvortrup)质疑这种划分:

> 在“儿童是并且必须被区别于成人对待”的争议背后,儿童和成人在本质上存在不同的观点被确证了吗?换句话说,是否年龄(某种程度上,人们把年龄系统性的和本体差异进行了关联)可以论证针对儿童和成人的区别对待(问题)?(Qvortrup 1994:3)

---

① 《联合国儿童权利公约》中文版链接:http://www.un.org/chinese/children/issue/crc.shtml,最后访问于 2014 年 9 月 18 日。原则上直接引用公约的地方,根据中文版直接摘录,请注意。——校者注

与此相似，阿尔德森（1993）关注到国际人权话语采纳了人格和公民身份的讨论框架，而此二者依赖于理性、独立和自由等特质。她指出，这些特质也与特殊的自主性成人视角相互连接。被认为是非成人的儿童便不被认为具备这些成人特质，因此他们关于成人权利的诉求便无从得到接纳。但近来的某些范式转换使得在国家和国际的政策框架中，赋予儿童越来越多的权利和责任（Scott，Jackson and Backett-Milburn 1998）。虽然，大量的制度资源在儿童向成人的发展过程中依旧投放于儿童照料和控制，但是针对儿童权利全新的思考方式则致力于对政策和实践的重新评估。

特别是，近来全球采纳的联合国公约为评估儿童权利提供了有效的基础（如今未正式通过公约的两个国家是美国和索马里）。儿童权利公约为所有儿童主张了一系列人权，并制定了用以评价签约国的服务标准，这些权利包括生存权、发展权、得到保护的权利和社会参与的权利，这也为评估签约国对残障儿童需求的反应提供了有效的框架（例，Morris 1998a）。在这种视角下，救助儿童基金会（Save the Children）主办了一个项目，即从 1999 年开始在七十多个国家收集关于残障儿童权利的数据，以呈现违反的状况以及好的实践（国际拯救儿童联盟 International Save the Children Alliance 2001）。

公约的所有条款都平等适用于残障和非残障儿童。但是，不同于其他国际公约和宣言，儿童权利公约明确地将残障儿童纳入其中。公约第二条指出应保护儿童不因残障而受到歧视。更具体的，第二十三条直接涉及残障儿童的权利，其声明“缔约国确认身心有残疾的儿童应能在确保其尊严、促进其自立、有利于其积极参与社会生活的条件下享有充实而适当的生活”（《联合国儿童权利公约》第二十三条第一款）。

尽管公约确认残障儿童具有接受“特殊”支持和服务的权利，但这些支持和服务的提供方式必须“有助于该儿童尽可能充分地参与社会，实现个人发展”（《联合国儿童权利公约》第二十三条第三款）。这种对于社区参与的关注改变了过去将残障儿童隔离出主流社会的实践。联合国儿童权利委员会在公约的报告进程中注意到：残障儿童的权利在很多领域内仍然遭到持续侵犯和限制，如社会歧视的态度，获得教育、健康或社会照料的途径（见 Hurst and Lansdown 2002）。涉及公约条款的某些例子可以对此作出说明。

公约第三条确认了关于儿童的一切行动均应以儿童的最大利益为一种首要考虑，譬如在提供法律保护、照料或服务上。但是，就之前某些例子看来，残障儿童在很多情况下需要服从成人对其相貌正常化或将其安置在机构中的决定，这些都可被视为并非优先考量儿童本身最大利益，而是以父母、专家或政府的利益为首要考虑。同样，第二章的讨论表明：国家优生政策与《公约》第六条“每个儿童均有固有的生命权”产生冲突。同样，公约第九条声明“缔约国应确保不违背儿童父母的意愿使儿童与父母分离”，但很多国家仍旧依靠大量隔离性住宿医院、治疗中心和学校以支持残障儿童，并使强制分离成为一种常态。

公约第十二条确认儿童在影响到其本人生活的决策上具有被咨询和参与的权利，第十三条提供了“自由发表言论的权利”，包括获得信息和思想的途径。但是，我们需要注意一个重要的附加说明，这个说明可能通过阐释而成为某种障碍并且潜在地伤害残障儿童。因此，“缔约国应确保**有主见能力的儿童**有权对影响到其本人的一切事项自由发表自己的意见，对儿童的意见应按照其年龄和成熟程度给以适当的看待”（《联合国儿童权利公约》第十二条第一款，作者加重）。

危险在于，对有认知缺陷的儿童来说，关于成年残障人的假定会被用来推断他们在认知方面的“能力”。大量事实表明，有学习和交流障碍的儿童常常被剥夺了表达意见、参与决定的权利，而这些决定往往关乎他们自己的生活（参看 Morris 1998b）。向残障儿童征询意见，并允许他们介入决策过程会多耗费大量的时间和资源（Ward 1997），而且确实有一些儿童要求我们作出实质性改变以实现彼此的交流。此外，要使协商变得有效果，还需要为残障儿童提供某些特殊服务，如专门的交通工具，进出方便的协商场所，替代性的交流媒介和额外的专家人员等等。

《联合国儿童权利公约》第十九条要求各国保护儿童在被家庭或其他

机构照顾时,免遭各种形式的伤害、虐待或照顾不周。很明显,残障儿童在这方面的权利受到极大侵犯,因为他们遭受虐待和照顾不周的比例要远远大于其他非残障儿童(参看 Waldman,Swerdloff and Perlman 1999)。韦斯科特和克罗斯(Westcott and Cross 1996)认为,在福利国家中,我们对儿童虐待的理解基于非残障儿童的经验,而重要的残障议题则被忽视。类似的,在莫里斯(Morris 1998a)看来,尽管 20 世纪 80 年代英国对儿童虐待问题的广泛关注推动了相关政策的进步,但其在提升残障儿童处境上做得仍然很不够。

尽管残障儿童"脆弱性"是被社会建构出来的,但对他们的虐待可能确实远远高于其他儿童,因为相较于其他儿童,他们被纳入到一个更严格的由成人进行监控干预的体系中,尤其是各种社会服务机构(Giese and Dawes 1999;Watson et al.1999);同时,残障儿童更有可能遭受相关机构某些特殊形式的虐待,如药物治疗、矫正治疗和康复治疗等。对于这些因相关机构的灰暗经历或缺少积极的成人榜样而失权的儿童来说,虐待的影响将难以祛除,进而销蚀这些儿童的自信心。对于社会地位低下的少数族裔(例如黑人残障儿童)来说,其后果还可能更为严重(Bernard 1999)。在更一般意义上,韦斯科特和克罗斯(1996:2)认为,虐待残障儿童的问题应当被放到更为广阔的社会背景中理解:"正如对女孩的虐待是性别歧视的一部分,对残障儿童的虐待首先应被理解为成年残障人的处境的一部分,属于社会歧视残障的一种体现。"

《联合国儿童权利公约》第十六条进一步提出了成人对儿童的监控问题,强调所有儿童都应免于专断控制,"儿童的隐私、家庭、住宅或通信不受任意或非法干涉";对残障儿童的药物治疗和社会干预明显是对这种权利的侵犯。如果对联合国公约进行深入分析,对此还可以有更多的讨论(更细致分析,参见国际救助儿童联盟/International Save the Children Alliance 2001)。例如,残障儿童在教育、娱乐、社区参与和家庭生活上的经历是否满足《联合国儿童权利公约》的精神和要求?

思考这些问题时要注意,儿童权利的实现取决于国家内部的资源分配。这一点十分重要,因为绝大多数残障儿童生活在发展中国家,在那里,他们能得到的经济和福利资源是非常有限的(参看 Hyder and Morrow 2000; Zinkin and McConachie 1995;Wirz and Lichtig 1998)。贫困是保障儿童权利的重要阻碍,而南半球的发展中国家的残障儿童也因此承受了过于剧烈的冲击。不过,依照相对地位低下这个概念,贫困对残障儿童及其家庭的影响在北半球的发达国家亦非常显著(参看 Dowling and Dolan 2001;Rosman and Knitzer 2001)。因此,为了保障残障儿童的权利,我们不应当局限于不同儿童的生理差异、不同文化对其的影响等问题,而应更好地理解经济和结构因素是如何塑造着这一政治议题。在一个缺乏福利资源的环境中,就社会权利的投资问题会出现很多颇具争议的观点。鉴于残障儿童在人力资本和未来生产力上的价值通常遭到贬损,他们的权利无法得到优先考虑的现实,也就不足为怪了。

二、教育和入学

在权利和资源的背景下,教育和入学成为备受争议和政策发展的重要议题。如前所述,儿童权利公约确认了儿童的教育权。但是,很多残障儿童,特别是残障女童,其教育权依旧被持续剥夺或在“特殊教育”的伪饰下接受次等的教育(例如,Rousso and Wehmeyer 2001)。尽管在此无法就教育问题的争议作全面描述,但此议题对理解童年残障的社会反应极为重要。这些争议的核心在于区分隔离教育和融合教育(例如,Alderson and Goodey 1998;Cook, Swain and French 2001;Graves and Tracy 1998)。

不同的看待残障的视角导致不同的针对残障儿童的教育方式。例如,里德尔(Riddell 1996)认为从本质性的生物解释向社会唯物解释的历史转向凸显了建构特殊教育中的显著张力。关注缺陷的本质主义视角,要求根据特殊的损伤类别,在学校中对学生进行相应归类;而建构主义分析则旨在批判强化人为边界和负面刻板印象的行政性隔离。唯物主义视角则指出,结构和经济力量形塑了不同社会中特别的学院供给形态(对不同视角的分析,见 Clough and Barton 1999;Clough and Corbett 2000;Corbett 1998,2001)。

历史上,特殊教育的发展与旨在隔离残障儿童与非残障儿童的特殊学校、特殊教育项目的建立相关。但是,教育理论和残障政治的发展极大挑战了这种路径。1999 年在泰国召开的“人人享有教育全球会议”(World Conference on Education for All)建立了普适教育的国际议程,而 2000 年塞内加尔的全球教育论坛(World Education Forum)将讨论推至高潮,其确认残障人士需要被纳入成为完整的教育系统的组成部分(World Conference on Education for All 1990)。

在 1994 年特殊需求教育全球会议上(World Conference on Special Needs Education),政府和国际组织的代表相聚以推动此议程在全球范围内实现。大会重申了对融合教育的承诺,其宣言(通常被称为萨拉曼卡宣言/Salamanca Statement)主张无论儿童残障与否,融合性的“常规”学校需要面对所有儿童而教,需要回应儿童需要的全面多样性。因此:

> 融合导向的常规学校在抵抗歧视性态度、创造友好社区、建立包容性社会和实现为所有人而教的目标上,都是最有效的方式。更进一步,他们为大多数儿童提供了有效的教育,也提升了整个教育系统的效益和成本—有效性。(United Nations Educational Scientific and Cultural Organization and Ministry of Education and Science 1994:2)

虽然全球各国都对融合原则作出了一致的书面承诺,但现实实践却常存不协调或冲突之处。譬如,卡瓦乐和福尼斯(Kavale and Forness 2000)在审查美国融合政策的历史中发现了其书面与实践的差距,而劳埃德(Lloyd 2000)则指出最近英国融合政策的错误承诺。拥有相似数量的残障儿童、相似的社会经济发展水平,但国家组织教育的方式却可能千差万别。这种可能存在的差异反映了经济和人口的考量、空间和社会地理的限制,以及不同的政治或福利体制。譬如,美国和英国的义务教育制度是形塑残障儿童教育供给的显著因素。一方面,强制入学扩大了能够获得基础教育的残障儿童的数量。另一方面,谋求为更大受众提供标准化课程的学校制度限制,催生了更多主流之外的特殊学校的建立(例如,Yell, Rogers and Rogers 1998)。

基于结构人口路径,梅杰和伊格尔(Meijer and Jager 2001)依据十五个欧洲国家的数据总结了人口密度和特殊教育之间的关系。数据显示：比利时、荷兰和德国隔离学校或特殊课堂中的儿童人数，三倍于希腊、意大利、葡萄牙、西班牙、挪威和瑞典这些国家（仅 1%）。同时，考虑到国家政策传统和体制问题，他们提出地理和人口因素显著影响教育供给模式，特别是隔离教育的数量。他们对此的解释是：

> 将儿童隔离在分散的特殊学校对低人口密度的国家而言，具有显著的不利。首先，通勤将耗费大量时间……其次，儿童被带离他们的社会环境，从而减少与社区中其他朋友的交流，遂产生负面社会影响。再次，于人口分散地区设置特殊机构，并不具有成本—有效性（Meijer and Jager 2001：147）。

此论断虽则同样适用于众多农村和发展中国家，但亦需要考虑文化因素。譬如，特殊教育机构的发展很大程度上受西方文化影响，这就在确定最合适的供给模式上产生可能的矛盾和文化冲突（见 Deng, Poon-McBrayer and Farnsworth 2001）。因此，艾德曼和哈菲兹（Adnan and Hafiz 2001）对马来西亚的政策和实践的考察表明，定义混乱已酿成教育实践的歧视性和随意性（同见 Jelas 2000）。回顾 1990 年世界大会后的全球发展，托尼·布斯（Tony Booth 2000）注意到残障学习者依旧是教育系统中最受排挤的成员。这将我们的目光聚焦于南半球更为贫困的国家，在那些国家中，会受到有限资源的限制，而普适教育的政策制定水平也远远落后于北半球。更重要的是，布斯指出，不应简单视融合教育为某个确定的目标，而应将其视为一个永不终止的回应人类多样性的过程。他也因此高度赞赏残障人士组织和残障儿童父母在融合教育的权利运动中产生的影响和扮演的角色。

这些政治挑战同时也质疑了当代社会中学校，特别是特殊教育的深层目的（Biklen 2000）。如前讨论，学校的核心功能是将儿童作为未来的人力资本进行投资，并对儿童进行社会化以实现可被接受的成人角色。特别是在西方教育系统中，将个体培育成拥有市场经济中独立的成人自主性已成为显著的教育目标（Cuypers 1991；J. Morgan 1996），同时，学校课程设置和管理中高度重视竞争和选择的价值。但是，采纳融合性议程，特别是针对残障儿童的需要进行融合教育，将极大地挑战既存框架。因此，Barton 和 Slee（1999）认为我们需要重构教育供给，以使其成为一个超越市场力量限制的再分配正义的议题。

核心观点和学习要点

上述案例呈现了当代关于残障和童年期最显著的争议。国际儿童权利议程的发展涉及：残障儿童的权利，以及促使儿童更大程度实现社会、社区生活参与的政策。尽管融合问题在所有政策领域都达成了清晰而广泛的共识和承诺，实践领域的目标却常常落空。在此意义上，融合教育也许成为最具广泛争议性的问题。其发展过程并不完善，目前残障儿童仍然是最被排斥于教育和学院的群体。但是，为理解残障儿童的弱势地位，我们需要考虑融合教育的结构性挑战，以及竞争性市场和多样化价值之间的潜在矛盾。

1. 问题

（1）儿童在社会中应拥有与成人同等的权利吗？如果不是，为什么？

（2）在何种程度上残障儿童具有特殊需求，又而何种程度上，与其他儿童的需求和权利一致？

（3）何以调整教育系统以使针对残障儿童的融合教育目标成为现实？

2. 练习

将联合国儿童权利公约作为思考残障童年期的框架（在本章结尾有一个网络链接）。可对主要的条款逐条浏览，或根据其针对的不同成员来区分阅读。哪些条款涉及残障儿童的权利？就这些条款指出阻碍残障儿童权利实现的因素。在何种程度上这些障碍是因为（1）儿童间生物属性的不同，（2）社会的文化价值，（3）经济？

第四节 总结和推荐阅读

本章的讨论深化了第一章、第二章的某些核心议题。如同新社会学取向将童年重新界定为一种镶嵌在社会和文化情境中的世代位置，残障的社会模式强调了对此类别的建构和制造。童年和残障在此意义上都非常相似地被呈现为正常化的、非残障成人期的对立面。尤其是当我们着眼于以自主、能力和独立等特质来思考成人的时候，这也将解释为何儿童和残障人士是依据依赖和无能而得以建构的（此论述将在第五章得到深入讨论）。从生命历程视角看来，我们也应关注发展理论的统治地位所造成的重大影响。当童年被界定为可预测的，向独立、自主的成人期发展的某个阶段时，那么具有损伤的儿童将更有可能被视为社会问题。

前述案例显示，在文化、研究和政策议题中极少触及残障儿童的议题。我们倾向于关注损伤、“脆弱性”、预设的依赖产生的“负累”、服务使用情况，却并不关心他们在日常生活和认同问题上更为微妙的叙述（Davis and Watson 2001b；Shakespeare and Watson 1998）。因此：

> 执着于损伤问题将会在个体模式框架中把残障童年病态化。将残障儿童建构为“脆弱”和消极，使我们不再敏感于他们作为社会行动者所具有的能动性。针对服务的过分关注也将限制我们，只能于行政隔离和规训的体系中来讨论残障儿童的问题。综上所述，残障儿童依旧被建构为仅具有单一维度身份的群体，他们无性别、无性状、无文化特殊性，无阶级性。（Priestley 1998a：219–20）

虽然残障运动和残障研究的兴起挑战了有关残障成年人的认识，但对于童年残障议题的批判性关注却极为稀少。这部分反映了在残障人士运动中缺乏积极的儿童代表（需要注意到家长群体和“特殊教育者们”持续游离于该社区）。而在更一般意义上，儿童视角的缺乏反映了成人中心意识的统治地位（如就业）。将残障儿童的声音和经历纳入当代残障平等和残障权利的讨论，将是对残障研究的一个挑战。

一、推荐阅读

某些核心文本可对“新童年社会学”产生导论性的认识，如《**童年是重要的**》（*Childhood Matters*，Qvortrup et al.1994）或《**理论化童年**》（*Theorizing*

Childhood, James, Jenks and Prout 1998)。虽然这些著作与残障议题关系不大,但其讨论的许多主题和问题与本章提出的议题非常相关。遗憾的是,现今与残障儿童直接相关、并采纳批判性残障研究视角的出版物依旧相当稀少。但论文和研究报告日益增多(见 Davis and Watson 2001a, 2001b; Priestley 1998a; Priestley, Corker and Watson 1999)。同时,《**残障儿童权利**》(*Disabled Children's Rights*, International Save the Children Alliance 2001)一书就国际儿童权利的议题提供了很好的概述,而且随附的 CD 光盘内含有世界各地案例的大量资源。而关于融合教育的文献也蓬勃兴起,很多也涉及残障议题。就不同路径的介绍,参看《**融合教育理论**》(*Theories of Inclusive Education*, Clough and Corbett 2000)和《**融合教育国际期刊**》(*International Journal of Inclusive Education*),《**残障与社会**》(*Disability & Society*)最近几期的大量相关文献。

二、网络资源

The United Nations Convention on the Rights of the Child: *www. unicef. org/crc/crc.htm*。《联合国儿童权利公约》(该版本由联合国儿童基金会提供,其中包含相关评论和资源)。

Global Workshop on Children with Disabilities: *www.un.org/esa/socdev/enable/disb971.htm*。残障儿童议题全球工作坊(自 1997 年开始的联合国公报,概括了全球政策和发展议程)。

Education for All: *www. unesco. org/education/efa/ed_for_all*。人人享有教育(可获得广泛的资源合集,包括专门的国家报告)。

Salamanca Statement and Framework for Action on Special Needs Education: *www. unesco. org/education/educprog/sne/salamanc*。萨拉曼卡宣言和特殊教育行动框架(前述文中提及的重要文件)。

Enabling Education Work: *www. eenet. org. uk*。成就教育网络(涉及不同国家的资源和案例研究)。

第四章　残障与青年期

本章考察青年期的概念和残障青少年向成人期的转折。本章讨论首先将概述青年研究的理论视角，特别是结构和文化解释。本章将对青年人能动性、多样文化和身份认同在消费上的显著特性以及在这个科技和知识社会中“青年”作为一个世代类别的生产给予特别关注。在对完美的身体这一引发障碍的事实的建构过程中，“青春”被视为显著的文化标记，并关系到了针对残障人士性欲的性别化规范（例如，通过强制性绝育）。本章结尾部分将考察针对青年转折和培训的制度性管理，指出需要结构和文化解释来理解青年残障人士的集体性生平。本章结论强调了残障和青年期作为社会类别的位置的共同属性，从而打下考察残障和成人期的基础（见第五章讨论）。

第一节　思考青年期

青年期已成为生命历程和世代研究中的一个核心的理论概念，特别当应用于当代工业化社会时。但现今青年研究的崛起可能蒙蔽了“青年”一词为相对新近构词的事实。特别是，青年这个世代类别基本可被视为迅疾的、与西方晚期现代性（特别是 20 世纪后半叶）相连的文化和社会经济发展的产物。很多议题显得非常重要。

第一，我们可将青年期定义为介于童年期和成人期之间的重要年龄类别。但年龄并不代表全部,因为不同社会的青年,其享有成人权利并承担成人责任的年龄也多有不同。这些转折所发生的时机、持续的时间和社会组织构成了我们现今理解的“青年”。

> 每个人都需要从儿童转变为成人,但是,不同社会在不同时间对这种行动的组织方式是不同的。这种转折可经历几天或几年,可以意味着把同龄人聚集起来或分散开来,可以是一个相对的社会解放阶段或是一个社会压抑阶段。研究青年期的社会学家的任务即是考察特定社会是如何组织起成长过程的。对于我们来说,青年并非是个简单的年龄群体,而是对**某一年龄群体的社会组织**。(Frith 1984:467,原文加重)

在残障视角下人们会质疑,是否每个人都会有此类转折?对残障青年而言,他们在实现完整成人地位的过程中面临诸多障碍。而考虑到青年自身的独特含义,将青年简单建构为不完全的成人却也并不合理。第二种视角则将青年期视为介于童年期和成人期之间的某个独特的文化空间,青年在其中将自身的世代认同确立为积极的参与者。第三,我们也许可以将青年和青春,与针对身体的特殊建构联系起来(依据其生理上的成熟属性和其作为文化抵抗的场所来考虑)。这些兴起的不同的关注方式都在作为一种次学科的青年研究中得以呈现。因此,科尔斯(Coles 1986)将关注青年期、认同和能动性的文化取向路径与关注在结构和政策背景下转折过程的取向进行了区分。其他作者也作过相似的划分,即根据“过程和结构”(G. Jones 1988)、“文化和结构”(Gayle 1998)或“能动和结构”(Roberts 1997)所作的划分。

一、文化取向

文化取向关注多元青年文化和认同的兴起,而这种文化和认同很大程度上是由消费所界定的(例如,对流行音乐、时尚和休闲的消费)。在此意义上,青年文化即是被青年独特的消费选择和短期休闲消费(不同于成人可能作出的长期消费目标或投资)所形塑;亦是源自于20世纪50年代的

“青少年消费者”(Abrams 1959)。年轻人在休闲消费上所呈现的姿态及其物品,随之成为青年“亚文化”发展和变迁着的“风格”概念的核心(Brake 1980, 1985)。但是,青年的能动性和消费选择并非全然不受限制。消费机会被限定在有权势的跨国工业和媒体的市场利益框架下,而利用这些机会所需要的财政和文化的资源,对不同年轻人来说,他们的拥有状况也是存在不同的。因此,“简而言之,休闲活动也并非真正自由——他们涉及人们在家庭、劳动力市场上的位置。换句话说,休闲模式反映了休闲机会以及不同青年群体拥有不同的机会”(Frith 1984: 23)。

这种讨论对青年残障人士而言尤为相关,因为他们在获得休闲消费的机会或风格表达上极为弱势。残障人士和非残障人士在休闲兴趣上基本相似,但消费和参与的途径却是大相径庭。总而言之,研究表明了残障人士低下的融合性休闲运动参与度(例如 Haydenet al. 1992; L. Kohler 1993)。譬如,芬奇编辑的书中(Finch et al.2001)针对英格兰和苏格兰青年残障人士的调查表明,尽管残障人士参与体育活动的动力并不低于平均水平,但整体而言,其参与率是低的,并且肢体损伤的青年更受排斥。金钱匮乏和可及性障碍是最显著的原因。而数据也表明,相比于户外体育活动,青年残障人士更可能参与学校环境中的体育活动(而非残障青年恰恰相反)。

此类模式的发现具有重大意义,因为作为青年亚文化制造场所的社会空间基本上是外在于成人组织化活动的范畴的。因此,青年文化的发展普遍与越轨或高危行为相关(如药物使用或高危躯体性行动),这些行为通常构建了同伴群体网络和青少年认同亚文化所形成的情境(Engels and Ter Bogt 2001)。因此,斯蒂尔(Steele 1996)报告的数据表明加拿大具有肢体损伤的年轻人比其同伴群体更少抽烟(包括烟草和大麻)或饮酒,他们更可能参与“安静的室内休闲运动”。

参与青年文化包括维系朋辈网络和亲密的私人关系。但是残障青年在实现此类关系时面临太多的生理和社会障碍。迈克尔科(Michalko 2002)指出,人际态度比任何其他事物更能阻碍个体。因此,罗兰(Rowlands 2001)强调了为青年残障人士在转折期建立友情网络的重要性。依据澳大利亚农村具有创伤性脑损伤的青年的经历，她提出“尽管可以通过学习某些策略，使用某些设备去适应一系列肢体、感官和认知上的损伤，但使青年摆脱脑损伤的影响的，却是真正的社区参与、照料网络以及互惠关系”（Rowlands 2001：180）。

有趣的是，尽管在涉及治疗的文献中关注到休闲议题，残障研究却极少提及青年文化或消费。卡明斯、马达克斯和凯西（Cummings，Maddux and Casey，2000）认为因转折安置中过度关注雇佣议题，从而遮蔽了休闲的社会意义，进而使智力障碍人士在离开学校后缺乏有意义的社区参与。与此类似，西特林顿（Sitlington 1996）指出我们忽略了某种非雇佣或非教育性的成人生活的预备。但是，在更为正式的、针对转折期残障青年的“培训”或“工具性”的项目中，休闲议题已成为核心焦点（例如 Collins，Hall and Branson 1997；Dattilo and Hoge 1999；Wall，Gast and Royston 1999）。在此背景下，残障青年休闲机会的正式化很大程度上集中于为残障青年预备一个“在没有工作情况下的有意义的生活”（Committee of Enquiry into the Education of Handicapped Children and Young People 1978），而并非帮助其参与青年文化以及消费。富拉格和奥勒（Fullagar and Owler 1998）针对澳大利亚智力障碍人士的研究表明，这些取向是如何遮蔽了休闲对于青年的、更为广泛的文化意义的。

> 传统上通常以量化的方式考量智力残障人士的休闲活动，如“填满”时间。它也可能通过“治疗”的话语得以建构。作为消遣，娱乐是指合理化时间和空间的活动，它使人被占满，易于监控，从而不合时宜的行为得到管理。在休闲的治疗模式语境下，人们认为娱乐经历是有利于健康的活动，却不是形成身份的场所（Fullagar and Owler 1998：443）。

对传媒意象的消费极大地影响着青年认同、亚文化和风格，我们需要认识到残障青年一直以来都缺乏角色榜样（Hevey 1992，1993）。残障文化和残障艺术的兴起便在此背景下提供了替代性的身份和替代性的文化表达形式（Peters 2000）。斯温和弗伦奇（Swain and French 2000）指出残障艺术运动中所塑造的更具“肯定性”的关于残障生命和残障生活方式的范式，而莫里森和芬克尔斯坦(Morrison and Finkelstein 1993)则强调了残障文化能够实现的增权可能。与此类似,失聪文化在更长期意义上被认为是一种资源或路径,即该文化为成长于听觉世界的年轻失聪人士树立了正向的身份和角色榜样(Corker 1996,1998;Gregory 1995;Padden and Humphries 1988;Sainsbury 1986)。

这些关于抵抗和身份的文化,因其塑造新的文化空间和新形式的文化资本而在残障人士运动中渐趋重要。其优势在于通过挑战主流文化呈现出对残障的个体化与悲剧性叙事,进而提供了一种更为能动的残障亚文化。但就青年视角而言,残障文化却超越了主流青年文化所依赖的世代边界。就青年残障人士而言,残障文化赋予的是不分世代的肯定性残障身份,却并非青年身份。青年在西方消费社会中作为残障人士中的少数群体,从而产生了某种世代张力或矛盾。一方面,残障文化赋予青年残障人士更多肯定性形式的文化消费和文化表达。但另一方面,将残障文化作为自身认同可能会消解青年身份的重要性,而这种青年身份在确立同辈群体身份和地位时是至关重要的。

二、青年期转折的结构路径

结构视角将青年期界定为通过现代化过程制造的世代位置。此论点的假设是:前工业化经济时期比现今存在更为清晰的童年期和成人期边界。比如成人生活所需技能和知识皆可由儿童在家中自然习得,抑或某单一事件,如婚姻或公共性成人礼,即可定义成人期转折时(例如,Arnett and Taber 1994),青年概念的空间也就异常狭小了。事实上,这种观点可能能够解释,何以发展中国家依旧频繁地忽视青年,而不将其当作独特的世代类别看待(Cote 1997;Hans 1996)。反之,现代社会劳动分工的复杂性却拉长了西方社会青年在承担成人角色和责任前的准备期和培训期(Furstenberg 2000)。

我们也许可在此意义上将青年视为一个新近却日渐重要的、填补工业社会中童年和成人期之间空白的社会类别。因此,大家逐渐开始关注解释青年期转折的结构化，特别是关注西方社会中父母延长支持青年生活的趋势。譬如，欧文(Irwin 1995)指出，因为青年转向与成人期相关的经济、社会独立的时间愈发推迟，所以延长义务教育时间、将大量离校生保留在全日制教育中的努力至关重要。较之先前，西方社会中的年轻人延长了与父母居住的时间，也更是推迟组建自己的家庭(Irwin and Bottero 2000)。

阿恩和泰伯(Arnett and Taber)认为这些延长了的青年期转折和“形成中的成年期”同样也是西方社会的特质，因为它赋予了个体主义和成人独立性极高的文化价值：

> 在那些强烈关注独立性和个体主义的地域，进入成人期的定义和标志都是个体性的。因此，其可能以居所和财政独立方面的成就，认知上自足、情绪上自立和行为上自控的水准作为成人的标准。因此，青少年到成人期的转折在当代西方社会是一个渐进的、需要经历长时段的过程。(Arnett and Taber 1994:517)

这些以成人独立自主的成就为核心的延长了的转折路径，成为青年研究中转折取向路径的基础(例如，Noom，Dekovic and Meeus 2001)。但是结构性的转折取向路径同样因无法代表青年文化或多样性、抑或无法代表青年人士抗逆力而遭到批评(Newman and Newman 2001)。为回应此类批评，麦克唐纳编辑的书中(MacDonald et al.2001)认为我们依旧需要将青年期看作生命历程中的核心的转折阶段，是一个被集体性组织起来以应对宏观层面结构变迁的阶段。因此，他们认为转折这个概念使我们认识到：青年研究的**本质**是将青年期作为生命历程进行研究。青年期研究的**核心**是研究社会、经济和文化过程的变迁是如何形塑这个生命阶段的，也就因此赋予了“青年期”其本身的意义(MacDonald et al. 2001:5.7，原著加重)。

基于第三章的观点，针对青年期更为结构化的路径取向能够更为有效地解释：具有损伤的青年是如何在朝向成人的转折时期经历社会组织和规范所造成的障碍的。譬如，将青年期定义为资源依附的童年期之延伸，即是与社会模式中福利社会制造残障的方式同出一辙。大量关注和社会投资聚焦于青年残障人士在转折中遭遇的问题，但这些投资在何种程度上导向未来成人地位的成就、独立生活或成人劳动力市场的参与呢？本章其后的案例将展示，结构性路径取向在回应这些问题时将呈现极大的差异和关注。

三、青春和美丽的身体

在文化和社会结构解释之外，我们需要注意到身体作为青年文化标识的重要性。事实上，对青年和整个社会来说，身体不可避免地与我们对青春的理解相连。身体在消费文化中是强有力的身份象征，如费瑟斯通和赫普沃思（Featherstone and Hepworth 1991）所言，大众宣传中青春身体的意象创造了一种近乎普世、追求永恒青春的热情。因此，奥伯格和托恩斯坦（Oberg and Tornstam）认为"青春"和"健美"是各个时代都追逐的文化理想，并体现着更为普遍的价值规范："在消费主义社会，关注青春性消费的身体，已成为真实呈现的个人身份的一种标志。健美和受过规训的身体反映出一个具有强力意志、精力旺盛、富有自控力和纪律性的成功人士"（Oberg and Tornstam 2001：16）。

青春的身体的消费主义意象不光与其名义建构相关，如健美的和有功能的；也干涉到审美意义和性的可能。因此，渴望青春的身体不仅仅是一个健康、完整或身份的问题，同时也反映出我们将身体当作性欲目标的思维方式（Giroux 1998）。将青春身体的理念正常化为有功能和激发性欲的特质，则直接导向了对残障的建构。如比尔·休斯（Bill Hughes 2000）认为，美丽、美德和力量之间的联系意味着这些审美性的关系构成了对残障人士进行压迫的重要部分。因为现代性中对于生理特质进行测量和规制的考虑，遂引发对外貌特征的强制正常化，则愈加凸显了残障人士的劣势地位（Davis 1995）。尽管可接受的身体的标准在消费社会中具有多样性，但是审美性压迫亦有加深。特别是，如当代身体理论家所强调的，在一个对身体性审美存在甚嚣尘上的关注，以及经由文化消费对身体完美性进行追求的当下（例如，Featherstone 1991a；Glassner 1992；Rojek and Turner 2000；Synott 1993；Welsch 1996）。莎朗·斯通（Sharon Stone 1995）认为"完美的身体的神话"在建构具有可见损伤人群低下且残障的特质的过程中，扮演着长期重要的角色。

哈恩(Hahn)关注到,其他少数群体(特别是非裔美国人)已成功地重申或重新界定其身体的差异为美,那么残障是否也可被认为是“美丽的”。但是,不同于其他少数群体,残障人士还无法驳斥隐含或直接的、指责其生理低下的言论,而这种指责正是他人对外表上不同于主流标准的人群实行压迫的合理化手段(Hahn 1988: 26)。他认为,对残障躯体接纳的匮乏反映着某种深层的审美焦虑,这种焦虑源自残障躯体对于非残障标准所造成的威胁。因此,残障文化需要面对的显著挑战即是,将残障身体重新表述为美丽的、可欲的和性感的。因此,哈恩提供了另一种关注身体差异潜在美感的审美视角(这种路径在非残障的主流群体中同样也是存在优势的)。

> 从人类身体的差异之处,而非相似之处发掘美,亦不是对媒体形象进行理想化。如此这般,人类可从被描述固化了的一致性中获得解放,从而获得更深层次的针对生理差异的审美欣赏。更重要的是,非残障人士可通过采纳另一种针对生理特质的审美标准而发现某种互惠优势,从而与残障的少数群体形成一种持续的联盟(Hahn 1988:30)。

莎士比亚在身体、残障和性欲的关系上作出相似论断:

> 与其努力挣扎去顺从和适应某些陈规,即那些基于排他性、身体美感的特质,以及应该如何行为、如何观察的局限性视角之下的陈规,残障人士应该挑战那些有关适应性、青春和身体的执念,并且向人们展示性行为和性吸引可以是任何所望之物。(Shakespeare 2000:163)

总而言之,如前述分析所言,青春这个超越世代的理想与完美身体的神话存在强烈的文化联系。对青春之美所进行的审美正常化,作为一种消费文化中关于身体的理想形式,已成为压迫各个世代残障人士的一个因素,对具有可见差异的青年人士产生的影响则尤为剧烈。残障行动者和残障文化在此背景下开始重新定义审美标准,以挑战存在于审美权力关系中的压迫。

核心观点和学习要点

本章最初部分的讨论强调了将青年期概念化为一个世代类别时存在的

理论挑战。青年研究的文献凸显了文化和结构取向路径的价值，其皆可用以思考青年残障人士的生活。一方面，青年期可被视为重要的文化空间，在此期间，青年通过文化消费得以反思性地制造并复制青年亚文化和认同。因此生发出青年残障人士获取文化资源和消费机会的问题（例如，与休闲或风格的关系）。另一方面，青年期可被看作显著的结构空间，这是依据工业社会中日渐增长的、用以预备年轻人向成人转折的投资的角度来切入的。进而涉及，将青年残障人士作为人力资本进行社会投资的程度和目的之类的问题。在这两种路径中，对青春赋予的高度社会价值则是体现为健美和美丽的理想（即能够适宜生产性的劳动，也具备再生产的性能力）。而其后章节将展现青年残障人士身体、认同、文化和结构之间的相互关系。

1. 问题

（1）身体、认同、文化和社会结构对形塑我们对青年期认识的重要性何在？

（2）青年残障人士在获得青年亚文化和认同时，存在哪些障碍？

（3）在青年转折的结构模型中，青年残障人士是否是一个问题？

（4）青春的完美身体神话是如何造成对残障人士的压迫的，残障是否可以是美丽的？

2. 练习

思考青年是如何接触并表达其世代亚文化和认同的。青春文化在何处生产（在哪一类社会空间）？青年是如何接触到相应的意象、标志和榜样模范的（通过何种媒体）？青年是如何表达青年认同的（例如，通过服饰、语言和行动）？对这些例子进行逐项记录，思考青年残障人士在参与和表达上所遭遇的潜在障碍。

第二节　性和性欲

如前所述，追求青春的理想与对性吸引和性能力的建构密切相关。但青年时代的性欲却并不仅具备审美意义。残障人士不仅被建构为缺乏吸引力或不被渴望，他们表达性欲的能力亦常遭否认或被严重限制。虽然这些问题并不局限于年轻人，但青年残障人士（特别是青年残障女性）却最为直接地受制于制度规训和性欲规范。下面的案例将展示：残障人士是如何被建构为无性的，或其性行为将造成威胁的，控制青年女性的繁殖性性行为又是如何成为优生实践核心的，以及残障文化是如何挑战性的陈规和禁忌的。

一、神话和现实

围绕残障人士的性问题通常展开了一种强有力的神话，而文化禁忌和主流医学研究又不断对其进行再生产（Taleporos and McCabe 2001）。其中包括将残障人士描述为无性的、其性行为将产生威胁的、或毫无疑问的异性恋。譬如，米利根和奈格尔特（Milligan and Neugeldt 2001）关注到，某些形式的损伤可能改变某些性行为表现，但这些损伤并不影响对浪漫依恋关系或性关系的渴望。可是无性神话依旧泛滥于个体叙述、文化形象和康复项目中，并因此否认残障人士的欲望并贬低其作为潜在性伴侣的价值。对这些偏见根源的总结表明，传统话语中存在两种思维路径：

> 首先，对于肢体残障人士，因其事实上或被预设的性功能障碍，导致其获得满足的机会是相当有限的，进而则被认为缺乏或不存在性需要。其次，对于智力和精神障碍人士来说，性功能虽然完备，但他们被认为仅具有限的社会判断能力，因此也就不具备展开性关系的能力（Milligan and Neugeldt 2001：92）。

残障人士行动者对这些神话进行反驳，他们认为这些观点毫无事实依据：尽管在充斥着禁忌和阻碍的环境中，残障人士依旧能够、并且确实形成了存在爱情的性关系。而我们需要探讨的核心话题则是如何理解他们遭遇的阻碍对他们的影响。

大量事实证明，青年残障人士通常无法接受到性教育或次等性教育。这在机构安置的青年人士身上则更为明显。机构中的性隔离和成人监控，使得性行为不被允许且被积极遏制（Shakespeare，Gillespie-Sells and Davies

1996）。针对传统机构中否认和控制智力障碍人士性行为的做法，在很多治疗领域的人士看来，这些机构急需补充性知识和最近的去机构化运动和社区生活运动的相关信息才可得以改善（Redelman 2001）。根据她在加拿大机构中的经历，韦克斯曼·菲丢舍（Waxman Fiduccia）认为：

> 精神卫生机构、疗养院、中途照料所以及相似机构都在政策和实践中禁止任何形式的隐私行为，特别是机构成员的性行为。很多国家事实上都侵犯了机构成员的隐私权和拥有性关系的权利。性交往的权利在实践中通常依赖于一线工作人员突发的想法，或当这种交往被视为是治疗计划的一部分时。（Waxman Fiduccia 2000：173）。

服务提供者和评估者都非常关注残障人士性行为对社会服务造成的问题。因此大量针对工作人员的态度的研究开始涌现（McConkey and Ryan 2001）。如，乌尔夫（Wolfe 1997）发现被感知到的损伤的"级别"是影响老师和行政人员看待青年残障人士参与性行为的重要因素（譬如，工作人员更关注那些他们感到存在更为"严重"损伤的人士的性行为）。但是，批判性残障研究则认为这些研究相当扭曲：关注特殊的治疗，如防止公共场所自慰或处理性虐待的指控，却忽略为存在爱情的性行为提供正向支持。政策和法律声称它们在进行更为个体化的评估，但实际上政策和法律强化了对残障人士性行为的限制（如 Levesque 1996）。

相似的结论在家庭领域对性行为的规制上也有所体现。成人照料者（通常是父母）在规制青年残障人士的性生活上扮演了重要角色。譬如，谢泼德森（Shepperdson 1995）发现唐氏综合征人士极少获得与其生活相适应的性知识，与他们可能经历的事件相比（如性行为），他们接受了过多他们不可能经历的事件的知识（如怀孕和生育）。即便是持宽容态度的成人，也无法为青年预备好关于性经历方面的知识。有趣的是，较之非家庭安置青年的父母，居家安置青年的父母对性行为的可能存在更多考虑（Pattersonkeels et al.1994），这种现象反映了父母抱持着机构居住会杜绝这种关系发生的某种假设。但是，如汉弗莱斯和戈登（Humphries and Gordon 1992）或莎士比亚、吉莱斯皮-塞尔斯和戴维斯（Shakespeare，Gillespie-Sells and Davies 1996)的研究发现,这种假设是错误的,青年残障人士能够且确实形成了性关系,即便是在存在限制的压迫性机构环境中。

这种广泛的对青年残障人士性欲的否认也与某种预设自相矛盾,那种预设认为青年残障人士在性问题上比其同辈非残障人士更为脆弱(例如,在性虐待问题上)。为回应英国政府抑制性侵犯的动议,2001年麦凯伯、责任和英国之声(Mencap,①Respond② and Voice UK③ 2001)的报告指出针对智力障碍人士的性虐待有所增长(即是整体人群的4倍),并对侵犯者鲜有被起诉的事实提出关切。麦凯伯的发言人在某报刊采访中提出:"起诉案例如此稀少,而法律也并未提供有效的威慑,我想社会正在表达一种观点,即比起对非残障人士的侵犯,对残障人士的侵犯是微不足道的。换句话说,他们并不需要被认真对待"(卫报/Guardian,2001年9月17日)。

在无性神话之外,韦克斯曼·菲丢舍和乌尔夫(1999)认为在智力和精神障碍的女性的身上,通常被赋予着性欲亢进的神话。因此,布洛克(Block 2000)认为具有智力障碍的女性在美国已长期被描述为"在性和社会层面上会带来威胁"的,并因此需要受到专业管理和控制。就此,奥涂勒(O'Toole 2000)又增加了残障女性被预设为异性恋的神话(同见 Tremain 1996)。因此,特里梅因(Tremain 2000)认为针对残障人士性问题的研究者和理论家应该去开拓观念领域的可能性,去正视性和性别是作为异性恋权力关系建构产物的事实,这种权力关系仅仅关注男女差异,却牺牲了在性问题上更细致入微的理解。

二、绝育和对性欲的控制

以社会干预来规制青年残障人士性行为的最典型案例也许是强制绝育

---

① Mencap UK 是英国为学习障碍者(Learning disabilities)服务的慈善机构,机构网址为:https://www.mencap.org.uk/,最后访问于2014年9月18日。

② Respond UK 是为学习障碍者提供服务的机构,网址为:http://www.respond.org.uk/。最后访问于2014年9月18日。

③ Voice UK 是英国 BBC 广播中的一个节目,网址为:http://www.bbc.co.uk/programmes/b01nnfdd,最后访问于2014年9月18日。

（已在很多国家被广泛实践，且特别针对青年残障女性）。大规模的优生绝育实践起源于20世纪早期的美国。最早于1897年美国已试图对优生进行立法，但最早的优生立法产生于1907年的印第安纳。在此，专家委员会有权在州立机构中对“被确认的白痴、低能者和强奸犯”进行强制绝育（见Gardella 1995）。20世纪20年代晚期，至少22州已执行优生绝育法。1927年，美国最高法院宣判，对“心智有缺陷者”在具有安全保护的情况下进行强制绝育是合法且合宪的，仅30年代即执行了25000起此类的绝育。

18岁的卡丽·巴克（Carrie Buck）作为1924年美国法律下被选择进行强制绝育的第一人而闻名（弗吉尼亚州）。她的案例被广为探讨，且在很多学科课程中被广泛引用（对此案例的完整讨论和其对优生的影响，见Smith 1993, 1995）。卡丽在产下她的非婚生女（她的女儿被寄养系统管理，但9年后死亡）后因癫痫病和心智障碍被接收于邻近林奇堡的弗吉尼亚自治领。对卡丽来说，其所处的时间和地点都是她的灾难，弗吉尼亚在彼时刚刚通过绝育法案，而她即被选为进行尝试。

尽管州执行绝育的权利被上诉至郡、州和最高法院，其最终依旧被判定为合宪（多数裁决），且卡丽最终以切除输卵管的方式接受了绝育。她随即以假释的形式离开弗吉尼亚自治领，很多年来一直以照料老人为生直至1983年去世，她成为残障女性遭受法律公权迫害的一个显著的公共象征。她的案例引发了大量的社会反响，为州权直接干预具有“缺陷”人士的生殖行为提供了法律先例。在提交最高法院多数意见时，法官奥利弗·温德尔·霍姆斯（Oliver Wendell Holmes）认为：

> 历史不止一次表明，为了公意，最优秀的公民也可以被驱逐。既然如此，我们自然也能将那些成为社会包袱的人清除出去，这些人往往能力弱贡献少又缺乏自知之明。因为若不这样做，整个社会将充满蠢材。从全人类的角度考虑，为了不让后代因为愚笨而穷困潦倒，不让子孙由于低能而忍饥挨饿，我们可以禁止那些明显的劣等人生儿育女。既然我们可以强制接种疫苗，那么把这个原则再推广一下，自然也可以对某些人群强制进行结扎。

美国早期的相关立法为它们后来在欧洲的发展提供了模板。尽管北欧国家经常被视为保障公共福利和残障人权利的先驱,但它们同样也是实施政府绝育项目(state-sanctioned sterilization programmes)的始作俑者。在欧洲,首先推行优生绝育(eugenic sterilization)的国家是丹麦(1929 年),之后十年中,挪威、瑞典、芬兰、爱沙尼亚、冰岛纷纷通过了类似的法律。瑞典于 1935 年开始实施绝育项目,到 20 世纪 40 年代中期,该国每年有超过一千人被强制绝育,其中绝大多数是年轻女性。和同时期其他国家一样,瑞典推行绝育的目标人群是"穷人和混血者",尤其是那些有学习障碍者和非北欧血统的穷人。在国家卫生委员会(National Health Board)主持下,相关机构释放的所有"弱智者"(feeble minded)都被有计划地进行了绝育,而只有未实施绝育的机构才需要提供说明。该项目一直被推行到 1975 年,据官方统计,在那之前政府共对约 63000 人实施了绝育。

1934 年,德国纳粹效法美国和其他欧洲国家实行了其自身的绝育立法,以"为后代防治遗传病"。截至 1945 年,德国大概有 200 万人被绝育,其中绝大多数都是青年(Dahl 2001;Pfafflin and Gross 1982)。这一立法也导致了后来的"优生手段":系统性地对数百万犹太人、斯拉夫人、残障人等进行屠杀(Lifton 1986)。尽管优生理论诞生于英国(参看第二章),但英国的优生实践却远远少于北美和欧洲大陆。事实上,强制绝育在英国已逐渐被认为是非法行为,国家强制的优生措施在控制婚姻上的应用也受到了极大限制(Galton and Galton 1998)。

历史上的强制绝育对今天仍有一定影响。例如,加拿大超过 800 名残障人士控告政府,起因是他们早年在亚伯达省省立培训学校(Alberta Provincial Training School)就读时被进行了绝育,这些残障人士最终获得了 1 亿 4 千多万美元的赔偿(Shea 1999)。相似的事仍在发生,澳大利亚长期以来对残障女性进行绝育,这已引起了特别关注(Brady 2001a;Graycar 1994;Little 1993)。

在澳大利亚人权和机会平等委员会(Australian Human Rights and Equal Opportunity Commission)的一份报告中,布拉德利、布利吞和格罗弗(Brady,

Briton and Grover 2001）分析了对这些女性进行非法绝育和向其提供可行家庭支持的数据，指出通过绝育手术控制经期和生育的现象仍存在，呼吁对相关立法、信息传播和教育进行改革。

反对强行绝育的立场开始得到法官的支持，这让人看到了进步的可能。2000 年 5 月，英国上诉法院通过一则判例撤销了高等法院的判决：患有学习障碍的女性到 29 岁时必须接受子宫摘除术以避免怀孕的“危险”。在这则判例中，患病女子的母亲担心搬到社区后，女儿会在她们“监督之外发生性行为”，因此提出对其采取子宫摘除术。不过法官予以否决，认为“当病人自己不能作选择时，除非（并且仅当）能举证不可逆手术是当事人的最佳利益，否则当事人有免于这种手术的权利。”

如前例所示，无论过去还是现在，实践都已高度性别化了；这一过程中，年轻女性更容易被贴上学习障碍的标签（Kallianes and Rubenfeld 1997）。实际上，残障男性接受强制绝育的情况的确很少发生。传统上针对残障人士性问题的治疗也更多地集中在男性的生殖功能而非对其加以控制。因此，韦克斯曼·菲丢舍（2000）总结说，针对残障人士性问题的医学—法律干预旨在控制“危险女性”的生育可能，却修复着“危险男性”的生殖能力。

三、挑战陈规与禁忌

在一份国际性的规范文件中，性爱及其表达被视为残障人士的权利之一。《联合国残障人机会均等标准规则》（*UN Standard Rules on the Equalization of Opportunities for People with Disabilities*①）中称，残障人士“享受性爱、发生性行为和为人父母的权利不得被剥夺”，同时“国家应当采取措施改变对残障人士（尤其是女性）婚姻、性爱和生育的负面观念”（联合国 1993，规则 9）。不过本章所引的例子表明，这些权利的落实仍面临极大挑战。

尽管医药和临床领域研究性问题的文献有很多，而且其中大多数是关

---

① 具体内容见 http://www.cdpf.org.cn/zcfg/content/2007-11/29/content_30316080.htm，最后访问于 2014 年 10 月 5 日。——校者注

于残障人士的性问题，但在批判性的残障研究中，这一主题直到现在仍处于边缘位置。早期关于残障人士社会模式的讨论集中于公共空间中歧视行为的政治和集体意义，研究者们认为其损害了私人生活和人际关系（Crow 1996）。不过，对性的感知和表达越来越成为这一领域的核心议题，这对残障青年来说具有尤为特殊的意义。芬格（Finger 1992:9）对此进行了解释，“性往往是我们至深压抑的来源，也是至深苦痛的渊薮。对人们而言，讨论工作、教育、住房并谋划对策要比交流在性、生育上的隔绝容易得多。”

该领域中一些关键问题越来越被人们了解，这应该归功于以下几点：关于残障人士的性问题的书籍大量出版，如莎士比亚、吉莱斯皮-塞尔斯和戴维斯（1996）；《性与残障》杂志的发行；2000 年 3 月在旧金山举办的重要国际会议——“残障、性和文化”。这些成就和残障人士中不断普及的权利意识使得韦克斯曼·菲丢舍（2000）认为出现了一场“性与残障运动”，其主导者是女性残障人士和同性恋研究中的激进分子。尽管这场运动中的一些人仍只将性看作“生育的副产物”（Waxman Fiduccia 2000），但大部分人却拥有了更为开阔的视域，他们认识到了性愉悦和性认同的重要意义（参看 Tepper 2000）。

莎士比亚（2000）提醒我们注意友谊、爱情和亲密关系在这场讨论中的关键地位。她认为对残障人来说，性生活真正的问题或困难不是“如何去做，而是谁能与共”。残障青年经常被排除在同龄人用来认识性伴侣的文化场所（如大学、酒吧和夜总会）之外，他们的交友范围因此变得狭窄。家长对残障青少年的高度监管也抑制了他们在同龄交友场所（如学校或组织化的娱乐俱乐部等）中对性爱的表达。此外，在一个消费至上的青年文化中示爱需要一定的经济支持和体貌自信，而这恰恰是残障青年所缺乏的（参见 Shakespeare，Gillespie-Sells and Davies 1996）。

考虑到性爱及其表达在西方青年文化中的重要地位，我们就能理解为什么说对性的需求和表现在残障人权利中绝不仅仅是一个边缘议题。

在当代，身体愉悦是消费文化的核心，消费也是个关键词汇。每个人都想变得性感，都希望能在性表达与性满足的所有可能形式中自由选择。我

们生活在一个“情感市场”中，而对晚期现代性来说，性的可能则无所不在。(Shakespeare 2000：164)

近来，残障人士权利运动与残障研究在性议题上取得一致，这体现了一种对历史陈规与禁忌的挑战。性爱故事的传播(Plummer 1995)和法官在判决上的鲜明态度让这一话题越来越走进公众视野。这也引起了一些人的忧虑，他们担心过分强调个体性爱可能会损害整个运动的政治战略(Oliver 1998)。不过，对性爱的重视并不仅是简单的个体斗争，它同样是对制度性的规训话语的重大反抗；这一话语体系在全世界范围内以十分真切的方式强加在了残障人士身上，于是这种反抗也就具备了更为宽广的关怀意义。

核心观点和学习要点

在消费社会中，青春理想的文化和身体完美的神话之间的密切联系为残障人士的性生活造成一系列问题。在文化层面，残障青少年被建构成一种去性化(asexual)的存在和伦理秩序的性威胁。制度化的政策和实践强加给残障人士(尤其是青少年)更多的规训和监督，从而阻碍了他们获得有关性的知识和机遇，这在制度性机构中表现得尤为明显，而家庭也并不例外。人类历史充斥着以法律、医药为手段对生育和性的干预，在那些明显带有性别歧视色彩的政府强制绝育项目中，有学习障碍的年轻女性成为主要受害者。

这些实践不但受到了优生观念的影响，也是出于结构性地减少残障人士生育的考虑。尽管性议题在残障研究中经常被边缘化，但激进分子和学术界已经开始公开挑战性压迫，由此带来了人们对性和性权利更为深刻的认识。

1. 问题

(1)对残障人士来说，性是不是一种禁忌？为什么残障青年经常被“去性化”？

(2)在现代社会的性议题上，为什么有学习障碍的年轻女性会成为制度管控的首要对象？

(3)在思考残障青年面临的障碍时,“性权利”这一概念有什么作用?

2. 练习

通过上文案例或相似事例,思考在控制残障青年性生活这一问题上可能出现的争论;想想他们是如何获得性知识、性表达、性伴侣、性行为和生育权的。思考时,列出每个案例中残障青年可能遭遇的不同障碍。个体损伤、自我认同、文化价值和结构性问题等因素在何种程度上导致了上述结果?尝试以本书的观点为依据参与课堂或在线关于残障人士性权利的讨论。

第三节　为了什么作准备?

本章第一部分论述了“青年期”是如何被结构性地生产为一个介于童年期和成年期之间的带有转型特征的世代分类的。在此背景下,社会对青年的培训被看作一种面向未来的人力资本投入,而这对青年日后能否成为现代社会中的独立成年个体具有重要意义。本书第五章将对这种自主成人(autonomous adulthood)的想象进行详尽分析。而在此更为细致地讨论青年转型显得尤为关键,借此我们才能理解残障青年将变成怎样的成人。

一、为成人期的培训

科尔(Coles 1995)把工作、住房和家庭视为由青年向成年转折的三个关键议题,毕竟对一个成人来说,其社会地位在很大程度上取决于体面的工作、自有的居所和美满的家庭;因此,社会和家庭对青年的教育也多集中于培养他们更好地获取这些成人社会地位。不过残障青年在这些方面则面临着很大的不公和困境。米切尔(Mitchell 1999)阐述了残障青年的欲求与决定其选择域的社会经济“机会结构”间的复杂关系。更宽泛地看,霍德金森和斯帕克斯(Hodkinson and Sparkes 1997)曾指出,青年的职业成就取决于其生命历程、理性选择和可获资源之间那个难以预测的均衡点。

米切尔分析了残障青年离开特殊学校后所作的选择,认为他们陷入了某种困境。家长和专家在残障青年获得社会地位上仅保持很低的期望，所以在把他们送往学校时便已表现出了对培训本身的漠视。此外，科比特（Corbett 1989）指出，社区融入活动倾向于挑选那些最容易融入的群体，但那些被该活动拒之门外的年轻人却是最应该接受"独立性训练"的群体。对残障青年的转型期进行辅导培训的项目在不断增多，尤其是各类技能训练和由学校提供的课程（C. Hughes 2001），这表明了社会对残障青年成人化问题关注的加深。但是，人们关心的是这些干预措施的效率和社会价值，尤其是那些冠有"特殊"字样的项目和组织。有学习障碍的青年是各类培训机构的主要对象，却从此生产出隔绝于主流的社会空间和话语。

在强调终生学习的知识社会中，持续获得被认可的技能对年轻人的职业生涯来说相当关键；不过，各种机构对残障青年的培训的市场化程度和社会地位水平都非常低下，主要集中于生活技能培训（Riddell, Baron and Wilson 2001）。

大量研究表明，和一般人相比，残障青年面临着更高比例的失业风险和经济依赖，参看［国家残障和社会保障委员会（National Council on Disability and Social Security Administration）2000］，其中残障女性与残障男性相比，在离开学校后更难找到工作（Doren and Benz 1998）。正因如此，汤姆林森和卡胡恩（Tomlinson and Colquhoun 1995）才会质疑对残障青年进行的特殊培训是否足以为其预备经济参与，尤其是在发达资本主义社会青年劳动力市场不断萎缩的大背景下。他们在考察了英国相关政策的变化后指出，那些"特殊培训"项目在帮助残障青年提高工作竞争力上面临着越来越大的困难：

> 相关机构的豪言壮语有些让人难以置信：让年轻人掌握技能，即使刚失业，也能帮他们再找到工作。……学校设置了各种为工作作准备的课程，而那事实上是一些推动自我完善的行为取向项目。（Tomlinson and Colquhoun 1995：195）

科比特（Corbett 1989）谈到了这些项目的发展是如何呈现课程重心的转变的：对生活和社会技能的培训被放到了核心位置。

> 不同于职业技能培训,如理发、护理,要求学习者将所学理论应用于日常实践。这些学生学习的是,需要不断重复使用的技能,它为实践者提供的是一种**个体特质**而非**社会角色**:这种区别是十分重要的。(Corbett 1989:149,作者加重)

这种强调特质的转型技能培训源于高度个体化的、富有独立性、具备能力的成人的理念。正如科比特所言,无论对个人还是对社会来说,生活技能课上的落后远比生物学这种专业课上的失败让人难以接受。社会对获取生活技能的要求不断增多,这反映人们对青年转型风险管理的担忧在加大。不过要是果真如此,我们就该追问,为什么一般青年不为他们的生活技能(如泡茶、煮鸡蛋、过马路、打扑克或看电视)申请资格认证(参看 Collins, Hall and Branson 1997)。

就这些针对残障青年的路径进行批判性考察,肯尼迪(Kennedy 2001)认为,教授个体技能以推进社会融入的思路有其基本预设,即"独立成人"假设。而对刚成人的青年来说,通过训练促进人们的相互依赖性,这或许是完成社会融入的更有效方式。

上述争议引发了对青年残障人士转型培训所进行的传统投资的目的探讨。近来,将残障青年融入后义务教育(post-compulsory education)时存在的挑战引起广泛关注。随着对参与和平等诉求的日益高涨,通过保障合法权利和清除制度障碍,越来越多的残障人开始在主流高等教育中学习甚至执教。当然,各国在这一点上的差别仍然巨大;例如,科努尔(Konur 2000)指出,美国保障高等教育权利的法律措施就比英国有效得多。比起一种基于强制性民事权利的路径,诉诸"特殊"需求的话语不大可能在渐进改革之外找到出路。因此,我们需要认识到,英国的反歧视法一开始就把注意力放在就业权上,义务教育和后义务教育则付之阙如;受教育权虽然存在,但能否接受教育仍然取决于其自身未引发"过度公共支出"(《英国人权法案》1998,第二条)。

上面的讨论表明,提供给残障青年的培训机会日趋集中于生活技能上的规范,而且囿于理想化的自治成人的观念框架。这种以"特殊"项目助其成人的培训削弱了其获得的能力的市场价值，也加剧贬损着残障青年的人力资本。最近的挑战则是将教育和培训的机会当作一个平等议题来讨论，不过这些动议应该放在一个结构背景中去理解，即针对有限资源的竞争。

二、个体与社会

研究残障青年转折存在两条路径：一是进行大规模的定量调查，如探究毕业后受雇佣的比例；二是多做些质性研究以理解残障青年在重要人生转折时的经历，如接收到的儿童和成人服务。莫里斯（Morris 1999）研究了英国那些有着复杂的健康和支持需求的残障青年在成年转型中的经历，她发现这些年轻人在成人后，接受单独的服务和住宿时会面临极高的风险。因为他们通常蜗居于住宿机构，很少有参与社区融合、加入集体活动或进行自我规划的机会。此外，另有研究表明残障青年在就业机会、经济抑制（financial disincentives）和交通方面的问题也比较突出（参看 Rabiee，Priestley and Knowles 2001）。

相关研究能够帮助我们了解残障青年转型中的经历，以及他们与复杂服务系统周旋的历程。然而，目前关于改进服务机构的讨论却缺乏对成年化这一转型过程的更为宽广的思考，特别是，这种对服务改进的狂热蒙蔽了残障在青年转型中显著的结构意义。正如迪斯道（Tistall 2001：175）指出的，“目前对残障青年的干预依赖于个体评估以及对提升机构间合作的不断要求，但缺乏一个结构性视角，使得支出不菲的评估和协作在面对多样化的选择时会不知所从。”

沿着埃文斯和弗朗（Evans and Furlong 1997）的思路，迪斯道认为残障青年和有学习障碍者经受着一种“集体生平模式”（collective biographic pattern），从他们身上几乎看不到被认为是当代消费社会中青年特征的反思性抉择（reflexive choices）和风险处置（risk negotiation）特质。因此，迪斯道认为尽管目前青年研究出现了从传统结构主义向基于个体化、文化和风险的新理论转向的特点，但残障青年在获取成人社会地位时仍然面临着结构性障碍。与之类似，里德尔、巴顿和威尔逊（Riddell，Baron and Wilson 2001）提出在晚期现代性中,有学习障碍的年轻人表现出的自我认同和生平模式更可能是遭到了归类的、而非他们的自由"选择"。这又和性别、阶级问题纠缠在一起,使得研究者相信必须从一个更为结构性的视角出发才能更好地理解学习型社会中残障青年的生命历程。这绝不是说关于个体生命历程的质性研究毫无用处。如吉尔·哈巴德(Gill Hubbard[1]2000)所言,生活史研究给我们提供了一条理解个体能动性与外在限制间相互关系的有效途径。尽管并不是每个年轻人都能有意识地阐明社会背景对其生命选择的影响,但他们的叙述却为研究者提供了分析结构性障碍和社会变迁的丰富视角。

此外,我们必须认识到残障对青年在文化层面的重大影响,残障改变了对青年理想成人类型的建构。戴维斯(Davis 1998)认为西方社会中对年轻智力障碍者所作的分类与他们成年社会地位获得之间存在极大抵牾。依据其对青年转型的研究,戴维斯指出:

> 智力障碍者不符合西方关于"人都是独立自主的具有反思性的个体"这一基本预设,也即因此,他们被视为对基本文化假设带来威胁。而对此威胁一开始的应对方式即是其对智力障碍人士进行分类和边缘化。但如成人话语表述的那样,这个问题也可以处理为:向智力障碍者灌输规范行为特征使他们表现得更加符合西方文化的期望。(Davis 1998:103)

因此我们看到了大量前述提及的关于行为矫正和培育"独立性"的项目。不过,戴维斯定义的关于青年及其家庭的反抗与抗逆力策略预示着一种新的关于能力和人格的设定,其不同于西方文化建构的自主个体,而与传统上非西方的协作式人际关系相似(关于该问题的进一步讨论,参看本书第五章)。

当代社会学的文化与生平传记转向(Rojek and Turner 2000;Rustin 2000)也体现在主流青年研究中,它们越来越强调青年的能动性、认同和亚

---

① 作者原文为 G. Hubbard,译者后根据中方出版社要求更改为姓名全称(Gill Hubbard)。——校者注

文化；但研究者应当始终不忘结构性机制所创造的、介于童年期和成人期之间的青年文化所占据的转型空间。如果说残障的社会模式给我们留下了什么的话，那就是不能忽视结构在生产残障及其残障环境上的作用。仅仅把残障青年的转型经历当作一种文化或认同去研究，那就否定了真实存在的结构性力量在形塑其生命历程和生活机会上的作用。

核心观点和学习要点

简言之，本部分强调了残障青年研究中的一对矛盾关系：一方面为他们向成年期转折进行社会投资，另一方面社会普遍对他们达致该目的的能力进行否定。残障青年（尤其是被贴上了“智力障碍”标签的那些人）受制于社会机构不断增强的对其能力的管控。这种外在干预倾向于正式化和人格化个体成人地位，并且这个过程是通过对个体能力、而非相互依赖关系进行理想化而达成的。对残障青年来说，那些对隔离进行的挑战，包括基于其自身的叙述，都凸显了个体能动性、文化期望和结构性限制之间的复杂关系。尽管主流青年研究十分重视他们的能动性和选择权，但残障青年仍在很大程度上经历着集体生平传记的状态，这种集体生平传记奠基于他们被赋予的社会角色，并且通过生产社会关系而不断得以制造，从而阻碍了残障青年获得未来成人社会地位。

1. 问题

（1）社会对残障青年成人化转型提供的各种支持在多大程度上是为独立成人这一期望所服务的？

（2）与非残障青年相比，残障青年在接受成人能力评估时，是否受制于另一种规范？

（3）“特殊”培训项目是否降低了残障青年所获得能力的市场价值？

（4）在学习型社会中，年轻劳动力市场的结构性变化对残障青年来说意味着什么？

2. 练习

思考当代社会中标志着从儿童向成年变化的里程碑和转折点（如教

育、工作、住房、家庭责任、流动性、法定权利和公民权)，列出清单，选择你认为最重要的。思考每个案例中残障青年可能遭遇的不同障碍及这些阻碍如何起作用。

第四节　总结和推荐阅读

正如第一章讨论的，现代社会的世代边界和生命历程转折是在集体层面被高度组织化的。巨额社会投入被用来确保公民在从儿童到成年的转型中作出“正确”选择，主要社会机构负责处理转型中因为“不正确”或“不完备”而出现的问题(例如残障青年“无法”变成独立成人)。尽管关于青年问题已有了大量研究(尤其是在发达国家)，但几乎没有形成一个批判性的残障研究视角；反倒是出现了一种把残障青年的发展问题平行分割到不同领域进行思考研究的倾向，即强调他们转折期要接受的特殊服务(例如教育、社会服务和医疗)。

残障被建构为一种介于儿童和成年之间的状态——文化意义上永远的未成年人。关于继续教育、日托中心和工作培训的政策设置使很多残障人(尤其是智力障碍者或具有复杂损伤的人士)身处毫无希望的转型困境中。在那个悲惨世界里，真正的成人状态对他们来说既不可想象也无从获得；这被巴顿、里德尔和威尔逊(Baron，Riddell and Wilson 1999)讽刺为“永远的青年之谜”。同时，残障青年也无法充分参与到消费社会的青年亚文化中。文化建构、文化消费这两个话题在思考残障和青年问题时也非常相关。关于性和性欲问题的讨论因此显得十分重要，残障青年(女性智力障碍者尤甚)既被排除在成人性爱之外，又被看作会因性和生育问题对社会产生威胁的对象而受到规制。

在学习型社会中，对青年的世代分类取决于社会和技术的结构性变化，熟练劳动力市场需要水平不断提升的后备劳动资源。这些过程均反映了社会模式理论家所言的，对残障社会分类的制造。很明显，那些使得“青年期”得以延展的社会压力和知识需求也恰恰推动了在青年群体中某些“残障”类别的急速扩张（特别是日益增多的青年被标定为“智力障碍”）。因此，青年和残障作为一种社会和结构分类，都处于被能力、独立、自主这些特质所垄断的成人公民资格的边缘位置。

一、推荐阅读

尽管稍显陈旧，弗斯的《**青年社会学**》（Firth, *The Sociology of Youth* 1984）将迅速为某些核心概念提供介绍。而关于结构和社会变迁更为深入的分析可参见欧文的《**通行权**》（Iwrin, *Rights of Passage*）。关于青年研究继后发展的概览，则有必要浏览罗伯兹（Roberts 1997）和弗斯滕伯格（Furstenberg 2000）的文章，或《**变迁世界中的青年生活方式**》（*Youth Lifestyles in a Changing World*, Miles 2000）。和残障议题相关，蒂斯德尔（Tisdall 2000）对青年残障人士的转折问题的理论化章节是一个有益的开端。里德尔（Riddell 1998）处理了某些相似的议题，而巴顿、里德尔和威尔逊（Baron, Riddle and Wilson 1999）则考察了在关于风险和知识社会的后现代理论背景下，向成人转折的标志。专门的转折研究存在大量文献，有一些包括了有用的案例研究和青年残障人士自身的视角（例如 Morris 1999; Rabiee, Priestley and Knowles 2001）。在性与性欲这个问题上，有必要了解一些载于《**残障的性政治**》（*The Sexual Politics of Disability*, Shakespeare, Gillespie-Sells and Davies 1996）的故事，和《**性与残障**》（*Sexuality and Disability*）期刊上的文章。

二、网络资源

National Council on Disability: *www.ncd.gov/newsroom/publications/transition_11-1-00.html*。国家残障委员会（对美国青年残障人士在转型和离校后状况的详细报告）。

Parents' Guide to Transition: *www.pluk.org/trans.html*。转型期父母指南（立足于美国社会的关于权利和程序方面的资源）。

Sexuality Information and Education Council of the United States：*www.siecus.org/pubs/biblio/bibs0009.html*。美国性信息和教育委员会（包含临床和批判性资源的资料目录）。

Sexuality and Disability：*www.kluweronline.com/issn/0146-1044*。性与残障（电子期刊）。

The Australian Women with Disabilities Network：*www.wwwda.org.au/sexualit.htm*。澳大利亚残障妇女网络（最近关于残障女性生育控制议题的辩论）。

第五章　残障与成人期

这一章突显了本书的一些核心主题，强调了理想化的和性别化的成人期观念是如何强化了残障者在当代社会中的地位。这些讨论特别聚焦于“独立”、“能力”①和“自主”等成年人概念上。思索残障，有助于我们质疑那种在这个社会中作为一个成年人究竟意味着什么的理解。同时，这也揭示了社会生产残障和成人期的方式。这一点上，它和“非成人”（non-adult）的残障社会类别，如儿童期、青年和老年的生产有些类似。与此同时，我们关注科技、性别角色、工作、家庭和民族国家上的变化是如何模糊了传统成年人的公民身份边界，这一点也很重要。本章的这些讨论借用了残障理论和社会行动的质疑，批判性地检视一个变迁社会中的个人主义、自主和（相互）依赖等概念。在公民身份和权利的情境下，我们将把教养子女（parenting）和就业作为特别案例，用于说明一个残障成人期的描述。

第一节　思考成人期

本书审视的是在当代社会中，残障的社会类别如何和“世代系统”相容

---

① Competence：此处参照薛波主编《元照英美法词典》（缩印版）的翻译，在本处翻译为资格（能力），在合同法中，指当事人达到法定年龄，且有行为能力，无精神残疾的状况。（北京大学出版社 2003 年版，第 269 页。）与之对应的 incompentence 根据上述词典翻译为无能力，在词典中的解释还包含：无行为能力，法律上无资格，尤指缺乏作证或接受审判的法律资格。来源同前，第 677 页。——译者注

贯通，以及世代边界和生命历程的规则如何影响了残障人士。正如第一章建议的那样，成人期的概念处于了世代体系的中心。但是，这一概念和儿童期、青年和老年研究相比，却很少得到专门的理论关注。结果，成人期作为一个分析性的或批判性的概念，并没有得到充分发展。而且，也没有一个发展，譬如“新的成人期社会学”这样的类似的或持续的尝试（但 Hudson，1999 是个例外）。然而，我们在残障的写作和研究上，成年问题却是一个核心关注点。尽管，诸如成年人独立生活或就业等问题（以残障儿童和老年人为代价）成了学术和政策议程中的重要内容，但却鲜有对成年人的世代显著性的全面认同。明确地思索建构和生产成人期的方式，将有助于探讨这一反常状况。下面的小节将处理一些关键概念。特别是，这一讨论说明了（基于自主、能力和个体主义思想的）的成人期的建构话题，是如何塑造了我们对于公民身份和权利的理解。

一、成人期、残障和世代系统

第一点亟须考量的是，成人期的世代类别可以从积极或消极两个方面给予界定。一方面，成人的社会地位产生于包容准则（诸如达到特定的实足年龄，或通过就业及教养子女等获得的成人角色等）。另一方面，成人期还可以被视为某种剩余类别，即，那个把其他类别都排除后的剩余的那个领域（特别是这些人免于参与成年劳动力市场）。于是，当以年龄界定成人期时，包括了老年人和劳动年龄段的残障者，但是，通常在用和成人社会地位相连的权利和责任作界定时，又把这两类人给剔除了。

更一般地讲，在依赖的建构和生产中，成人期在世代系统中被视为了一个关键的组织性概念。在这一意义上，人们把其他类别的人（如儿童、青年、老人和残障者），作为对成人照顾或经济来源的接受者，依照的是对非残障成人（non-disabled adults）的貌似依赖予以了界定。与之相反，人们把成年人（通过参与家庭劳作或有薪水的就业）建构成为社会关系的生产或再生产中的独立贡献者。所以，残障“成年人”（一如更年轻的或更年老的人一样），作为一个依赖的社会类别处于传统“**成人期**”领域外，无缘于生产和再生产的角色也是有道理的。这也意味着在对残障者的社会排斥中存在一个重要的世代维度。

西方社会中儿童、老人和残障者这种被察觉到的边缘化状况，是以对成人期的一个特定观念为前提的。这一前提归因于成年人的独立、能力和自主。此外，这种把其他人群强制依附于（既在公共领域又在私人领域里）成人劳动力身上的做法，对参与生产和再生产劳动的非残障成人而言，是添加了世代责任。这些成人责任也带给他们成人权利的社会补偿，这些权利包括政治参与和公民身份，以及在照顾关系中对其他非成人的掌控。于是，独立成人期的世代责任和成年人权利和权力关系的合法性有了密切联系。

霍基和詹姆士（Hockey and James，1993）在对这些问题中的一部分进行探索时，指出西方社会中的人格和公民身份等概念有着浓重的成人自主、自我决定和选择的痕迹。在和年轻的儿童期以及老年期的晚期相比较，上述概念显示出“**照顾的控制或控制性的照顾**”（caring control or controlling care）的惯常做法（institutional practices）是如何拒绝给予极年幼者和极老的老人的能动性和人格的适当承认。霍基和詹姆士认为这类做法，是西方工业社会文化所独有的，因为在这些国家中人们认为依赖和损伤是“**孩子气**”的状态。采取了一种象征性的进路，他们审视了排斥如何维持了儿童和老年人的依赖的状态，并再生了他们这些人对成人期而言的世代边缘化。欧文（Irwin）也提出了一个类似的观点，他指出：

> 在文化代表性、社会及制度的建构上，人们把儿童期和生命晚期（的人）都放在了一个依赖的地位上了。这一社会定位（social location）否认了儿童和那些生命晚期者充分的社会参与和得到尊严的恰当方式。与之相反，独立的成人期具有积极价值，承载着社会地位和威望……这些建构和对残障者在现代社会中经历的定位之间，存在明显的相似性。（Irwin 2001：18）

这暗示出，作为占主导地位的独立成人期边缘的类似类别上，残障、儿童期和老年期的建构过程中有一些重要的相似性。在这一意义上，现代社会里世代系统界定儿童期和老年期的方式，与生产和规制残障有很多相同的地方(Priestley 1997,2000)。这些问题稍后还会详述。可以肯定的是,如同残障者在成人劳动力参与上遭排斥一样,他们也在充分的成人权利和公民身份上遭到了排斥。

总之,尽管在社会科学领域,成人期概念(和其他世代类别比较)相对而言未能得到充分理论化,但它在对生命历程的建构和制度性规制过程中却占据着重要位置。若将成人期作为一个所谓的剩余类别去考量,即,它是由其他排除于成人责任外(特别是从成年劳动力)的社会群体所界定的,这一矛盾或可得解释了。其他人群对成人劳动力的显而易见的依赖,也促成他们成为了非成人的社会类别。借此,我们对独立成年期的理解,需要尽可能少地从成人内在的因素去考量,而是要通过转向邻近类别的边界,如儿童期、青年、老年和残障去考虑了。

二、何种类型的独立?

如前所言,独立是建构成人期的一个核心要素,而它可以有多种解释。例如,独立可以与成人身体的生理和感官功能相结合,还可与成人自我认知的自主感觉相结合、与成人的个人主义文化建构,或对他人的结构性依赖的成功超越等结合在一起。因为上述主题中的每一个都和把残障者建构为一个依赖者(在非成人的意义上)有关,因此,对成年人的独立进行批判性审视以及检视肇始于世代和残障政治上的对这一概念的一些质疑,很有必要。

对霍基和詹姆士而言(1993:142),把成人期建构成为"一个独特的可工作(work-able)的状态",是源自西方社会对成年人自主的个人主义模式。故而,沃克和莱司丁(Walker and Leisering,1998)指出,西方个人主义在现代阶段已经渐进地制度化了,对自我和生命历程的规制,已经逐渐与他人和社区的关系分离开了。同样地,吉登斯(Giddens,1991)指出,人们的生活从他们原来深嵌其中的社区情境下脱离了出来,更多地赋予其个人流动性和反思性了。事实上,正是这种个人主义的文化,塑造了我们当下对作为一个"独立"成年人意味着什么的理解。在这一意义上,成年人独立是以我们看到的功能程度作测量的,作为自主性因素,它包括了生理因素和社会因素。

在个性化的情境下思考成年人能力和自主，有助于去解释那个明显关注于狭隘的独特个体的独立概念，特别是那个为自己做事的能力的概念（见 Stainton，1994）。很明显，就这一概念把残障者的社会排斥界定为他们的身体功能或“缺乏工作能力”（inability to work）的后果而言，它和残障个体模式很相似。特别是，过去残障医学和治疗学模式倚重于把对生理和感官功能的评估作为实际和潜在自立的一种测量。从这一点看，那些人们假设为具有依赖性的残障人士，如儿童和老人，是由对社会性任务或生理性任务中要求支助多少决定的。

在残障社会运动中，把成人独立等同于不需要任何帮助的想法广遭质疑。如奥利弗就指出：

> 常识上使用的依赖，意味自己缺乏做什么事情的能力，结果要依靠他人去完成一些或全部的日常生活的任务。相反的，独立意味着个体不需要其他人的任何协助，这和当今政治言辞中强调竞争性的个人主义恰好吻合。实际上，在当代工业化社会中，当然没有一个人是完全独立的：我们生活在一个彼此相互依赖的状态下。因此，残障者的依赖，并非是把他们和其他人群区别开的一个特点，而仅仅是程度差异。（Oliver 1989：83-4）

因此，重新界定成人独立问题成为了残障者社会运动的一个关键性目标。在这一政治情境下，残障者更愿意依据选择和控制（choice and control），而非生理功能的自主来建构成人独立（如 Morris 1993；Rock 1988）。这明显地反映在了两个方面上。第一，在增加独立性功能上，人们对辅助技术的作用有很多关注（如 Roulstone 1998）。第二，独立生活运动显示出通过对个人助理的自我管理，可以获得多么大的选择和控制（如 Priestley 1999）。然而，也有人争议，对技术支助和人的支助的偏好是否也反映了关于个人自主的不同立场。如，俄格瑞（Agree）对这两种形式的支助作了一个区分，他的研究显示，使用辅助技术的人，比那些使用个人助理的人在“功能限制”上等级更低。“辅助技术的使用和个人助理在根本上是不同的。使用辅助技术并不需要和其他人不断地合作或协调。因此也就增加了残障者独立的感受,即一个残障个体可以满足他们自身长期照顾需要的那种感受”(Agree 1999:427)。

类似的,维尔布鲁根、瑞尼特和梅登斯(Verbrugge, Rennert and Madans 1997)也断言,辅助技术提供了一种比个人助理“在减少和解决局限上更加有效的策略”。他们总结道,当残障者可以“靠他们自己”完成日常生活的任务时,可感知到的收获会更大(也参见 Hoening, Taylor and Sloan 2001)。凭借上述发现,在他们自己对使用移动助行器的老人进行研究时,艾伦、福斯特和伯格(Allen, Foste and Berg 2001)注意到,北美年轻一些的成年人,与老年人相比,更喜欢使用设备,而不喜欢使用个人助理。他们提出,这或是因为在对自主和独立上,世代的行为模式与期待不同造成的。

> 老年期也常常预示着既需要各类照顾,还要求是有相当数量的照顾。这一研究发现或许可以反映,残障老者比更年轻的残障者更为脆弱,也就需要得到更多帮助性的资源。然而,这也许还反映出年轻人期待更多的自主性以及反映出残障者和他们的家庭成员的看法,即,依赖在人的生命历程的老年阶段是合适的,但在年轻阶段就不一定了。”(Allen, Foster and Berg 2001:S381)

这类的推论也假设了生理功能上的自主性是成年人自立很重要的标志。在这一路径下,成年人独立地位的获得直接和不依赖于他**人**的支助相关。与此同时,通过使用**非人类**的支助形式来增加功能和能力是更加有价值的。这类例子,强调了当代社会成人期的理想化的个人主义(如前讨论),并暗示对依赖的构建和**非成人**的地位,是在试图贬低支持性的人际关系中互相依赖的价值。采取残障权利的视角的莫里斯(Morris 1997)反对将人们在日常生活中使用个人支持的方式建构为对其“照料者”的依赖,相反,她强调选择和控制的重要性,并认识到通过支持关系来寻求独立性的残障妇女所面临的性别不平等问题(Morris 1995)。与之类似,古德利(Goodley 2000)探索了一群贴着学习困难(learning difficulties)标签的人通过促进自我倡导的关系获得了独立。

也是从一个残障视角出发,弗兰奇(French 1993)检视了作为自主性功能的这一狭隘的独立观，并提出了一个更为基础性的问题，“独立有什么好处？”正如兰德尔（Reindal 1999）注意到的，“能自己做事，能自我支持和自我依靠”是西方工业化社会情境下，关于独立的一个核心想法，它是基于一个自主性主体的现代性观点，兴起于欧洲启蒙的哲学之中。她认为这种观点限制了对个体自主的讨论，即，将个体自主视为一种独立与依赖之间非此即彼的选择。与之相反，兰德尔主张一个更为后现代的把主体作为关系性的理解，即，“既嵌入又富有具身性”（both embedded and embodied）。这一理解可使我们面对人类状况最终是一个人和人之间相互依赖的关系的这一事实时变得更为开放。于是“当人类状况被视为相互依赖和脆弱性中的一种时，就引发出了一种把独立作为‘伙伴关系’的理解。从主体之间关系性的视角出发，独立成了一个双轨的责任，而非仅是一个个体能力问题了”（Reindal 1999：364）。

詹金斯（Jenkins 1998）在关于能力和无能力（incompetence）方面也进行了类似的讨论，他提出这些概念应该作为关系性的、社会嵌入性的概念。检视了一系列有关在不同文化情境下，学习困难者状况的研究成果后，詹金斯总结到，（无）能力“与其说是个体的内生特质，不如说是社会网络和互动情境下产生的属性。也许（人的）最基本的可行能力就是这种**社会性**的能力。它植根于彼此都能明白的互惠、复杂的交流中，这就是人类特征和人类的社会生活”（Jenkins 1998：227，原文加重）。

基于这一原因，他建议我们应该拓宽对于能力的理解，即，把它从一个狭隘的、具身性的、个体主义的机械论的属性，扩展为考虑到能力的关系性特征和情境下的构建状态。这是一个相当复杂的观念。但在本质上，它涉及了能力的事实，也就是在每日生活的现实中，经常反映出来的情况是，人们是在**一起**工作，而不是处于孤立状态中。在这一点上，测量个体的“各种技能”并不必然反映出他们**在与他人合作时**，表现出的角色和功能的能力。所以，布斯夫妇（Booth and Booth 1998b）提出，或许，把能力作为在家庭中或社会网络中的一种“分配”比把它置于个体之上更有道理。

这种相互依赖的关系性基础，在女权主义者对残障与健康的讨论中应用广泛。它成为了重申照顾关系显著性的一种方式了（如 Brown and Gillespie 1992）。借用类似主题，加布里埃尔和加德纳（Gabriel and Gardner 1999）采取了一个性别化的视角，提出是否事实上存在“他的和她的”关于相互依赖关系的不同观点。回顾一系列的研究发现后他们主张，女性更可能去强调相互依赖的关系性一面，而男性则更关注于它的集体性特征。与之类似，相互依赖还被视为公民身份中的一个关键性概念。如伊丽莎白·波特（Elisabeth Porter①2001）指出的，相互依赖源自我们私人生活中培育出来的经验，它居于有责任的公民身份的核心处，因为它强调和创造了在政治层面上的公民间的相互连接。

核心观点和学习要点

通过政策和制度的生产和规制，成人期的理想化观念占据了建构出来的生命历程的中心或顶点位置。成人期的这些占主导地位的讨论，乃源自能力和生理功能的个体主义的观念，反映了独立、自主的个体观。在世代系统中，日常生活中的支助变得与非成人形式的依赖如出一辙。由此，生命历程研究，倾向于把独立视为一种从儿童期开始上升、在成年期达到顶点、在老年期再次衰落的状况。然而，这一简单的线性分析在我们思考残障成年人的状况时出现了问题。在一个个体主义的范式下，人们把成人期作为一个功能独立地给予了界定，而残障则被定义为一个功能上依赖，这也就很容易看出来为什么残障者经常被剥夺成人社会地位了。

作为一个社会类别，理解残障如何和世代系统相互作用是一个很重要的步骤。它能帮助我们理解为什么残障成人如此习以为常地遭致一如儿童和老年人那样规制了。期待着做什么事情都是为了你自己，什么事情都是自己做，能独立，这些在界定成年人地位和公民身份时是重要的。然而，来自于残障社会运动的质疑和来自女权主义者的批评暗示，我们在世代内部

① 作者原文为名字字头大写（E.Porter），译者后根据出版社要求更改为姓名全称（Elisabeth Porter），特此注明。但在正文中作者多用姓氏来指代引用的作品来源，这也是西方普遍的学术规范。——译者注

和世代之间，应该重新塑造我们在考虑人与人之间相互依赖的关系性本质上的观念。尽管很多残障成年人（如孩子和老人一样）继续结构性地依赖于非残障成人的生产性或照顾的劳力，但是如果这就阻碍了他们行使成年人的权利和义务的话，那就是误导了。事实上，自我倡导和独立生活运动的发展都显示出了，成年人独立的新的意义是可以立足于自我决定和关系性的相互依赖之上的。

1. 问题

（1）为什么人们如此广泛地把自主和独立视为“**成人**”的特征呢？

（2）日常生活中使用支持和支助，破坏了残障者所宣称的成人社会地位了吗？

（3）在通过技术支助得到的独立和通过他人帮助得到的独立之间真有什么重大区别吗？

2. 练习

或许进一步思考成年人独立和相互依赖是有意义的。从思考和独立生活有关的一系列任务开始（如个人护理、家务料理、财务管理、出行和旅游、教养子女、就业等等），对残障成人的独立而言，这些领域中存在哪些潜在的障碍，通过技术或个人助理，在多大范围内可缩小这些障碍？在什么程度上，**非残障**成人在完成这些任务时也要依赖或与他人相互依赖呢？

第二节　教养后代

这一章开篇就强调在劳动力的生产和再生产上成年人参与的世代显著性了。在随后的类别上，我们还能归纳出家庭照顾中一个范围广泛的劳动力（参与），也就是各个世代的人都有在做。在这里，教养子女的问题特别重要，因为它是成年人社会地位的一个标志。它具有文化显著性，但是却常常遭忽视。考虑教养子女问题，可以暴露出当代成人期的性别化特征，并且展现出残障者如何在他们宣称做父母的权利和责任时，所持续遭到的阻碍。

基于第四章对生殖性欲的讨论，我们可以很清晰地看出，特别是残障妇女在做父母或打算做父母时遭到了各类致残性实践做法。本节将描述这些争论，并揭示出一些产生于通过教养子女角色而诉求成人地位的质疑。

一、残障者和为人父母的角色

联合国《残疾人机会均等标准规则》明确，“各国应促进残疾人充分参与家庭生活。各国应促进他们享有人格完整的权利，并确保法律在性关系、婚姻和生儿育女的权利方面不对残疾人有所歧视”（联合国，1993，规则9）。① 在这一情境下，检视缔约国的实践和残障者的经历，为思考教养子女提供了有益视角。性欲和浪漫关系也与此有关，而这些在上一章论述残障和青年时有讨论（在现在这一情境下，回顾一些那部分资料也许有用）。然而，此处要强调的是，成年人的地位和亲权（parental rights）上的一些特别关系。通过那些把孩子从残障父母身边带走的触目惊心的案例，这一部分特别强调了法律和政策干预的一些例子。

研究残障父母亲们的经历的文献与日俱增，它们主要集中于三个讨论主题上。第一，很多研究都着力于残障人士于为人父母时被认为无能力的情况，特别是那些有学习困难的父母们的情况（如 Booth and Booth 1994，1999a；Schofield 1996）。这些研究中多数是建立在对能力和自主的更为广泛的讨论之上，这和本章开篇时勾画的内容很类似（见 Jenkins 1998）。在一些最极端的案例中，对亲权无能力的判定可导致通过强制绝育或堕胎对残障妇女在生殖生活上直接干预（见本书第四章；Brady 2001b；Degener 1992）。这类文献绝大多数都基于对残障妇女生殖权的女权主义的分析（如 Kallianes and Rubenfeld 1997），不过，这类分析试图强调生殖上的优生控制，而非亲权能力问题本身。

---

① 1993 年联合国《残疾人机会均等标准规则》，联合国大会 1993 年 12 月 20 日第 48/96 号决议。链接：http://www.ohchr.org/CH/Issues/Documents/other_instruments/33.PDF。最后访问于 2014 年 8 月 15 日。本书直接引用的部分都是参照联合国的翻译直接摘录的，特此说明。——译者注

第二，记录和赞美残障父母的抗逆力（resilience），特别是残障母亲生育和照料孩子方面的文献不断涌现（如 Keithy 1994；Morris 1991、1996；Thomas and Crutis 1997；Wates and Jade 1999）。这里强调的是教养子女中的个体叙述，并倚重于残障者的声音和写作。第三，近来有了大批在个人助理、倡导和独立生活的情境下展开的，对促进残障人士“支持性教养子女”（supported parenting）的良好实践的研究（Booth and Booth 1999b；Todd and Shearn 1996；Wates and Tyers 2000）。这些主题随后会作详细讨论。此外，对残障儿童的研究，包括那些在他所出生的家庭之外“得到照料”的儿童的研究，也强调了缺失残障父母的角色模式（如 Hintermair 2000；Watson et al. 1999）。这一情况下，或许可以指出很多残障者对于那些被寄养和收养的残障儿童而言，是可以成为非常合适的父母的（在西方白人社会背景下，与此相似的讨论则是关于将黑人、青年男女同性恋者实行同文化安置的益处，如积极的角色榜样和共享文化经历的价值）。

人们给予聋人父母亲特别的关注。在这个领域的大量文献都是在讲，对于健听儿童而言，聋人父母养育是个问题（如早期亲子依恋或语言获得）。假设是这样的，因为聋人父母生育的绝大多数儿童他们自己在功能上是健听的，这些孩子或许要遭到各类文化影响上的冲突。例如，普雷斯顿对美国有聋人父母的成年子女的研究，探索这些成年子女成长于聋和健听文化中的性别化的经验（Preston 1995，1996）。但是，这种话语将导致病态化聋人父母的莫大风险，或至少是将聋人父母的教养置于高度指责和监控之下。

更普遍的是，对残障成年人是否合适做父母的评估现在成为了政策讨论中相当重要的一个焦点了。坎皮恩（Campion 1995）讨论了谁“适合做父母”的问题，强调了法律、医学和社会工作的对话相互交织塑造了我们关于“理想”父母的观点，她质疑了这一作为神话的建构（也参见 Wates 1997）。由此，她关注家庭生活中理想成人的角色，展示出专业人士和媒体是如何促成了这一形象的产生。在建构她的论点时，坎皮恩特别关注那些被认为“不合适”做父母的人群（如同性恋父母、少女妈妈、年老的妈妈、单亲父母、工作一族的妈妈、黑人妈妈等）。这里，她提出残障父母可能是最显著不合适的一群人了。

坎皮恩提出，对残障父母们的那些习以为常的反应，有助于我们更清楚地理解理想化的合适父母观，那些父母应该是身体健康、预期寿命很长、经济上自足、举止“正常”，可以在没有支援情况下承担照顾孩子的体力和家务等任务。用这标准去衡量父母适格的情况，专业人士、法庭和媒体认为残障父母，特别是有学习困难的人是不合格的：

在我们这个社会，把残障和父母身份放在一起显得是那么别扭。由于他人不允许，由于缺乏准确信息和缺少角色模板，很多残障人士被拒绝给予成为家长的选择。而由于缺少专业人士的理解，家长身份一开始就是问题多多。媒体也加深了这种公众偏见，除了对孩子从肯定不合适的父母那里转移走或孩子处于这类家长照顾的困境情况外，媒体几乎很少关注作为父母的残障人士。（Campion 1995：133）

用这种方式去考虑残障父母的经历，也有助于我们在当代社会中去思考残障和成人期间更为宽泛的关系。特别是，对残障者生殖生活的国家和专业干预，暴露了针对无能力和依赖的权力的叙述，而这两者都是文化构建和社会生产的。通过特意引用学习困难家长们的话，布斯夫妇注意到：

亲权能力不仅仅是有足够教养子女技能的问题。它也被认为是一种地位，取决于专业人士和法庭的决定，亦取决于父母的行为。父母生活的质量和环境的贫困自动决定了亲权能力。在由更广泛的社会、官方机构和他们的前线服务代言人所执行的标准和判断的意义上看，它是社会建构的。（Booth and Booth 1994：12）

这些建构和对话的意义所在，有非常真实的影响，它们控制和规制了残障父母们的生活。是故，托马斯（Thomas，1997）探索了英国残障母亲们的生育经历，并强调了她们遭遇到的那些医学和专业人士所高谈阔论的风险。她特别关注于那些妇女们对压力的感受，这一压力用于证明她们在做所谓“足够好的妈妈”上的前景，展示出这类恐惧由失去父母监护权的威胁所牵引。诸如，这些打算按照自主和独立的理想观念生活的想法将使某些母亲们惮于寻求帮助和支持：

> 生活在害怕失去对她们自己孩子照顾的权利中，迫使一些母亲不遗余力地去表现出她们自己以及对孩子的管教是正常的。而这些经常是以舒适、情感和身体福祉的个人支出为代价的。这样的一个后果是，因为母亲感到她的要求可能会被理解为她是无能力的，所以在她需要协助的时候，她也不提这样的要求了。（Thomas 1997:635）

由于缺乏得到恰当的支持，履行教养子女角色上的成功很有限。但是，关于“能力”和“最佳利益”的专业术语倾向于归咎父母自身的“失败”和他们的损伤，这实则为掩盖深层次的、对提供支持所需花费的制度性隐忧。总之，对残障成人期的思考为成人能力和自主领域的更为广泛的讨论提供了有益洞见。拿完美和合适的父母的这类理想的言论去对比，对无能力和不恰当的指责很容易和残障人士画上等号。于是，制度内就形成了这样的话语，即，人们有权移除或规制亲权（例如在法庭上或社会机构内）。移除（残障）成年人教养子女责任最触目惊心的案例就是如下面将展示的这种把儿童安置在国家的法定照顾中的例子了。

二、亲权和儿童保护

很多国家，特别是西方工业国家，已建立了在有证据显示或怀疑、有风险、伤害或忽略存在的情况下，将儿童从其亲生父母处迁移走的完善程序。与此同时，自从通过了联合国《儿童权利公约》，各国都在加强儿童权利立法。特别是，儿童保护机构和法庭经常要处理那些对父母显见的能力有所关切的事关儿童“最佳利益”的情况。然而，相当多的证据显示出这类政策的执行歧视了残障父母们。在涉及有学习困难的父母的遭遇时，这类证据更是触目惊心。

过去二十多年在工业化国家进行的研究显示，出生于户主是学习困难者家庭的孩子中的40%到60%都被收容于国家照顾那了（如 Accardo and Whitman 1989；Gillberg and Geijer-Karlesson 1983；Mirfin-Veitch et al. 1999；Taylor et al. 1991）。这类文献多数都把儿童保护令的流行作为了学习困难父母总体上无能力或对他们的孩子是个危险的证据。但是,现在有越来越多的对这类证据解读的质疑了,质疑提出把孩子从残障父母那里移走或许也反映出了那些潜在的致残性态度和阻隔。下面这个例子就强调了这样的一些关切。

2000年,麦克康恩、卢埃林和费伦那多(McConnell, Llewellyn and Ferronato 2000)检视了澳大利亚新南威尔士的悉尼地区在9个月的时间段中的儿童保护审查的法庭记录。他们还观察了法庭的开会,对地方治安官员、律师、儿童保护工作者和社区服务机构进行了访谈。他们的发现提出将近四分之一的儿童保护案子涉及了残障父母(并且这些案子中的30%来自一个正式照顾令的申请/formal care order application)。这些案例还有显著的社会性别差异,残障母亲占了这些案子的80%,而残障父亲只有4%(剩下的是那些夫妻两个都是残障的了)。

这些父母们主要是精神病治疗系统的幸存者(psychiatric system survivors),很多人都有药物或酒精依赖问题,只有很少的一些案例中的父母们是肢体或感官损伤人士。尽管在这些案件中学习困难的父母们是一个过度代表人群,但是法庭的处理却千差万别。特别是,这些学习困难家长们的孩子总是得到了法院的监护(wards of court),而不是如其他父母那样,从此被安置在了家庭居住(family home)之外。麦克康恩他们编辑的书注意到了有6个因素促成了他们鉴别出了这类消极体验:机构和法院人员对残障人士所持有的偏见性态度、那些影响“风险”定义的方式、法庭对于“专家”观点的依赖(特别是那些心理学家)、缺乏对残障父母们在教养角色上恰当的支持、儿童保护系统的官僚化局限以及在参与法庭过程本身的那些致残性的阻隔。

诸如美国、英国、加拿大、德国、瑞典和新西兰等其他国家的类似经历的证据都暗示了,人们把儿童移走经常是在缺乏任何“真正”实际发生的虐待证据的情况下进行的,而在类似情形下,残障父母们比非残障父母经历了更严格的能力和道德审查(如Tim Booth 2000;Feldman 1998;McConnell and Llwellyn 2000;Pix-Kettner 1998)。这些发现也暗示了儿童保护机构和法庭经常把困难归咎于父母的损伤，而忽视了诸如住房、贫困或不充分的支持服务等重要的情境性因素。这也意味着在实践中，人们在把孩子照顾收容之前经常是在对于残障父母给予足够支持方面没有做什么尝试。

三、支持性教养

对上述案例的关注，逐渐演化出在对残障成人们教养子女角色上有效支持的越来越多的兴趣。支持教养子女的概念，承认了父母的能力并不单纯是个人特征的混合。相反，它是发展的产物，并且在家庭和社区网络的人际间得以分配（分配的能力观在前面的章节有提及了）。支持性教养的动议在于强调个人、他们当地的网络、服务提供者如何才能一起工作以便为每一个相关者生产出更好的教养子女的结果（Booth and Booth 1999b）。但是，为了质疑目前存在的障碍和致残性的做法，为了家长们的倡导所做的投资考虑可能是需要的。因此，布斯夫妇（1998a）对一个英国名为家长们在一起（Parents Together）的创新性的家长项目中的父母们和倡导者们的经历进行了评估。这一项目旨在用“不污名化”和“不干扰”的方式给学习困难的父母亲们提供支持，这一项目还直接质疑了那些家长们在教养他们子女过程中经历的环境障碍和歧视。

与这类发展类似，残障社会活动家们的介入也让残障父母们变得更加可见，彼此交流，也提供了更加能动和多元的父母身份的叙述。因此，沃特（Wates 1997）关注了不断增多的残障父母们（是医学进步和社会生活选择的部分结果）和潜在的网络赋权、故事分享和共同倡议。例如在英国，这些活动引发了全国性残障父母网络（national Disabled Parents Network）的建立。同样的，在美国通过视镜（the Looking Grass）人们也取得了很多成果。视镜是为了处理残障文化基础上的未能满足的需要和致残的社会阻隔，它是和残障父母们一起工作的社区为本的组织（参见 Kirshbaum 2000）。在加拿大，残障教养网络（the Parenting with a Disability Network/PDN）以多伦多独立生活中心为基地提供伙伴支持和信息。在更广阔的国际视域中，残障孕育和教养子女国际（Disability Pregnancy and Parenting International）也提供了对于各类新争议的关切。通过这类网络的联系和沟通使残障父母，特别是残障母亲可以通过讲述新故事去质疑并扩展针对合适的父母的观念（例如，Wates and Jade 1999）。

这一类集体倡导，在残障者要求充分参与和平等的更广泛的情境下，促使一些国家重新审视有关残障人士教养子女的政策。例如，在英国，研究获得了大量残障者在教养子女角色中遭遇到“服务谜团”（jigsaw of services）的教训（Goodinge 2000）。这一研究吸纳了残障家长团体，并强调了自我引导和家庭主导下的支持服务体系的积极成果（特别是在直接支付和独立生活领域）。但是研究也显示出服务机构依然缺乏信息，残障社会模式的言辞并不总能反映在现实中。

残障社会活动和残障研究初期发展，主要关注公共领域的成人问题（特别是环境的无障碍和就业机会），而教养子女的辩论是花费了相当多的时间才得到了同样的重视。然而，现在有了不断增长的残障教养运动，也有了对教养经历上的更多的研究兴趣。过去促进独立生活方案的那些关注也在质疑歧视性态度和政策，并且承认了教养子女具有显著的成人社会地位作用，特别是对于残障母亲们而言。

核心观点和学习要点

教养子女能力是成年人社会地位的一个重要标志。历史上对合格父母的建构曾经高度社会性别化，特别是在理想女性的社会建构问题上。但是，残障研究和政策曾经罔顾不断增加的残障父母们这一事实，试图忽略作为一个权利问题的教养子女问题。对于残障成人而言，成功的教养上有很多社会阻隔，而这些在教养子女权作为法律和社会规则时更加明显。残障父母，特别是学习困难的年轻母亲们遭遇了更高程度的监管和对她们养育能力的更为严格的评估。而这些经常导致孩子被收容照顾，而父母丧失了成人权利和义务。近来那些研究和社会活动都说明这类做法是如何仅囿于一个极其有限的个人能力的观念框架的，由此，造成未能承认那些可以通过社会网络和支持教养子女倡导而获得的不同层次的可分配能力。

1. 问题

(1)“好”的子女教养的要求是什么？“好的父母”需要什么样的素质？

(2)为什么残障者，特别是有学习困难妇女在就他们的教养“能力”上，与非残障人士相比，要遭受更为严格的检查呢？

(3)在宣扬残障家长权利和他们的孩子的权利之间有无矛盾？

2. 练习

思考一些残障成人亲权和他们儿童的“最佳利益”的法律和道德张力。鉴别出支持或反对把孩子从户主为残障者的家庭中转移的各种辩论。参考本章末尾建议阅读或网络资源上的一些故事或例子或许很有用。对于残障人士而言什么是成功教养子女的障碍？什么样的政策可能支持一些更好的后果？

第三节　工作与就业

前面的讨论显示出在思考和研究残障成人期时，关于教养子女的争论是一个边缘问题。与之相反，就业问题占据了理论发展和政策关切的中心。事实上，残障社会模式的早期发展，把强调成人劳动力市场的排斥作为了历史性理解残障生产的关键。这一部分将勾画出现代成人期建构中的工作与就业的显著性以及它们对残障者的影响。这里会特别关注当代社会中在为残障成年人寻求增加就业机会的不同战略和政策的相关优点。

一、成人就业的社会意义

毫无疑问，现代社会中对工作和就业的参与（特别在男性成人期的历史构建上）是成人社会地位的一个关键信号。但是，世界范围内的残障人士，特别是残障妇女们依然不成比例地处于失业、未充分就业和报酬偏低等状况。国际劳工组织（International Labour Organization/ILO）预计3亿8千6百万劳动年龄段的人是残障人士（这也是全世界残障人口的大多数了）。

然而,这些人中的很多,在一些国家高达80%的残障人士,由于雇主的致残性态度、在获得教育和培训上的不平等、缺乏恰当的支持以及劳动场所的致残性社会阻隔而处于失业状态。对于这些失业者而言,得到经济资源的机会总是非常有限的,在很多发展中国家这威胁到了残障者个人和他们家庭的生存(Turmusani 2001)。结果,得到成人有薪水就业,经常成为打破残障和贫困之间联系的唯一可能机制。

"工作能力"是国家过去界定谁是残障人士的主要标准,因此,作为一个社会类别,就业在残障建构中也是个显著因素。在很多方面,针对"就业年龄"人群的研究和政策投入导致了对成人就业的过度关注,进而,造成残障儿童和老年在残障辩论中被边缘化了。例如,即使欧盟国家的官方数据将损伤和残障发生率的年龄区间局限在16—64岁(如欧洲共同体/European Communities 2001),但是要铭记于心的是,世界范围内在"成年人"劳动力市场外的儿童和更年老者能够且确实参与了工作非常重要,从这一点看,在家庭内他们参与的那些没有薪水的劳动就格外重要了(McDonough 1996)。

20世纪70年代,当他们对关于残障的基本原则进行开创性的讨论时,肢体损伤者反对隔离联盟(UPIAS)强调了残障歧视的任何一个方面都不应得到隔离对待。然而,他们也对工业化社会中就业对于创造社会关系的核心意义给予了格外关注:

> 在普通就业中获得融合的斗争是在改变社会组织的斗争中的重要组成部分,只有如此肢体损伤者才不再因为在充分参与中遭到排斥而贫困。只有当所有工作年龄段的肢体损伤者自然地得到帮助以便在普通工作情况下作出他们能作出的贡献的时候,才能确保奠定一个作为整体的充分融合的社会基础。在最后的分析中,所有其他情况中肢体损伤者遭到排斥,都和就业中的这一根本性排斥有关。(Union of Physically Impaired against Segregation/Disability Alliance 1976:15-16)

遵循这一导向,社会模式理论的发展强调了成人劳动力市场的变化是如何在资本主义经济中有助于作为一个社会类别的残障的生产的。(见第一章和 Finkelstein 1975;Oliver 1990;Ryan and Thomas 1980)。艾玛·斯通(Emma Stone①1984)提出,谁会包括在残障人士这个类别中的定义直接来自市场经济中控制成人劳动力供应的国家努力(又见 Priestley 1997)。这一论点也暗示了,尽管历史上很多损伤人士遭到了竞争性的有偿劳动力市场的排斥,但是谁可免于工作义务的确切概念是随着经济潮汐变化的。因此,一些在低需求时期被认为"不能工作的"人(如,经济危机期间)则可以在高需求阶段得以纳入劳动力市场(如在战争或经济增长期)。在这一意义上,残障成年人的政策定义看起来就像是个"橡皮筋"(Gruber 2000),更多依赖于残障人士可供利用的劳动力的利润变化,而不是他们有损伤的社会地位上的那个刻板的生物学定义了。

这类分析也暗示了未来市场的结构性变化可能会为残障成年人参与经济性生产劳动力市场提供新机会。例如,人们把很多关注都放在了后福特生产模式的技术影响和灵活的工作上了(见 Roulstone 1998)。然而,各种技术也非孤立于盛行的生产关系,而且技术本身并不是成功就业的担保人。正如米迦勒卡斯(Michailakis,2001)指出,"技术乐观主义者们"经常忽视技术在经济、社会和文化情境下的内嵌状况。类似的,莱特(Light 2001)质疑对美国《残障人士法案》取得了就业目标中科技的角色的那种不加怀疑的做法,他表达出了对信息时代技术发展可能实际上破坏了进步政策的担忧(也参见 Seelman 2000)。用这一方式,莱文和诺斯(Levine and Nourse 1998)展示了在竞争性美国劳动力市场中对信息技术的不断依赖是如何阻挠了给学习困难的年轻人提供工作机会的。因此,快速的经济变迁带来的既有新机遇也有新形式的排斥(Jayasooria Krishnan and Ooi 1997;Landau Guttmann and Talyigas 1998;Lysack 1997)。

总之,在那些未建立福利供给制度的国家中,残障理论对生产性有偿工作与迫切的经济生存需求的关注,导致了对就业研究和政策的过度关注。对于进入就业将有助于残障人士的社会融合的假设是如此普遍流行,它强

① 作者名原文为 A. Stone,翻译中经作者本人勘误,应为 Emma Stone。——译者注

调了建构现代成人公民身份中工作的社会价值的显著性。仅仅有一份工作自然不是全部答案。但是工作在促进获得进入成人社会网络和社会资本上的作用的这一部分,在关注劳动力的社会中是显而易见的(如 Chadsey and Beyer 2001)。对于这些国家而言,利用那些人口中没有陷于(贫困)牢笼的经济劳力也是有利可图的事儿,特别是在高需求时期或存在有限的福利资源的地方。因此,政策制定者们和残障社会活动家们都在基于经济和社会原因,不断促进为残障成年人增加就业机会的各类行动。

二、争取就业机会的社会行动

1983 年国际劳工组织(ILO)通过了促进残障者就业中更加平等的机会和待遇的国际标准的公约。即:

> 此项政策应基于残疾工人与一般工人平等机会的原则。男女残疾工人的平等机会和待遇应予重视。为残疾工人与其他工人有效平等机会和待遇而制定的积极的特别措施,不应被认为是对其他工人的歧视。(国际劳工组织/ILO 1983 第四条)①

对这一挑战,不同的国家和社区的反映呈现出了多种形式。20 世纪 90 年代见证了残障就业动议的快速增长,这还包括强制与自愿措施混合、支持和培训计划激增。这些反映都强调了在回应残障者就业需要时要增加灵活性以及把残障人士纳入有薪水工作的经济好处(O'Brien 2001)。另一个替代性的策略是在发展中和发达国家中,协助残障者运行那些小微企业(micro-enterprise)或创业家计划(entrepreneurship projects)的发展。一如沃尔斯、道勒、科丁、奥斯雷恩和格里(Walls, Dowler, Cordingly, Orslene and Greer 2001)提出的,小微企业的经历帮助了很多残障人士在就业中去"重新界定成功",而不仅仅依据收入的增长,也包含对每次的工作量和工作场

① 1983 年第 159 号公约《(残疾人)职业康复和就业公约》中文版见:http://www.ilo.org/wcmsp5/groups/public/---ed_norm/---normes/documents/normativeinstrument/wcms_c159_zh.pdf,最后访问于 2014 年 8 月 22 日。本书直接引用的段落中文翻译是直接从该公约中文版摘录的,特此说明。——译者注

所环境获得掌控。

政策言辞上的表达也发生了改变，从传统的父权制言说和补偿性就业转向了基于社会融合和“有权工作”的讨论（Doyle 1995；Floyd and Curtis 2000；Lonsdale and Walker 1984）。尽管这里不可能对这些各异的策略进行详细讨论，但是比较一些关键性的模式还是有益的。尽管主要聚焦在工业化的西方国家，但是还是有一些对残障人士就业的支持和维持的跨文化的政策研究。例如，桑顿和伦特基于之前在欧洲、北美和澳大利亚的工作，对18个国家的残障就业政策进行了研究（Thornton and Lunt 1997）。他们的研究提出了旨在参与和平等的一个明显的普遍使命。这一研究还显示出针对这一任务的立法模式变得越来越普遍。

在检视那些数据的时候，他们甄别出了两个宽泛的取向：第一是基于反歧视立法的模式，在这一立法中就业的特色是其他几个主题中的一个（经常是主导的那个主题）；第二是残障政策在不同部门的关注，这其中就业可能被视为一个单独的问题了。戈斯夫妇和亚当·斯密（Goss，Goss and Adam-Smith 2000）也提出在发达国家有两个不同的趋势。这就是他们甄别出来的基于反歧视措施和公民权的美国传统和基于强制性的就业配额和国家干预的欧洲传统。古丁（Gooding）也作了类似的区别，将配额体系等同于残障的医疗和补偿模式，将权利为本的模式等同于社会模式：

> 不同的模式反映出了两个对立的政策理性。配额在根本上，是对丧失了可行能力的个体的一种集体补偿。这一政策的推动来自国家。相反，权利模式的推动力来自于残障人士他们自己的运动，这一政策中残障人士作为一个整体出现，不寻求补偿个人而是改变社会。（Gooding 1996：65）

权利模式中重点在于反歧视立法。然而，权利的立法并不会自动地转变社会环境和做法以影响到就业机会。结构性因素依然决定了就业机会。例如，耶林（Yelin 1997）注意到了残障人士提升起来的预期必须和美国劳动力市场的就业不安全之间进行权衡，这对残障妇女尤其不利。类似的，施耐德、西蒙斯和艾弗拉德（Schneider，Simons and Everatt 2001）提出了立法发展可能对质疑残障者在劳动力市场上的不利经历无所作为。此外，雇主和法院可能对工作场所的“合理便利”无甚了解，而只关注于工作流程的技术改变而不是工作场所和工作人群的社会情境（如 Grossman 1992）。与之相反，人们认为工作是一个关系性过程，通过伙伴关系和不同人群把人们纳入生产过程，人们还认为工作流程是作为社会空间的落脚点呈现出来的，其中包含的内容决不仅仅只是那些个体工人所需要的各种个体性的便利。

在补偿模式中传统的取向经常是基于在隔离工场或“训练中心”的“庇护”就业。晚近更多的想法是聚焦于在主流设施内的“支持性”安置的发展。围绕发展支持性就业有着巨大的乐观主义人群，从 20 世纪 80 年代开始这一领域有着快速的发展，特别是在北美地区（Wehman, Revell and Kregel 1997）。尽管人们可能并不总把支持性就业和培训认为是“真正的工作”（Black and Meyer 1992）、“社会正当性”（Test 1994）或“物有所值”（Cimera 1998），但是研究提出了这一做法对残障者有积极的效果。因此，汤普森、鲍尔斯和乌沙尔（Thompson, Powers and Houchard 1992）展示了当和庇护就业计划或群体安置相比较时，个体化安置是如何对残障者收入有积极影响的（也可参见 Crowther 等 2001）。此外，有证据表明残障者对支持性就业比对那些隔离的替代方案表达了更高的满意度（Test 等 2000）。

在康复的文献中，讨论都聚焦于庇护和支持性就业的技术性的优点，以及工作场所内外在的“工作教练”和“自然支持”的模式比较上了（参见 Storey 2000）。西方国家从隔离到主流的就业政策的转移面临传统家长制服务在思维和做法上的范式转型。例如，萨罗维他（Saloviita 2000）用芬兰作为例证指出，基于在公开劳动力市场上就业的新服务范式可能和现存国家服务经济的政策框架并不吻合，在回顾了英国支持性就业项目后，海德（Hyde 1998）描述了从庇护工场到在主流环境下支持残障雇员的服务供给转变。但是他指出 20 世纪 80 年代到 90 年代采纳这类政策，是对雇主利益而不是残障者利益的回应。事实上，他总结说，市场的去规则（deregulation）和对工作动机的政治强调有可能（通过不断增加接触竞争性资本主义劳动力市场这一致残的社会关系）会对残障者产生消极影响。

简言之，当残障人士要求法律权利和通过创业实现自我决定的需方政策出现时，供方政策的中心是（针对那些被认为是无法在公开劳动力市场中进行竞争的人们）提供庇护或支持性就业计划。尽管这些传统中有各异的政治起源，但是在他们的发展中都有一些重要的相似之处。特别是这两种取向表现出了对界定成人公民身份中就业地位是中心这一毫不怀疑的观点。就这样，残障倡议者和对职业康复更为修正主义的导向这两个权利为本的取向都心照不宣地接受了这样一种观点，即需要让尽可能多的残障者在一个全球化的资本主义经济的劳动力市场中去竞争。尽管这一期望在很多方面都是值得赞美的，但确实是问题多多，特别是给予了恰恰是历史上产生残障的这些资本主义劳动力市场这样的功能（Oliver 1990）。

贝克豪斯（Buekhauser 1997）提出除非存在接受残障人士“能够且应该被期待着去工作”的文化转变，否则都不可能有在独立上的任何真正的进步。但是这一说法也提出了关于工作义务、关于工作和成人公民身份关系等一些相当根本性的问题。因此，巴恩斯提出对工作概念进行一个更为激进的再塑造是必需的（Barnes 1999）。一方面，就业问题不能同其他的排斥维度相分离（如环境、交通、住房、态度，等等）。另一方面，理解工作是如何在资本主义经济中基于工人之间的竞争而强调了生产力和利润等结构性关注是重要的。

为了发展一个更加包容的就业模式，于是追问工作的观念是否可以根据另类原则，如社会义务和相互依赖进行再造是必要的（如 Gleeson 1999）。尽管在后福特经济和信息社会，在模式和生产方式上有了相当客观的发展，但是以社会性价值工作的参与作为成人社会地位的中心标记的做法，依然普遍没有遭到质疑。但是，基于竞争性工资的劳力分析仅仅是处理了工作等式的一边，它掩盖了这样的事实，即消费工作在当代社会的社会分层中不断增长的意义。（Campbell 1987；Castells 1996）。于是，“不考虑他们在‘传统’劳动力市场中的作用，获得性损伤的以及有残障标签的人们是很多‘健全身体’的人所倚仗的大量服务的生产者和消费者；残障者们是这一等式情境中的一个基本组成部分”(Barnes 1999:21)。

核心观点和学习要点

现代社会中,工作和就业的社会组织是建构残障和成人期的关键性因素。人们把残障一以贯之地被认为“缺乏工作能力”给予界定。就业中的参与状况也和成年人的独立和公民身份紧密联系在了一起。残障和世代类别中的儿童期和老年成为了参与成年劳动力市场的例外,暗示出在把儿童、老年人和残障人士建构成为“非成人”或边缘公民时的一些相似性。为了残障者提高就业机会的国家干预展示出了在竞争性劳动力市场中“补偿性”计划向就业权利和对残障人士的支持的转移。在社会活动家和残障人士社会运动的牵引下很多方面都有了积极的发展。然而,政治上聚焦于通过有薪就业的社会融合掩盖了对基于“生产性”和消费的公民身份的含义和终极好处的更深层的怀疑。这一以成人为中心的关注强化了那个把残障儿童和残障老者边缘化的世代系统,也未能质疑那个把残障作为一个社会类别生产出来的狭隘的工作的构建。

1. 问题

(1)成年人就业问题为什么会居于残障社会模式的中心,为什么会居于残障人士社会运动中公民身份要求的中心?

(2)残障人士在成人劳动力市场中的参与获得更多的社会融合和公民身份了吗?

(3)残障成年人应该被期待着去工作吗?谁应该免于这类责任?

2. 练习

思考一下支持和反对将残障成年人纳入有薪水就业中的争论。例如,政治家、雇主和残障社会活动家们会提出什么论据?残障人士参与就业存在着哪些类型的障碍?这些障碍中多少是个人生理差异的结果?多少是致残的态度和文化价值的结果?多少是由竞争和利润的经济需要所决定?依次讨论这些领域中的每一个,并辨识出可导致残障人士有更多就业机会的那些政策或发展。

第四节　总结和推荐阅读

本章讨论重点强调成人期在残障、世代和生命历程建构中的核心地位。根据生命历程理论和世代系统，工业化的西方社会中成人期集中体现在了独立、能力和自主这一特定建构上了。与之相反，人们把儿童期、青年和老年的世代类别和残障的社会类别都建构为边缘化的或非成人的社会地位了。因为公民身份和社会融合的对话也和这些“成年人”特征关联在一起，这和儿童、青年人和老年人以及残障者的权利诉求相冲突。然而，把这些“非成人”社会类别作为依赖者建构起来掩盖了能力和独立都是社会适应和关系性的事实。实际上，“能力”如果可以视为通过社会网络和关系得到的会更好，而对“相互依赖”的理论化也提供理论上如何实现的一个更加有用的策略。残障者教养子女和就业的事例说明了政策和实践中这些讨论的社会性别本质。一方面，基于成人社会角色的获得来进行公民身份诉求的政治努力相当有效，并带来了对成年人社会融合的残障人士权利的更多承认。另一方面，这些以成年人为中心的要求继续和那个把残障创造为一个“依赖”的社会类别的世代权力体系共谋串通。从生命历程视角再次思考残障，激发我们去反思强化了这一系统的成人期的构建问题。

一、推荐阅读

对于残障质疑了成年人福利的观念的方式的一个简要导论，或许思考如下问题是有益的，“独立为什么这么好?”(French 1993)。《**能力问题**》这本合辑中提供了涉及贴有学习困难者标签的人的一个关于能力的更全面的回顾(Jenkins 1998)。对教养子女的讨论还没有很好地纳入残障研究文献中。但是，这里还是有相当数量的有用稿件的，这其中包括了很多个体性的视角和体验。在这一情境下，或许看看《**比天空辽阔**》是有用的(Wates and Jade 1999)。提姆·布斯和温迪·布斯的研究，如《**压力之下的子女养育**》

(Tim and Wendy Booth, 1994)在推动对学习困难人士的家庭户的讨论上影响广泛,而《**父母是聋人**》(Preston 1995)也对家庭中的聋和健听文化提出了类似问题。与之相反,在处理残障成年人就业问题上有大量发表作品。其中很多都在讨论不同国家的政策和干预(措施)的相关优点。作为一个导论,1997 年桑顿和伦特关于就业政策的比较研究性回顾提供了一个很好的背景,而斯多瑞(Storey 2000)则提供了一个关于在融合设置中就业讨论的新一些的总结。对于美国战后的政策发展则参见 2001 年奥勃良(O'Brien 2001)的作品。

二、网络资源

Disabled Parents Network: *www.disabeldparentsnetwork.org.uk*。残障父母网络(这是一个以英国为大本营的网络和倡导组)。

Through the looking Glass: *www.lookingglass.org*。通过透镜(是美国的一个倡导组织,为了应对一系列的教养子女和家庭问题发展很多项目)。

Parenting Network: *www.cilt.ca/Parenting/PDN.htm*。子女养育网(是一个为残障父母服务的同伴支持和信息分享的网络,以加拿大多伦多独立生活中心为大本营)。

Parents with Disabilities Online: *www.disabledparents.net/index.html*。残障父母在线(可以得到各类资源以及一个残障父母们的网络社区,包含个人故事)。

Global Applied Disability Research and Information Network on Employment and Training(GLADNET): *www.gladnet.org*。全球就业和培训的应用残障研究和信息网(提供大量研究、政策和资源的国际网络)。

International Labour Organization(ILO): *www.ilo.org/public/English/employment/skills/targets/disability*。国际劳工组织(这一网站提供了国际劳工组织在残障和就业项目上的详细信息,并链接了一系列的举措和资源)。

第六章　残障与老年期

在本书的情境下，老年期（old age）是一个重要的讨论话题。通过相似的社会变迁过程，也就是说主要是通过免于参加成年劳动力市场的方式，现代社会中残障和老年期双双成为了结构性的类别。在残障和老年期的文化建构方式上，也有相似之处（比如，就损伤的躯体而言，它被认为是弱势或依赖）。因为身体上的老化和损伤紧密关联，随着世界人口老龄化，老年期和残障的类似显著性也得到了强化。在工业化国家中，绝大多数残障人士已经超过了退休年龄，而且人们也常常认为损伤是老龄化的社会常态（social norm of ageing）。除了人口学上的老生常谈，或许也恰恰因为这个原因，有损伤的老年人很少是以对待儿童、青年人和成人一样的方式被认为是“残障人士”的，而且残障社会活动家们也倾向于关注那些影响了工作年龄段或年龄更小的那些人的事情。尽管晚近出现了关于老年人（older people）权利的讨论，但是，他们的声音和经历在残障人士社会运动和残障政治中却是默默无闻。这类讨论谈及了在考虑文化和结构、身体和认同、老年人的政治战略和残障人士运动中的一些张力和复杂性。

第一节　文化和结构

在这本书中，反复出现的主题是检视了人们如何对世代体系、残障特征、处于独立成人期边缘的儿童期、青年等社会类别中的残障进行了建构和生产的。老年期中,残障如影随形的状况更是触目惊心。残障和老年期不仅以相似的方式被制造为具有依赖性的社会类别,而且,较之于童年期和青年期,他们也更容易被互相建构为永恒且不可避免的某种疏离状态。下面章节将从老年人和残障者的结构位置和文化他者性上,讨论这些相似之处中的一些情况。

一、残障和老年期的结构位置

正如第一章所注意到的,作为当代社会分层或不平等的新标志,人们对于世代分层的理论化有着越来越浓厚的兴趣,这也反映出了阶级社会学假设的衰落(Foner 1988)。然而,对于世代的这一新兴趣通过强调成年人工作和就业的中心地位,还是包含了结构化阶级分析的一些特征。所以,将老年人排除于竞争性工薪劳动力市场的政策,也成为将"老年期"创造为一个结构和行政管理类别的驱动力。这一区分因为很少有老年人加入有薪酬的就业而变得日益显著。源于社会和科技的改变,不断延长的寿命,不仅给老年人带来改变,也给其他的世代、社会关系和社会规则带来了改变。因此,马蒂尔达·赖利(Matilda Riley[①]1988a:27)总结道,人口老化和社会变迁相互依赖,每一方都对另外一方的转型贡献良多。

于是,关于理解这类社会变迁的老龄期的结构性解释,产生了这样的世代区隔,以及由于这类区隔引发的社会变迁。正如在第三章和第四章中提到的那样,当代成年劳动力不断增加的技术要求,对义务教育和青年人培训产生了压力,而这种压力把年轻人从成人劳动力中移开并把他们安置在了一个新的行政管理类别和制度安排中。类似地,养老金政策的引入以及法定退休都在塑造老年人新的"非成人"的类别(参见 Turner 1998)。因此,汤森德(Townsend 1981)提出西方社会中老年人的结构性依赖问题,起源于20世纪社会政策的发展(也参见 Walker 1980)。这些结论和社会模式理论家

---

① 作者原文为名字字头大写(M.Riley),译者后根据中方出版社要求更改为姓名全称(Matilda Riley)。但在英文原著中作者多用姓氏来指代引用的作品来源,这也是西方普遍的学术规范。——译者注

们在解释残障作为一个行政管理类别出现上的论点很接近，即，在工业资本主义竞争性成年劳动力市场中，损伤者参与错位了（Oliver 1989）。霍基和詹姆士在把残障和非成人的世代类别联系在一起时总结说，“通过义务教育、强制退休和灵活工作实践而产生的经济依赖制造了各种形式的社会边缘化和隔离，而这些边缘化和隔离被认为是‘社会问题’”。

奥利弗从残障视角讨论了这一观点，并对老年期和残障之间结构性位置的相似性作了如下总结：

> 老龄化和残障作为一个经济问题而产生出来，是因为资本主义工作性质和劳动力市场的需要改变的结果。对于老年人结构性依赖的政治经济学观点源自于劳动力市场的状况以及工作和社会的分层和组织……换句话说，老年人在生产过程中不再扮演重要角色，也不再参与劳动力市场。除了几次工业革命以来严重的劳动力短缺的危机时期外，残障人士的情况也是如此。（Oliver 1993：253）

因此，从一个结构主义的视角，人们普遍认为老年期作为一个社会类别，产生于现代资本主义经济社会中对成年人劳动力的规制（Minkler and Estes 1991；Phillipson 1982，Phillipson，Bernard and Strang 1986）。然而，永久性地退出成人工作并不总发生在“退休年龄”上，很多老年人，特别是在发展中国家的老年人继续在家庭、社区和某些产业中劳动（HelpAge International 1999）。与之相反，阶级、性别和残障是做出“提前”（early）退休决定的关键因素（如 Flippen and Tienda 2000）。所以，把老年期界定为一个永远脱离成人劳动力的阶段，也引发了关于更年轻的残障成年人世代位置的重要问题，这些年轻人已经被排除于生产和再生产的成人角色了。

这或许有助于解释为什么人们对世代身份认同和那些年龄上是在已确立起来的世代系统**之外**的残障人群转衔问题缺乏认识。例如，尽管学习困难的成年人生存到老年的人数不断攀升，但是，他们中的很多人在其一生中依然在成人劳动力市场参与和公民身份上遭到了排斥。他们的成人社会地位也没有得到认可，他们可能在老龄化的世代显著性问题上也遭到了忽视：“对于绝大多数人而言，生活是由婴儿期、儿童期、工作中的成年人生活和退休构成的。对于学习障碍者(learning difficulties)来说,很多普通人关于生活的期待,对于他们而言都是遥不可及的。这其中触目惊心的例子就是工作……没有工作或类似安排就没有退休”(Holland 2000:30)。

老年残障人士的世代显著性的下降也反映在了政策和实践中。例如,阿什曼、萨蒂和布莱姆利(Ashman, Suttie and Bramley 1995)展示了澳大利亚的老年学习困难人士无法从已经形成的工作模式,诸如前往日间中心中“退休”,因为残障服务的组织和资金都没有考虑到世代边界问题(也可参见 Hogg and Lambe 1998)。相反地,残障年轻人也许由于使用了通常和老年期有关的服务和商品而被变得“更老”了(Bernard and Phillips 1998; Vincent 1999;Vincent Patterson and Wale 2001)。实际上,政策制定和社会照顾中将“老年人和残障人士”作为一个单一的社会类别予以考虑是很寻常的事。

总之,现代社会中产生和规制残障和老年期的方法上有很多重要的相似之处。特别是,人们用工作福利(work-welfare)来界定两者时,都是和免于劳动力市场区别开的(Irwin 1999)。作为行政管理类别,两者形成于对社会需要和资本主义经济中劳动力需求的变化的回应(Irwin 2001)。结果是,残障和老年期有了类似的结构位置,被视为“依赖者”和非成人的社会类别。而这也引发了逐渐衰老中的残障人士的世代身份认同和转衔等有趣问题(如 Zarb and Oliver 1993)。

二、残障和老年期的文化性他者

除了结构相似性,残障和老年期在文化建构上也有共同之处。特别是老年人和残障人士也成为依赖和他者性的常见话题,人们把他们从自主的成人期那里区别出来。自然,这些人群的文化疏离(cultural distancing)以及从生产和再生产劳动力中结构性的脱离之间有密切关联。老年人和残障人士的文化疏离和他们的空间疏离紧密关联,而且,他们与家务劳动和有薪酬的就业的分离也强化了文化差异的观点(Finkelstein 1991)。因此,有损伤的老年人的那种可见的“解脱”或“陌生感”(Cumming and Henry 1961;

Dowd 1986;Maddox 1994）由于他们系统性地从他们的家庭和社区中被转移到了隔离式的住宿机构中而遭到了进一步强化。

在某种意义上，这种对老年人（和残障人士）的疏离反映了关于维护一个非残障成人身份认同的关切。由此，“正如残障理论识别出的远离健全身体理想的文化恐惧一样，从这一理想中产生出了对‘老年人’的看法，如果不是对其他年龄组的敌意的话，也是有文化矛盾的。相当细微的生理上的差异，体现成为他者的标志”（Irwin 1999:694）。对于海维（Hevey 1991:34）而言，恐惧和对残障人士的疏离，以及它们对非残障成年人身份认同的威胁，可以用损伤的躯体、无能力和死亡的结合作一解释：“正在发生的这一切，是由于非残障者正在抛弃他们对于死亡的恐惧、抛弃他们对于失去劳动能力的恐惧以及自恋等其他因素造成的。我在这里需要指出的是，残障人士成为了这类否定（行为）的垃圾桶了。”

与之类似，莎士比亚（Skakespeare 1994）使用女权主义的进路对“他者”进行理论化，并展示了残障身体的功能如何成为了有关死亡和衰弱的恐惧投射通道（参见 Kristeva 1982）。用了一个类似的方式，伊莱亚斯（Elias 1985）和马歇尔（Marshall 1986）识别出了对老年人疏离以及成年人对死亡的拒绝之间的联系。因此，在对残障和老年期的他者归因上是存在着一些相似性的，一如差异和依赖的形式和有损伤的身体以及迫近的死亡上的关联一样。人们也曾经使用这类关联去说明把老年人进行社会隔离是一种可以接受的临终征兆（Sankar 1987）。人们在文化和残障人士的物理距离上也曾使用过类似的论点。例如，1972 年米勒和温格（Miller and Gwynne 1972）对他们就机构生活中的青年残障人士的研究中指出，这些人隔离于主流社会之外的社会性死亡问题（也可以参见 Barnes 1990）。因此，米勒和温格他们提出，“千真万确的是，把人们收容到这类机构时，实际上社会已经把他们界定为社会性死亡了，于是，接下来的基本工作是帮助这些被收容者实现从社会性死亡到生理性死亡的转变”（Miller and Gwynne 1972:89）。

采纳了这一论点，芬克尔斯坦（Finkelstein 1991）提出机构式隔离仅仅是“残障社会死亡模式”的最后一步，而这一过程始于将残障者作为始终要依赖他人照顾的那个更广泛意义上的建构。因此,对于成人期的现代主义者的言说(强调诸如独立、生产力、年轻和进步等价值)已经贬低了作为非成人依赖者的老年人和残障人士的价值。由此,毫无疑问的是,对这些消极建构的抗拒强调了生命晚期生活上更大的自立的可能性。人们越来越把"持续的个人自主"看作"成功的老龄化"(successful ageing)的措施了(Ford et al.2000;Maddox 1994),而这些也在不断发展的"积极的老龄化"(active ageing)运动中得到了表述(Blaikie 1999;Vincent 1999)。

很明显的是,人们在要求积极老龄化的时候很少关注老年人在成人劳动力市场中的持续参与(更长的工作生活),而是更多关注他们对新的世代消费参与(休闲的退休生活)。实际上,在晚期现代化中出现的更多的消费者文化已经产生了这样一些内容,即,通过**消费**获得的社会地位已经超过了通过**生产**取得的社会地位了(Campbell 1987)。事实上,对于获得消费机会的老年人而言,休闲性的"第三年龄"(Third Age)①的来临和传统老龄化所假设的依赖与生理衰退相比,提供的是和理想独立成人期上更多的共同之处(Laslett 1989)。但是,这类发展也提示了在有无这类机会的老年人中不断增加的地位分野。"因此,当积极的成人期这一短语延展包括了更多老年人的时候,陌生人禁忌开始环绕了那些处于贫困中的、那些他们的休闲缺乏积极文化共鸣的以及那些遭受残障和疾病的人们"(Blaikie 1999:317)。

因为"成功的老龄化"越来越被界定为身体健康、具有出行能力、财务独立和休闲消费的展示(Tulle-Winton 1999),很多老年人将受益于与成年人的社会资本和公民身份更密切的连接,这对于有机会去展现消费者选择和成人自主的人而言都是美好的。然而,对成年期边缘的那些老年人的这些积极后果却很少去质疑那些没有能够"成功"变老的人的社会性死亡。这一结果仅仅是重新聚焦于最边缘群体的消极表达上了,特别是对那些"非常老"的人中的大量残障者而言。

---

① "第三年龄"在国外老龄研究中意指在退休和因年龄问题出现生理、情绪和认知障碍状况之间的一个时段。在当今西方社会该年龄阶段为65岁到80岁以上。——校者注

核心观点和学习要点

前面部分介绍了当代社会中对于理解残障和老年期之间关系的那些结构和文化的因素。在现代性的情境中，在独立成人期的边缘，人们把残障和老年期作为显著的社会类别确立了起来。特别是，老年人和残障人士双双免于竞争性工资的劳动力市场，创造了对这些人群的一些类似的结构性依赖。在当代消费者社会中，源于生产的成人社会地位也必须和源于消费的社会地位作个比较。因此，老年人的文化抗拒和为了重新界定“成功地老龄化”的新空间出现了（根据如休闲消费、身体健康和财务独立）。这就促成了一个明显延展的现代主义的成人期，以便把更多的老年人涵盖其中。与此同时，关于依赖的致残性对话已经渐进地重新关注老年人中的那些最老的人，特别是那些有各类损伤的人，从而，突出了在残障和老年期类别之间的传统关联。

1. 问题

（1）历史上，免于生产性的成人劳动有助于解释老年期和残障作为有关联的社会类别的产生吗？

（2）在把老年期和残障作为“他者”和“社会性死亡”的建构中，相似性是何以显著存在的？

（3）在消费者社会中，对老年残障者的“积极的”和“成功的”文化质疑会有什么影响？

2. 练习

或许进一步思考作为行政管理类别的残障和老年期，通过政策和实践联系的方式是有益的。思考一下为老年人提供的住宿性支持（如在机构内或家庭中的照顾、日间服务、经济上的救助金、社区生活选择或家庭）。在每一种情况中，甄别一下为什么老年人可能需要支持，以及他们可能得到的支持种类是什么。这些支持中，哪些是因为人变得“更老”了而提供的，哪些是因为人有“残障”了而提供的？这告诉了我们关于老年期和残障类别的什么信息？

第二节　身体和认同

前面部分表明了残障和老年期如何通过结构和文化的相互作用而得以生产和再生产出来。上述论点对发展批判性残障研究和批判性老年学产生了巨大影响。事实上，过去二十多年中，政治经济学和社会建构主义已经联合起来塑造了上述两个领域的发展，这其中包括了残障社会模式的发展（Priestley 1998b）。然而，现在社会理论中有证据显示出现了新的文化和生物学上的“转向”（Chamberlayne，Bomat and Wengraf 2000；Rojek and Turner 2000；Rustin 2000）。此外，更为新鲜一些的研究关注了身份认同、生物学和身体。下面这部分将通过回顾有损伤的身体和老年期的世代特征来讨论这些主题。

一、有损伤的身体是一种老年期的常态

第一个要指出的观点是，老龄化的过程总是和损伤相伴。特别是对西方工业化社会而言，和年龄有关的损伤的高发病率是一个重大挑战。然而，老龄化的社会问题经常忽略了这种关联。因此，欧伯格（Öberg 1996）从社会老年医学的角度关注到了自相矛盾的“身体的缺失”（absence of the body）。说它自相矛盾是因为，老年期的文化表现着重呈现于日益衰老的身体形象上，而且，生物学意义的老化通过具身性体验得以形成（Tulle-Winton and Mooney 1999）。利用在芬兰对老年人的访谈资料，欧伯格提出西方哲学思想中的头脑和身体的等级分层可能有助于解释为什么在老龄化的日常性和理论的理解中，身体都遭到了贬值。

然而，最新的理论化开始明确无误地关注老化的身体了，因为它是在生理方面和社会方面共同产生的。例如，吉尔德和希格斯（Gilleard and Higgs 1998）注意到身体的社会建构很重要，因为在实足年龄和老龄化身体的生理“健康”上不存在简单的关系（参见 Featherstone 1995）。这和试图把身体

和损伤引入残障理论的讨论有类似的地方（如 Hughes and Paterson 1997）。生理和认知上的损伤并不仅仅是生物学因素造成的，它们也是通过社会的生产和再生产造成的（参见 Abberley 1987），而生理上的老龄化源自内在（基因的）和外在的（环境和生活方式）等因素在一生中的互动（Evans 2001）。

例如，老龄化和损伤之间的关系是高度社会性别化的。女人们一般会比男人们活得长，并且要在她们日见衰老的岁月中和损伤长期共存（Kinsella 2000；Leveille，Resnick and Balfour 2000）。此外，妇女们由于致残阻隔的性别因素，如在住房、交通、孀居和机构化中更容易处于相对不利状态（Gibson 1996）。在发展中国家里，贫困的老年妇女们由于有识字、教育、就业和营养上大量的社会性别不平等，而遭受了额外的社会不利（Prakash 1997）。老年期时的损伤和残障的流行率也和其他社会因素相关，诸如，社会阶层和教育（如 Cambois and Robine 2000；Melzer et al. 2001；Melzer et al. 2000）、失业（Gutierrez-Fisac，Gispert and Sola 2000）以及医疗保健服务的可及状况（如 Santana 2000）。

于是，某种意义上，一些人看起来比其他人要老得“快点”。例如，那些获得物资和社会资源很有限的人或者是那些有特定损伤的人可能在更为年轻的成人期就获得了那些在老龄化晚期才常见的损伤（如 Holland 2000）。迥然不同的身体老化过程，强调了生物学解释的局限，而且也增强了社会和政治取向的解释。但是，与此同时，在把老化的身体作为社会建构的观点和关注身体的“有限性”和“有局限的状况”之间存在着相当多的张力。这在讨论资源分配时特别明显，这其中医学对于不惜一切代价延长有活力的生活的期望必须和接受身体的生理局限之间保持平衡（如 Longino and Murphy 1995；Moody 1995）。于是：

> 人们说社会老年医学家们在面对老化的身体和衰老的头脑的生理证据时面临着一个两难处境。一方面，人们期待他们认识到钱对老龄化是无所作为的，并且也接受在合理范围内的花销使有人有尊严地老去上的局限。另外一方面，人们期待他们得到的这类仅有极其有限回

报的再分配的战略严重影响对其他人群得到再分配资源的可能性，而后者对社会的回报总体要多得多，如儿童、年轻人和残障人士等等。(Gilleard and Higgs 1998:3-4)

这暗示出了在老年期阶段的损伤身体的地位和其他世代的位置之间的冲突。说明了为什么世代或生命历程的进路在发展一个更加总体性的残障政策上是如此地重要。例如，第二章和第三章中讨论所展示的在出生和儿童期的损伤特征如何被长期建构成为了畸变或不合时宜(aberrant or untimely)。相反，人们把老年期的损伤和功能局限——如果不是界定为了老龄化过程特征的话，更常见的就是建构为了一个世代常规。于是左拉(Zola 1980)提出损伤和残障的“特别之处”(specialness)在人口特征变化时遭到的忽视，暗示了它们逐渐成为了生命历程的一个常规。

老年期有损伤的身体，特别是在老年期晚期的有损伤身体成为常态，这一状况可能有助于解释为什么有损伤的老年人没有如儿童或年轻成人那样被认为是“残障”的了。例如，普里斯特利(2002a)发现除非这些老年人不能“做那些**普通老年人**能做的事情”(作者加重)，否则英国的志愿组织并没有把他们服务的老年人视作“残障”。人们把许多和年龄相关的损伤视为了和正常的逐渐衰老的个人生平一致，作为了嵌入到老年期世代特性的一个日常部分(Turner 1989)。为了强调这一点，人们倾向于只有在老年人的身体功能和他们同辈的**世代常规**明显不同时，才把有损伤的老年人建构为“残障者”。通过这种方式，那些在年轻的身体上被认为是畸变的损伤特征在一个老化的身体上则被当作正常的了。显而易见的是，这指出了身体损伤和残障身份的建构是有世代位置的。

二、认同和对老化身体的掩饰

人们也可能会把肇始于年龄相关的损伤看作处理从成人期到老年期转衔的一个重要因素。这种观点和把损伤的特征作为“生平传记断裂”(Bury 1982)的一种形式，有很多相似之处。从这一观点出发，损伤的发生被认为是打断了之前生命历程假设和叙事，迫使人们重新协商一个新的个人生平的身份认同。但是,西蒙·威廉姆斯(Simon Williams[①]2000)反驳了这种老年期与经常获得损伤相关的观点,提出事实上这些损伤的发生在对老龄化的叙事中得到了人们的普遍接受。因此,他提出生平传记断裂的模式毫无疑问是成人中心的,而且和老年期残障者的经历几乎没有什么关系。实际上,人们可能会提出在生命晚期发生损伤是在强化了老年人的身份认同而不是破坏了它(参见 Carricaburu and Pierret 1995)。

庞德、格木珀特和艾伯拉罕(Pound, Gomperte and Ebrahim 1998)在他们对生命晚期中风者的研究中也得出了类似观点。他们注意到了伯里的成人中心的关注点并质疑了他对"崩溃的生活"的生平强调。他们自己的研究引导他们得出了世代和生命历程情境下的损伤是一个非常重要的因素,而这一概念一直以来在社会学和残障研究中遭到了忽视。他们提出有两个原因可以解释为什么晚期的生命损伤看起来对于老年人的个人生平和身份认同比其他更年轻的人是少有破坏性的:

> 对于那些活到 70 多岁、80 多岁和 90 多岁的人而言,他们的经历使他们有相当多的技能去处理各类危机并成功地适应,诸如慢性疾病这类新情况。此外,老年人,特别是老年期的工人阶级人群,他们可能对自己有更低的健康预期……而且他们可能认为疾病在老年期不可避免,或者在碰上了也会有更高的接受度。(Pound, Gomperte and Ebrahim 1998:502)

尽管,在儿童期、青年和成人期所呈现出的有损伤身体制造了和这些世代认同所代表的常规之间的紧张,但是,老年期有损伤身体的发生率对传统的老龄化身份认同却呈现出了较少的破坏性。然而,那些质疑积极老龄化的新文化暗示了上述思想或许需要进行修订了。如前面提到的,在消费社会中从一个更加结构化的老年期转型到一个更多文化性的类别,折射出了对于老年人更多身份认同选择的兴趣。这些发展包含了一些相当复杂的讨

---

① 作者原文为名字字头大写(S.Williams),译者后根据中方出版社要求更改为姓名全称(Simon Williams)。但在英文原著中作者多用姓氏来指代引用的作品来源,这也是西方普遍的学术规范。——译者注

论,但是,它所依赖的对老年人身份认同的确定变得与过去相比,较少地囿于结构位置和身体特征了。由此,后现代的认同理论似乎是在暗示人们可以对不再变老有更多的“选择”(Biggs 1997)。

吉登斯(1991)提出,那种通过生命历程对人的表达的传统导引已经变得越来越不清晰了,高度现代性的不确定对当代社会维持自我认同施加了特定的威胁。对于其他后现代理论家们,如费瑟斯通(Featherstone 1991b)和鲍曼(Bauman 1995)而言,上述威胁最好是看作对消费者的“机遇”,以便消费者对他们是谁作出更多元和深思熟虑的选择。利用一系列文化描述,用来持续改造他们呈现于这个世界的方式。与现代性下的社会状况相反,这些身份的选择被认为是隔离或至少是疏离于生活的物质状况的。特别是,人们宣称这些新的身份选择包含了超越或重新编码这一老化身体局限的可能性(如 Featherstone 1995)。

对费瑟斯通和赫普沃斯(Featherstone and Hepworth 1991)而言,这一主题对于理解身体在世代身份以及后现代生命历程中的位置特别重要。因此,他们提出这一老化身体的可行能力的表面可被视为一层掩盖了一个更年轻或岁月无痕的内在自我的“面具”。于是,人们把老年人的身份张力建构成为一个问题,这一问题是在面对衰老躯体的局限和外形时,维系年轻的自我意识的困难(也可参见 Öberg and Tornstam 2001)。从残障视角看这个问题的困难在于“老龄化的面具”模式建立起了一个对有损伤的身体的隐讳的贬损和世代特别的观点。身体的局限仅仅等同于了老年期这本身就是有问题的。

其他学者也对老龄化的身份认同假设具有的可塑性表达了更多怀疑,提出老化身体的局限与外表对试图呈现出的内在“年轻自我”施加了实实在在的约束。例如,里格斯和特纳(Riggs and Turner 1997)提出老年人在实际做法上显示出来的是比想象中的认同理论更少的深思熟虑和选择,现实则更接近于去“功利性的适应”生命历程中的每日变迁。与之类似,比格斯(Biggs 1997:566)承认,尽管这里存在着“选择不要变老”的一些机会,特别是在拒绝定见方面,但是在身体、环境和认同方面还有复杂的张力:“这个问题在根子上围绕着三个主题：隐藏在面具下面的到底是什么，面具出现的地方它的社会环境的作用如何以及在认同管理的冲突上聚焦身体的重要性是什么。”

这些都是相当复杂的讨论了，而且也要求一个更为包容的解决方案，这并非本文可以解决。但是有一点是很清晰的，即，残障和损伤对后现代认同理论设置了一个重大问题，后者对认同产生的消费者环境采取了不加批判和仁慈的观点。社会模式分析不断地提出了消费者市场并不普遍地提供促进和包容的环境，而且为了残障者的权利还需要更多的干预和安全措施。与之类似，如果维系“积极的老龄化”仅仅关注于超越或修复有损伤的身体，那么这就存在否认在老年期晚期普遍损伤的风险并且回归到了更具评判性和个人基础的残障模式。

核心观点和学习要点

总之，关于老年人和老年期的当代理论补充了在老化的身体以及老龄化的身份认同之间关系的结构的和文化的探讨。然而，在这样的讨论中这一“老化”的身体是实实在在的或即将发生损伤的这一基础性的事实却很少得到人们的承认。实足年龄的晚期和损伤发生紧密交织在一起，意味着损伤身体的世代发生率在老年期要比其他世代上多得多。在这一点上损伤是老年期日常世代特性的一个部分。然而，这一常态也意味着具有损伤的老年人比起年轻人更不容易被发现了，或更不容易视他们自己为“残障”了。

1. 问题

(1)在什么程度上老年期的残障是“正常的”，而这些对具有损伤的老年人而言是社会性显著的吗？

(2)认为老年期的残障对个人生平的“破坏性”比成年期或儿童期的残障更少一些，这有道理吗？

(3)维系一个积极的老年期的身份认同要求回避有损伤的身体吗？

2. 练习

思考一下老龄化的过程以及老年期的身份认同。人变老了意味着什么？我们怎么知道有人变老了呢？是什么使我们“感觉”到老了（如身体的变化、他人的态度，工作和家庭角色的改变或经济资源）？在上述这些讨论中损伤和残障是如何地重要？现在再来思考一下“成功的老龄化”的概念。这个概念意味着什么？老年期人们可能采取一个什么策略会在老年期把他们的身份认同呈现为一个更加积极的形象？对于老年期的残障人士而言成功的老龄化有什么潜在的障碍？

第三节　残障政治和老年期

残障政治及残障权利和生命历程中的所有人都相关，而且看起来这对大量在老年期经历损伤的人而言是格外重要的。但是，当我们观察老年人权利政治时发现，在涉及残障的批判性思考上似乎是有缺陷的，这些缺陷不仅仅存在于当代社会的老年医学研究领域，还在于管理老龄化的政策领域。尽管最近在这个领域有了一些进展，但是人们还是倾向依据个体损伤或生理功能而不是从环境限制或致残的社会阻隔上来看待“残障”。类似的，当我们观察残障人士社会运动的政治动员以及反对残障歧视倡议时，人们很少直接涉及老年残障人士。这一点让人诧异是因为残障其实就是这样一个老年人话题，而且这也暗示了在老龄化的批判性研究和残障的批判性研究中缺乏交叉。我们思考一下在本书第五章提出的论点，这里重要的是要问一句：在关注成人中心角色的参与的世代系统中，残障权利和身份认同是如何构建起来的。

一、人口老龄化和损伤

我们生活在一个老龄化的社会中这一点毋庸置疑，而世界人口的老龄化增长也是惊人的。一般来说，1900 年全球人口中超过 60 岁的人口比例是 6.9%，2000 年这一比例是 10%，在本世纪预计增长到 28.1%（联合国 1998）。然而，这里存在着巨大的地区差异。人们预计速度增长最快的地区是亚洲、拉丁美洲和加勒比地区，而老年人口比例最大的则是欧洲。例如，当每 5 个欧洲人中大约有 1 个人超过 60 岁时，20 个非洲人中只有 1 个人在这个年龄人群中。但是，应对人口老龄化的调整压力最大的是发展中国家，因为那里是绝大多数老年人生活的地方，而且，因为人口老龄化在那里速度更快。与此同时，全球人口中的儿童比例持续下降，在上世纪末，发达国家中在两类人群（老年人和儿童）中老年人口更多，而到了 2050 年这一状况将发生在发展中地区（联合国秘书处 1998）。大多数国家所面临的老年人问题的挑战可能远远超过对工业社会中“人口时间炸弹”的关注，针对老年人问题的稀缺资源将威胁到社会照料的维系（如 Jitapunkul，Bunnag and Ebrahim 1993；Kinsella and Suzman 1992；Polivka 2001）。

泛泛地说，我们可能甄别出两个重要趋势。首先，医学、技术和社会发展意味着残障青年可以活到老年期的人数有了大幅度的增长。长期损伤人士不断增长的长寿情况，提出了社会回应老龄化人口中残障问题的种种方式的这一问题。例如，辛格（Gething 2000）提出来国家政策普遍未能考虑那些年轻时罹患了听力损伤的老年人的实际数量以及他们在教育就业等一生中的各种不利因素的累加影响。类似的，人们也越来越关注对比例不断增长的、现在已经达到老年期的终生学习困难人群的政策反应（如 Breitenbach 2001；Patja et al.2000）；其次，人口老龄化的总体趋势意味着那些早先没有残障的成年人在他们生命晚期罹患损伤的数量也在增加（同样重要的是要记住，已经残障的人在老年期也容易罹患额外的损伤）。

这些相似的趋势也提示了，在那些伴随损伤成长的老年人和之后才罹患损伤的老年人之间，他们在生命晚期的残障状况呈现出了趋同状态。例如，荷兰（Holland 2000）以及贾尼基、道尔顿、亨德森和戴维森（Janicki，Dalton，Henderson and Davidson 1999）都关注了学习困难者活到老年期的人数以及之前是非残障者但在生命晚期罹患了认知损伤（如老年期痴呆症和中风导致的）的人数都有类似增长的情况。类似观点还适用于罹患肢体和各类感官损伤人群的聚集情况。但是，值得注意的是，预期寿命的普遍增加并不总是意味着老年人可以预期的与损伤共处时间的增加（Crimmins，Saito and Ingegneri 1997)。而且,这里还存在着地区差别,即便,在发达国家之间也是如此。例如,平均来说,一位 60 岁的日本老人可能预期再活 23 年并且要花费 4 年半的时间和重大程度损伤共处(Liu et al.1995),而这一损伤时间比美国相同情况下的人时间要短(Tsuji et al.1995)。

获得性的认知损伤和精神苦闷(mental distress)占了世界范围内损伤的大多数(高达 60%),特别是在发达市场经济国家的老年人中(Jagger et al.1998)与年龄相关的老年痴呆症在这中间占了一个很大的比例。福莱提格力奥尼、德容奇和艾格罗—托尔斯(Fratiglioni, De Ronchi and Aguero-Torres 1999)报告了全球的老年痴呆症的发病率,注意到了这一疾病在发达国家和发展中国家的增长,而且这几乎没有什么明显的地区差别(相反的,请参见 Prince 1997)。尽管,年龄相关的老年痴呆症在老年人中间是最常见的损伤形式,但是从一个残障研究或社会模式的角度看,这一领域还少有研究。然而,和经历了老年痴呆症的老年人一起工作的研究者们现在越来越有兴趣倾听老年人的声音,并在权力关系中情境化老人们的经验(如 Proctor 2001;Stalker, Duckett and Downs 1999)。在带着社会模式分析这些问题方面还有相当多的工作要做。

在这里没有必要对生命晚期的损伤发生率进行详细探讨。因为,这样说已经足够,即,全球人口老龄化,包括年轻的残障成人的预期寿命都在增长意味着我们正在目睹老年残障人口的不断增加,而且我们能预期这一趋势将会继续。因此,联合国老龄化行动国际战略(the UN International Strategy for Aging 2002)对全世界有损伤的老年人的数量增长并重塑社会政策和制度以回应人口变化需要给予了特别关注。但是,一如之前提到的,这类分析倾向于仅仅使用"健康"或"功能"等词语来建构残障问题。但是这里的真问题和讨论是在于残障老年人不断增长的人口在多大范围内可以被包括在残障权利的讨论中。如果残障政策和讨论继续聚焦于成年人问题,如就业,那么这里就存在着一个残障老年人继续被边缘化和排斥的危险了。

二、残障老人遭排斥了吗？

国际社会对于老年人权利问题有着不断增长的兴趣，而且，联合国至少在过去的20多年中一直积极推进这一议程的发展。例如1982年的联合国大会中通过了《老龄问题国际行动计划》[（International Plan of Action on Aging①）决议37/51]，有时候有也叫作《维也纳计划》（联合国1983），提出了思考老龄政策的框架。这一文件勾画的原则强调了尊严、平等、世代年龄组之间的责任等原则应该作为社会再生产的具有拘束力的原则："尊敬和照顾年长者是全世界任何地方人类文化中的少数不变的价值因素之一，它反映了自我求存的动力同社会求存的动力之间的一种基本相互作用，这种作用决定了人种的生存和进步"（第27段）。

后来，为了寻求《维也纳计划》勾画出的原则和各类优先问题，联合国采纳了一个更为综合的、包含18个原则的老年人文件（联合国1991）②，这一文件强调了关注的5个核心领域：独立、参与、照顾、自我充实和尊严。这些原则得到了一些关注，特别是涉及了前面章节所讨论的成年人独立问题。例如，在和"独立"有关的6个原则上很少涉及自主的肢体功能，而更多地是选择、自我决定和获得资源（如收入维持、可调适的环境、选择自己居住在自己的家中）。因此，这些原则抵制了对于老年期的依赖是生物性决定的普遍假设，而更多的是和残障人士社会运动所主张和表达的意思更为接近了。这里也有社会融合和参与的更强烈的使命感，包括老年人组织他们自己的协会和运动。在"照顾"这一领域中，联合国的原则强调了个人权利以及得到医疗保健和社会照顾资源的重要性（专门提到了公平对待和涉及残障身份的机会平等也包含在了第十八个原则中了，在"尊严"的标题下）。

从这些发展出发，1999年联合国宣布为"国际老人年"[（International

---

① International Plan of Action on Aging，全文中文版来自：http://www.un.org/chinese/esa/ageing/vienna.htm，最后访问于2014年9月7日。这一部分如果有直接引用这个文件的，则按照这个中文版直接摘录，请注意。——译者注

② 这里指的是1990年通过的《联合国老年期人原则》，中文网站来自：http://www.un.org/chinese/esa/ageing/pdf/Ares4691.pdf，最后访问于2014年9月7日。这部分的词汇翻译参考了这个文件中的译法请注意。——译者注

Year of Older Persons)联合国大会决议 47/5 号]。政策制定者们再次着眼于对于全球人口,特别是发展中国家人口老龄化的给予创新反应的紧迫性。国际年也再次强调了在选择和权利的框架中思考老年期人经历的必要性。在这一情境下,老年人也越来越多地组织起来去倡议在诸如得到医疗保健和社会照顾、住房、收入、交通和就业等领域中的平等(Carter and Beresford 2000;Vincent 1999; Vincent,Patterson and Wale 2001)。与此同时,我们也目睹了残障人士社会运动的强力涌动,在许多相似问题上为了选择和权利去抗议(Barnartt and Scotch 2001;Barnes 1991;Campbell and Oliver 1996;Fleischer and Zames 2001;Johnson and Shaw 2001)。尽管在老年人和残障人士倡议的问题上有很多雷同之处,但是,他们表现他们主张的方式却不同(参见 Priestley 2002b)。

尽管,上述呈现方式的差异看似很小,但是它们掩盖了老年人政治主张和那些残障人士政治主张之间存在的一定距离(或者是正好相反)。很清楚的是,和老年期有关的一些政策议题和主张确实可能和残障关系不大(例如养老金),但是,这里也有太多的问题与损伤或致残的社会阻隔密切关联。例如,英国代表老年期人的国家组织(如帮助老龄人/Help the Aged 和英国老年关怀/Age Concern England)已经发起了对老年人在医院中治疗的权利倡议,这也包括了住房、无障碍的公共交通、自我引导的照顾和生活质量。而这些问题也正是残障社会活动家们关切的问题。然而,老年人的这些倡议很少明确借鉴于残障权利议题。

尽管事实上在西方社会,大多数的残障者是年龄超过退休年龄的人,但是老年人在残障运动中仍然是个没有得到充分代表的人群,而且残障政策制定依然关注于年轻一些的成人需要(以及更少一些范围的儿童需要)。例如,尽管年轻的残障者在获得独立过程中直接支付和个人助理的功能得到了人们高调关注,但是,对于老年人适用这样的解决方案,人们却有些迟疑(如 Barnes 1997b;Gennskow 1986;Keigher 1999)。确定无疑的是很多对待老年人的服务和给年轻的成年人是不同的,为“年轻残障人士”的一些服务是以渐进发展方式提供的,而这些没有扩展到有损伤的老年人那里。在这样的情境下，将老年期的损伤和相互依赖视为常态可能是政策制定者们头脑中的一个因素，正如一个英国长期照顾的报告所说的：

> 当他们（指残障者）的绝大多数同龄人作为健全身体者设立正常行为的规则时，（残障）年轻人在残障时需要调整他们的生活。与之对应的是，年龄在80岁及以上中每10个人中就有7个人有某种程度的残障，在普通或可预料的经历中不能做一些事情或需要他人的帮助。这种想法是造成支持青年期和支持老年期残障者的不同服务与财政政策模式的基础。（Sutherland 1999：§9.7）

肯尼迪和明克勒（Kennedy and Minkler 1998）使用对美国政策的回顾研究说明对老年人的关注和对年轻残障人士的关注之间的疏离。这也引发他们得出，通过政策和法律的渐进发展对残障权利的预期没有同样适用于老年残障人群。与此同时，老年人权利的发展没有承认或囊括那些也是残障的老年人。

> 对于非残障老年人这方，他们对于达到自主、成长、参与和高度的生活满意等目标的可能性有着不断增长的理解，但是这些目的在那些成为了残障的老年人的重新校准中却明显地下降了。当"无障碍"和"充分参与"成为了年轻残障人口的关键性概念时，家庭和专业人士的观点，也包括老年残障人士他们自己，却愈加画地为牢。就这样，相较之先前局限性的视角，针对老年的专业人士、老人和整个社会现今选择了一种更为狭隘的看待老年和残障的方式（Kennedy and Minkler 1998：768-9）

前面章节已经提出了一些理由用来说明为何在以成人为中心议题的残障理论和政策中，老年人遭到了忽视。而上面的讨论也暗示了在用新方法思考老年期问题的时候残障人士可能也被边缘化了。残障者权利运动在代表和权利上获得了很多阵地。但是批判性的审视这些主张的世代显著性很重要（特别是把重点关注给了年轻残障者要求参与成年人独立和就业领域中）。于是，社会运动的政治战略是让残障的讨论通过强调了成人中心的价值和议题而远离老年期和依赖的负面关联。类似的，老年人的社会运动和第三年龄运动也发起“积极的老龄化”,从而将他们的主张远离残障和依赖的负面形象(Minichiello,Brownw and Kendig 2000)。

用这种方式,不论是老年人的社会运动还是残障人士的社会运动都通过远离他们奋力挣脱的与另一方的负面关联而清晰地宣告了对成人地位和公民权的承认。这些类似的要求可能会让身处融合边缘的人受益(如年轻的残障人士和那些50或60岁的年长的成人),通过允许他们从衰弱、依赖和负担等这些经常与具有明显损伤的老年人联系在一起的形象中解放出来。但是,这里也存在着相当程度的张力,这一张力或许是涉及的这两类运动未来进一步沟通的政治战略中的一个因素。

> 从那些倡导老年人利益者的观点看,残障运动更像是一个自我倡导模式……然而,对于老年人而言遵循这一发展路径,人们表达出了残障人士是否是一个合适的比较对象的疑惑。可以肯定的是,与第三年龄运动相关的很多人都在试图寻找把老年人从疾病和残障中解脱出来的方式。(Vincent 1999:93)

人们试图建议说政治联盟和更多的理解会加强老年人和残障人士的主张。尽管如此,在两个运动有如此多的相似之处的时候,双方要想合作还是困难重重。特别是,在身份政治上有一个冲突,即,要人们主张权利时势必要主张成人的社会地位。特别难以想象的是,采纳了主导话语的成人自立的政治主张如何才能最终让那些处于最边缘和最遭排斥的老年残障人士受益。

核心观点和学习要点

人口上的老化以及在生命晚期损伤的压迫,都引发了在分配资源以满足老年人和残障人士的公民权要求时的政策关注和利益纷争。在这样的情境下,在类似的社会运动中出现了政治社会活动家要代表这两类人群的利益的情况。这两类人群都公然要求成年人的权利和公民权,两类人经常关注的那些政策关切实际上是很类似的。然而,人们所采取的政治策略和言说在这两类拥护者人群中维系了一个相当明显的距离。于是,残障者运动通过聚焦于年轻残障成年人的就业和独立生活而远离老龄议题，而第三年龄运动开创了“积极的老龄化”用来和生命晚期显而易见的依赖和残障保持距离。两个活动的形式在边缘的成人期领域的主张都很成功，但是，两类活动也加深了有把残障人士中最年老的以及处于最不利状态的人进行边缘化的风险。

1. 问题

(1)老年人和残障人士的政治关切有多相似？

(2)为什么人们在残障运动中没有把有损伤的老年人和年轻成人一视同仁呢？

(3)老年人运动和残障人士运动之间更大的政治联盟要面临的潜在障碍是什么？

2. 练习

更详细地看看《联合国老人原则》可能很有用。使用那五个标题(独立、参与、照顾、自我充实和尊严)考虑一下老年期残障者的处境以及他们实现上述目标的潜在困难。现在再来看看《联合国残疾人机会均等标准规则》。在什么范围内残障这一权利议题可以适用于残障老年人的需要？

第四节　总结和推荐阅读

或许在思考残障的各种方式中都有某些和残障理解的相关性。总体上说，老年期可以被视为一个结构性的或行政管理的类别，用来控制成年人劳动力的供给并通过关于就业能力的话语得以维系。在此意义上，现代社会生产和规制老年期和残障这两种类别的方式非常相似。由于把老年人和残障人士强制地依附于非残障的成年劳动力上，这两类人都类别化地免于竞争性的成人市场了。老年期也被视为了一个文化性的类别，在和其他世代位置的关系中得到建构起来(如成人期和儿童期)。在这样的情境下，人们把老年人和残障人士都看成是非成人的“他者”，通过制度化的隔离和照顾形式的规训而生产出来的一种建构形式。

还可以从身体的视角来考虑老龄化问题,并看待损伤在界定老年期方面的重要意义。既然某些损伤和老龄化的晚期紧密关联,它们就可能成为老年期世代特性中很正常的部分或陷阱了。这也暗示出了外表和生理功能的观念是有世代位置的。年轻成人的损伤通常被看作是正常生命历程的破坏,它也可能在老年期的生命历程中被视为毫无悬念之物。这已经影响到了具身化的世代认同和对残障的考量。为了解释为什么人们很少把有损伤的老年人视为"残障"的问题,我们很有必要去思考这两个(概念)来自成人期的结构和文化错位,以及在生命晚期的个人生平中损伤的相对常态状况。

生命晚期的残障政治也很重要,代表老年人和残障人士呼声的组织已变得越来越活跃,不断质疑那些陈旧的设想和过时的政策。然而,尽管事实上两类运动倡导的是类似主题,但是他们的政治策略在显示共同之处的同时也强调了差异。"独立生活"和"积极的老龄化"等运动在对独立成年人的边缘化方面都作出了不断增多的成功主张,同时也把他们从老年期晚期的依赖的负面形象中疏离得越来越远。为了老年人和残障者的权利发展已经让很多人受益,但是这里也存在让那些已经是最贫困和最边缘的人被落下的危险。

一、推荐阅读

当代社会,在社会理论和老龄化模式上有相当多的文献,通过翻阅相关杂志的目录页回顾一下这些资料,如《**老龄化和社会**》(*Ageing and Society*)或许很有裨益。理论建构和争鸣上的一个好的导论可以参见欧文 1999 年的那个文章,也在上面的杂志里。1981 年汤森德在结构性依赖方面的那个有影响的文章依然有用,也可以再看看《**老年期的依赖和相互依赖**》[(*Dependency and Interdependency in Old Age*) Phillipson, Bernard and Strang 1986]。消费者社会中对老龄化的文化质疑方面,看看《**老龄化和流行文化**》[(*Ageing and Popular Culture*) Blaikie 1999]或许有用。对于具身性身份认同和老龄化"面具"争议的讨论,1997 年比格斯的文章是个好的开始。这里没有什么文章是直接从批判性残障研究角度讨论老龄化问题的。但是也有一些例外，如 1993 年左拉和奥利弗或者 1993 年奥利弗的研究等。对于老龄化和依赖的一个更加宽泛的、并涉及一些残障政治方面的讨论，参见**《老龄化、独立和生命历程》**[（*Ageing Independence and the Life Course*）Arber and Evandrou 1993]或者是**《长大了和变老了》**[（*Growing up and Growing Older*）Hockey and James 1993]。

二、网络资源

United Nations Programme on Aging：*www.un.org/esa/socdev/ageing*。联合国老龄化项目（包括了大量有关人口老龄化和行动议程的资料和资源）。

International Year of Older Persons：*www.un.org/esa/socdev/iyop*。国际老人年（包含了联合国老人原则的链接）。

European Sociological Association Research Network on Aging：*www.ageing-in-europe.de*。欧盟社会学学会欧洲老龄化研究网络。

HelpAge International：*www.helpage.org*。国际助老会。

第七章　死亡与临终

最后一章通过回归生与死这一热议领域来结束全书对残障议题和生命历程转变的研究。考虑到将残障置于全球情境和跨越整个生命历程来看，它确实就是一个生死问题，这也正如前面各章所陈列的例证一样。这里的讨论始于人们在当代社会和社会学的研究文献中如何建构和生产了死亡和临终这类话题，并且强调了它们在残障人士身上可能引发的后果。在这种情境下，预期寿命的正常化和在临终问题上不断增加的消费者参与说明了诸如“好的”、“自然的”、“适时的”、“仁慈的”等等特定死亡形式的建构。本章第二部分将检视关于杀死残障人士的各种讨论，包括种族灭绝、安乐死和医生协助死亡等例子。这里对当代残障生命是否值得过或“有质量的”的争论，对那些质疑了致残性做法和正常生命历程建构的残障者社会运动所作出的贡献，给予了特别关注。

第一节　思考死亡和临终

本书采纳生命历程进路的目的是要强调贯穿于生命周期和分布于所有世代的残障状况的显著性，而不是去承认那个成年人中心的主导模式。此外，这样一种框架也考虑到了对生命初期和终止给予关注的包容。例如，在全书框架中包含了出生和出生之前的那些问题是很重要的（见第二章）。同样地，如果没有在残障问题上考虑到死亡，这一进路也是不完整的。死亡和临终是重要的，而且不可避免，它们是我们思考生命历程以及生命历程的常规建构中的一个部分。然而，在残障研究文献中很少直接涉及死亡或临终社会学的讨论。下面这一部分，通过勾画出一些主要的理论路径，如当代社会中的文化建构和临终的种种做法，来引出这些讨论。

一、理论路径

因为死亡出现在各个社会中，所有人类学家和社会学家们已经考察了死亡的社会组织和各类仪式，用来揭示死亡本身和普通民众的文化观点是怎么样的（如 Hockey, Katz and Small 2001; Murray Parkes, Laungani and Young 1997）。事实上，正如卡尔（Kearl 1989）指出来的，我们对过去文明的很多了解都直接来源于葬礼和死亡仪式的证据（如 Brooks 2001; Demaitre 2001）。因此，德瑞克（Drackle 1999:21）把死亡理解为“作为一个核心的文化事实，揭示出了关于社会关系、宗教和社会本质的地方观念”。哀丧和哀伤的研究自然也产生了大量的理论发展。然而，科尔、多卡和卡斯特鲍姆（Corr, Doka and Kastenbaum 1999）提出在死亡和临终理论本身没有什么发展。与之类似，卡斯特鲍姆和涂艾尔（Kastenbaum and Thuell 1995）提出我们缺乏任何关于临终的真正的理论，可以用来解释在社会情境下临终者的具身性体验。

考虑到现在在社会学研究中有相当多对于死亡和临终的投入，上面这种说法也许有点不公平。例如，约翰·赖利（John Riley①1983）在自我和社会存在、哀丧和损失以及对死亡的社会管理上投入了多元的社会学兴趣。在检视了这些文献后，科尔和他的同事（1999）甄别出了三个重要主题：临终的意识和沟通，临终的过程和轨迹以及应对临终。他们总结到死亡应该被视为对个体而言是唯一的，但是它发生在一些特定的社会情境中，这暗示了临终的过程包含了客观的生物学事实和社会性的协商建构（如，在医务

---

① 作者原文为名字字头大写（J. Riley），作者后根据中方出版社要求更改为姓名全称（John Riley）。但在英文原著中作者多用姓氏来指代引用的作品来源，这也是西方普遍的学术规范。——译者注

工作者和垂死的患者之间关系死亡的协商方式)。这些洞见强调了死亡既是一个事件又是一个过程的事实,而且不同的死亡遵循的是不同的"轨迹"和"阶段"(从瞬时性或快速的转变到缓慢生理和心智的衰退)。由此,林恩(Lynn 2001)区别出了三种迥异的临终方式:一种短暂且明显的衰退,一个稍微长一点和不易被察觉的长期疾病或残障,和"一种缓慢地日见衰减的死亡历程"。

上述轨迹也可能依据意识的程度或有关死亡的特性以及它的时机而各异(参见 Glaser and Strauss 1965,1968;Kubler-Ross 1969;Pattison 1977)。在这个意义上,临终的过程对于那些意识到他们的死亡即将发生以及死亡时机的人和那些什么也不知道的人相比是很不一样的(例如,他们在规划中能够参与以及参与过程中的协商的程度)。在这个领域,马歇尔(Marshall 1980)的研究在强调需要在临终过程中就自我、个人生平和社会共识上有一个更加社会学的理解的观点特别具有影响力(在这一情况下,适用于老年美国人)。此外,死亡和临终在不同年龄段和生命历程的不同时点上的体验也是不同的(Cook and Oltjenbruns 1998)。

更普遍的是,在一个充斥着科技的社会中的人口学变化已经彻底改变了临终的轨迹(J. Riley 1983)。儿童死亡率的下降,老年期寿命的延长,在意外和疾病中成年人死亡的减少都暗示了临终的轨迹比起以前,现在是变得更加可预测了(总体而言)。事实是现在多数的临终都是发生在老年期,而不是儿童期或青年期,这在涉及生命历程上,已经在充分变更了它的社会显著性了。与早期功能主义社会家描述的临终相比,人们把当代的临终很少视作"偏差"或不稳定,而它对社会组织的稳定性产生的影响也相对较少(如 Parsons 1963)。相反,对死亡不断增长的技术的和社会的控制,可能会导向一些错误的预期,即,临终应该总是可以预料到的,这暗示了没有计划的死亡或许与过去相比更是个社会问题了。

二、"善终"

从一个文化的视角看,检视死亡和临终是如何社会建构起来的很重要。

特别是，思考建构出来的备受欢迎或不受欢迎的不同死亡方式很有益处。“善终”的概念最初是从宗教情境中发展出来的（如 Talyor 1989），但是现在作为一个世俗观念广受拥护。例如，莱奇特瑞特和雷蒂（Leichtentritt and Rettig 2000，2001）使用了对以色列老年人的神奇叙事访谈研究了“善终”的建构。利用了一系列文化的、结构的和个体的视角，卡尔提出善终的概念是一个合时宜的概念，这个概念允许人们完成一个成功的生命工程，允许那些继续生活的人适应于他们的损失。

> 理想的是，对于临终而言，死亡应该是期待的、受欢迎的、没有污名的，跟随在一个人完成了他的中心社会职责以及个人愿望和目标之后。对于那些活着的人而言，死亡的发生既没有提早也没有错后，随着顺序而至各类事情的消失，他们（那些活着的人）的地位至少是维持完好无损的，有机会去说或去做他希望的那些事情并且没有任何遗憾。（Kearl 1989：497）

在发展这个论点中，卡尔提出来善终的可能性看起来在社会中是会增加的，因为临终是更加可预测的和可以规制的，而且更多的选择也在那了。然而，善终的建构因为要依据对有价值的生命工程的完成情况而定，这导致他得出的结论是我们的社会关注应该在生的这边：“主要的障碍是社会提供充分且有意义的生活的能力，这让个体在终点来临时有了结束和完毕的感觉。死亡的问题实际是生活的问题”（同上）。

在前面章节的情境下说，这一论点在一个致残的社会中特别显著，因为这样的社会对有可见损伤的人成功完成一个充实且有意义的生活制造了各类障碍。在各个重要生活领域（如教育、性生活、文化消费、教养子女和就业）中累加的歧视证据暗示了，对于残障人士而言公平地得到这里清晰阐述的善终将会特别困难。与此同时，残障人士社会运动的发展已经促使相当数量的残障者去开拓这些生活的疆域，而残障文化也在质疑我们去重新界定我们对于一个成功的生命工程的结构。

在界定临终的合意或恰切的时候，不同生命里显而易见的死亡的合时宜问题也是引人侧目的。在这里，提早死亡就是一个重要概念，表达的是不受欢迎的死亡发生在“他们的时间之前”了(如,作为悲剧出现在儿童期或青年期的死亡)。正如豪沃斯(Howarth 1998)指出的,年轻人的死亡更容易被看作是充满创伤的和不合时宜的,而在“老年期”的临终被建构成了更为自然的和较少悲剧性的过程(Foster et al.2001)。但是,值得注意的是,残障年轻人的死亡,比起年轻且非残障的人而言,总是被认为是更加合时宜的、温和的或“仁慈的”。在这种情况下,人们很少关注生命工程的完结,而是去关注作为并不值得活下去的生命的呈现了(见第二章)。因此,清楚的是,适时的“善终”对于个体生命工程和他们实现他们的潜能有很大关系。

除了要适合时宜和使生命工程的完成成为必须,人们把“善终”也建构得和那些自然发生的情况一样。这里,本著将特别关注医疗技术的作用。西摩(Seymour 1999)考察了医学和社会科学领域研究对自然死亡的建构方式,其认为技术干预被广泛视为非自然死亡的标志。因此莫拉德(Mollard 2001)提出在医疗或姑息照顾(palliative care)场所内的“技术性死亡”(technological dying)有失死亡的尊严。哈维(Harvey 1997)展示了医务人员在对垂死的人撤出技术支持时是如何试图模仿“自然”的过程。巴斯塔和陶斯(Basta and Tauth 1996)总结到高科技的介入可能转变为了一场“医学噩梦”,而自然死亡总是比复苏要好。

和这些对技术的关切结合在一起的是广泛持有的信念,也就是说,好的、自然的死亡通常更容易发生在家中而不是医疗场所。不断有研究显示人们倾向于死在家里而不是医院。例如,在家的死亡可能和一种舒适、归属、环境可控、自主、隐私和常态的感觉联系在一起(Tang 2000)。但是,当人们把其他一些关切(如免于疼痛)纳入考量后,在家临终看似成了一个更低的有限考虑了(Steihauser et al.2000)。和之前情况比起来,西方工业化社会中现在很少有人是死在家中了,即便是那些接受长期居家照顾的老年人也是如此(Cobbs 2001)。例如在加拿大,大多数人是死在医院的(在魁北克高达87%),而且死于特别照顾单位的比例非常高,暗示了这其中存在相当程度的技术管理(Heyland et al. 2000)。

然而,在家中死亡的变量也显示出性别和在家庭中支持的可得性是非常重要的因素。譬如，弗里德、波拉克、德里卡默和泰尼提（Fried，Pollack，Drickamer and Tinetti 1999）发现老年妇女和那些和一个孩子生活在一起的人是最不容易死在医院的了，而理查兹、卢贝尔和福尔克曼（Richards，Wrubel and Folkman 1999）注意到在三藩市的男同性恋社区中有伙伴的人死于家中的发生率很高。在日本，2000 年，安村（Yasumura）和他的同事发现在家中临终的可能性随着居家照顾服务的可得性而增加。在一个对美国死于癌症的人群的研究中，男性、未婚以及那些生活在低收入地区的人更可能死于机构；而那些已婚的、妇女、白人或生活在较高收入区域的则更倾向于死在家里（Gallo，Baker and Bradley 2001）。

总之，理论上和存在的解释都在试图把“善终”建构成一个自然的且合时宜的事情。尽管，人们认为在医疗机构中对临终的技术管理和死在家里相比少了那么一些自然的味道，但是这也被认为是允许对临终的时机和过程具有了更多的控制。人们认为时机在允许一个人完成死亡之前的生命工程是特别重要。这反过来也强调了对那些不合时宜的或提早的死亡的消极或悲剧性的建构。因为在儿童期或青年的成人期的死亡比起那些发生在进入老年期的死亡更容易被认为是提早的，这里就有了一个很重要的世代情境。然而，损伤和残障在这一建构中也发挥了重要作用，它所暗示出的归因于残障生命工程的那些低微的社会价值或许可以解释为什么残障人士的死亡比起那些非残障人士的死亡，更少地被看作是悲剧性或更多被认识是适时的了。

三、对临终的参与

随着信息和知识社会中消费主义的增长，人们的注意力已经转移到了在他们自己的死亡行动中的参与上来了。于是，出现了促进更多的临终意识提高和在患者和专业人士之间交流的运动（Macleod 2001；Wong，Lee and Mok 2001）。这些运动和医疗管控机构中的不告知（non-disclosure）的制度传统之间产生了巨大冲突（Costello 2001），把风险协商的职责转移给了个体。这一焦点在于对临终的患者和他们的家庭提供“信息”。然而，这可能模糊了在处理死亡中不仅需要认知意识也需要大量情感劳动的投入这一事实(Mamo 1999)。

证据显示得到恰切却有用的信息并不是公平分配的,在这一点上残障人士经常是不利的。例如,博茨福德(Botsford 2000)研究了具有学习困难的老年人在他们面对临终和死亡时获得支持的可能性,提出现存的照顾体系对他们一直是不利的,直到生命终结。检视了这类服务的历史,博茨福德(2000:35)注意到残障人士是如何经常性地在"生命终结上的支持性仪式和教育"中遭受了排斥。与此同时,有证据显示通过增加哀伤咨商的可能性、哀丧服务、支持小组以及"生命终止委员会"等,支持是在渐进发展中的(也可参见 Read 1999 ;Botsford and Force 2000)。

除了要求信息之外,消费者运动也清晰表达出了"死得有尊严"的渴望(如 Putnam 2001)。这里最重要的辩论涉及了消费者通过主导的安乐死和自杀、对于他们死亡选择方式和时机的充满争议的权利。例如奥格登(Ogden 2001)指出的在安乐死运动中的技术协助和"非医疗死亡提供者"的扩张。考虑到之前提到的好的和自然的死亡,这里呈现出了风险管理中消费者选择的工具技术和呈现为日常生活医疗化失控状态的技术,这二者间存在着明显的张力。

麦金纳尼(McInerney 2000)研究了那些要求在临终过程中的选择和控制,它们的特点在于作为关注尊严、身体和对国家控制的抵抗的一项社会运动,"要求死亡"的增多(也可以参见 Howarth and Jefferys 1996)。在这一运动中有两个关键性的要求是很显著的:拒绝医疗的死亡权利和通过导致死亡的积极行动的死亡权利。尽管围绕这些权利的伦理讨论的相似之处是联系在一起的,但是人们倾向于把这两个主张从法律上和道德上区分开来。这种区分在最近英国的两起成年妇女要求死亡的广受关注的案件中得到了强调,这其中一起案件是要求协助自杀,另外一起案件是要求通过医疗终止而死亡。

1999 年戴安娜·普雷蒂(Diane Pretty)被诊断为运动神经元疾病,这是一种影响神经系统的退行性的不治之疾。经过一阶段生理功能的衰退以后，将导致瘫痪。戴安娜她想寻求确保她的丈夫可以在她自己选择临终时给予协助而不用担心遭到起诉（因为没有物理协助她无法结果自己的生命）。然而，协助自杀在英国是违法的，所以总检察长拒绝了她的请求。2001 年 8 月，她起诉到了高级法院，提出人权法提供了选择死亡的权利以避免如果她的状况继续恶化将遭到的“不人道的和有辱人格的待遇”。在一个电视访谈中为了支持她的主张，民权组织自由（Liberty①）主任提出，“你和我能作出自杀的决定，她不能。因为身体上她无法这么做……我们说她应该一如其他人一样，有同样的权利，而这就意味着她的丈夫要帮助她”（John Wadham, BBC News, 20 August 2001）。

在拒绝她的上诉中，高级法院和欧洲人权法院（European Court of Human Rights）裁决她的生命尊严的法律权利并不包括选择有尊严地死亡。然而，2002 年 3 月，另一个英国妇女，B 小姐（Miss B）也是瘫痪，并依靠呼吸机呼吸，通过提出她有权拒绝“不想要的医疗”赢得了结束她生命的法律权利。比照之前的讨论，这两个裁决的区别是显而易见的，暗示出了个体要求没有医疗或技术介入的“自然”死亡看起来比要求在死亡“自然”发生之前通过自杀而引起死亡更容易为社会接受。

尽管在一些国家自愿安乐死中的医疗协助得到了容忍（如瑞士、哥伦比亚和比利时），但是在实践中这种做法还倾向于保持技术上是违法的。例如，1998 年在韩国，当一个医生在对一个要求死亡的绝症患者放弃治疗后被判谋杀这引起了激烈辩论。2002 年荷兰成为第一个对主动自愿安乐死（active voluntary euthanasia）完全合法化的国家（尽管之前对这类做法已经容忍了很多年）。新法允许患者可以要求安乐死，前提是这样的要求是“自愿的和充分考虑的”，并且当事人体验到了“无法忍受的痛苦”。在其他国家也有类似的立法企图。例如，澳大利亚的北部地区，1996 年的《绝症晚期权利法案》（Rights of the Terminally Ill Act）在两年后澳大利亚联邦政府

---

① 英国人权组织，网络链接：http://www.liberty-human-rights.org.uk/，最后访问于 2014 年 9 月 8 日。——译者注

推翻这个法案之前，允许了4名患者选择了由个人控制了他们自己的技术协助死亡（使用电脑去管理致命的注射）。

安乐死既在法学、医学和宗教团体中，也在残障社会活动家们中间得到了激烈的争议。公众的担忧聚焦在了这一程序可能会遭到滥用，而残障人士，特别是那些老年残障者将很大程度上成为“自愿”死亡的对象。这里也必须质疑知情选择的现实，因为残障者的生命是贬损的而限量供应医疗保健资源的压力存在在那里（见第二章）。例如，在上述第二个判例中英国法官同意，某人生命依赖呼吸机去呼吸的这样的命运是“比死亡还糟糕”；但是，使用类似生命维持技术的残障人士对他们所在的社区和残障政治贡献良多。在这一点上，也许最有名的例子就是美国的活动家先驱爱德·罗伯特斯（Ed Roberts），他与合伙人共同创立了坐落于加利福尼亚的世界残障研究所。爱德在评论其他瘫痪的人要求协助死亡时，谈道：

> 在这个国家正在发生的是我们杀死了残障人士，然后表现得好像是我们在给残障者帮忙。这是骇人听闻的。我使用呼吸器26年了，我也看到了那些人的例子。他们仅仅就是像我一样在依赖一个呼吸器而已。我们之间的主要区别在于，他们知道他们即将要被迫住到护理之家或者他们已经住在那里了，而我却过着有质量的生活。这是唯一的区别。它不是呼吸器，是钱。（引自 Fleischer and Zames，2001：146）

总结一下，在医疗健康照顾领域增长的消费主义也反映出了不断增加的要求对于临终的时机和过程的咨询参与。特别是，要求死亡的社会运动关注于要求通过拒绝医疗救治和在临终中的协助来选择死亡。残障议题在这些讨论中很突出，因为很多充满争议的法律案件涉及的人，他们的损伤限制了他们在没有协助情况下结果自己性命功能性能力。然而，在残障生命价值遭到贬损和限量供应稀缺资源压力的文化和经济情境下，作为消费者选择这类诉求所表现出来的情形却成为了问题。

核心观点和学习要点

本章第一部分的讨论勾画了当代社会中在思考死亡和临终时的一些关

键性的理论问题及其发展。除了对死亡率、死亡仪式和哀丧的传统关注外，人们也对临终作为一个被安置的个人生平的过程表现了越来越多的社会学兴趣。对“善”终的建构强调了在完成生命工程和“自然地”临终渴望中时机的重要性。在这一情境下，相较于更年轻的世代的忽然死亡，人们对于临终轨迹的逐渐衰落和老年期倾向于死在家中的现象更不容易看成是有社会问题的了。但是，消费者社会中的技术和社会发展对这类建构施以了重要质疑。对临终的选择和控制已经成为了重要主题。西方社会的人们更易于在充斥技术性控制的场所死亡，而消费者要求参与临终的过程也引起了关注选择死亡权利的讨论。这些发展对残障人士有特别影响，因为他们是最有可能使用技术性密集的临终关怀服务的，并且最容易要求在结束生命中得到法律协助的群体。

1. 问题

(1)什么构成了“善终”？

(2)去考虑一个特定死亡是“不合时宜的”或“提早的”有道理吗？

(3)在多大程度上在临终的过程和时机上有了更多的选择对残障人士施加了一种威胁？

2. 练习

在考虑随后章节中讨论的残障争鸣之前，更详细地探索一些关于适时的或不合时宜的死亡讨论或许有用。考虑一下好的和及时的死亡以及它们和完成生命工程之间的关系。什么是通用的标准来评估个人生命工程的成功和实现，而这些又是如何和建构一个“正常的”生命历程联系在了一起(如长寿、生产性、或者对家庭和国家所贡献出的价值)？在多大程度上这类标准反映出了不同生命的悲欢离合的方式？

第二节　生命、死亡和残障

基于本章第一部分的回顾，以下的部分将深度探索围绕残障和临终的一些关键性争论。这一讨论将始于检视人们如何通过医学和知识建构并正常化了预期寿命。这一知识不仅揭示了在残障人士生活选择和那些非残障人群之间的巨大差异,而且说明在贬损残障生命时统计学和流行病学的作用。回应第二章关于出生权和安乐死的讨论,国家支持的种族灭绝和医生协助的自杀的例子用以说明上述价值在杀害残障人士上所扮演的角色。

一、预期寿命的正常化

现在来看看这些主题中的第一个主题,对预期寿命和它的测量方法作片刻思索很有裨益。笼统地说,看起来这是个相对直接且没有问题的概念。生命周期一般是按年代顺序的时间阶段进行测量的(从出生到死亡),预期寿命的计算包含了对这一阶段应该有多长的一个预先测算。在现代社会,广泛的记录保留使确定出生和死亡的日期变得相对简单且具有一定的准确性和规模性。于是,获得生命周期的测算方法则是相对直接的计算了。有了上述数据,对不同社会和不同人群进行预期寿命的计算,和其他一些独立变量相比(如性别、社会阶级、职业、教育、收入、出生地等等)几乎可以是无限制的。因此毋庸置疑,生命周期和预期寿命的编年测算方式在统计学那里会如此广泛使用。

除了测量方法,数据的可得性以及对于长寿的高度文化价值,也意味着预期寿命作为一个生活质量的指标被广泛应用于不同的社会中。所以,人们非常关注在不同社会的预期寿命的差异并推动那些可能增加平均生命周期的政策出台。例如,世界卫生组织的数据显示,日本的男性和女性的预期寿命差不多是卢旺达的两倍。这是一个非常显著的受多种因素影响的差异(如贫困、营养、公共卫生、战争、得到医疗保健照顾、艾滋病的传播等等)。

在某个社会中,在男性和女性之间,涉及社会阶层、种族、损伤和残障的时候也存在着大量差异。这些差异也对使用总统计措施作为我们预期寿命的假设基准提出质疑。事实上,简单且过于强调统计上的平均状况可能会导致对"正常"生命周期的某些假设的立法行为,而未能认识到在临终问题上群体的多样性。反之,对预期寿命的正常化的讨论,将导致我们把偏离常规(统计上的说法)的死亡和生命周期用其他方式描述为异常的(文化上的说法)。因此,对“长寿”和“早死”是什么意思的建构完全取决于对潜在的正常生命周期的建构了。

暗含着珍视残障生命的意义,伤残调整生命年(disability adjusted life years/DALYs)①的使用在这里提供了一个特别有用的例子。伤残调整生命年的概念作为测量“提早”死亡、损伤和疾病的影响的一种手段得以发展起来。1993年世界银行采纳了这个概念作为测量全球“疾病负担”的主要方法,于是,伤残调整生命年成为了全球政策发展的一个重要工具(世界银行1993)。伤残调整生命年的计算是一个相当复杂的技术活,但是,本质上,它所依据的想法就是某类损伤的生命时间能够被认为是生命损失的年头(尽管这个人可能依然生存着)。例如,人们把某个特别的损伤认定为减少了生活质量,如50%(例如唐氏综合征),于是10年的实际预期寿命可能就被等价为了仅仅5年的“伤残调整”的预期寿命(即减少了50%)。

在研究中使用这类方法指出了不同国家,如发达国家和发展中国家中的不同损伤在“负担”上的巨大差别(参见 Hyder and Morrow 2000;Melse et al.2000)。然而,使用伤残调整生命年的计算遭到了很多热议(Barker and Green 1996),也引发了对牵涉到的社会经济和价值假设的关注(Cohen 2000)和对科技与方法论上缺点的讨论(Murray and Lopez 1997;Roberge, Berthelot and Cranswick 1999;Ustun et al.2001)。这些计算本身依赖于对从“医学专家”小组偏离出来的损伤和功能的测量。于是,伤残调整生命年主要是一种主观的测量,且没有充分地对残障进行理论化(Groce, Chamie and Me 1999)。单是损伤诊断无法告诉我们残障者所预期的生活质量。而且,在不同的情境下损伤具有文化意义,实现性支持的可得性,对致残的社会阻隔的移除等全都是更为重要的因素:

一个脊髓损伤导致的截瘫,在社会和经济上,对于一个甘蔗砍伐工

① 世界卫生组织的解释可参见:http://www.who.int/healthinfo/global_burden_disease/metrics_daly/en/#,最后访问于2014年9月12日。——译者注

比对一个大学教授而言带来的“障碍”要多得多。同样是失去视力，对于一个生活在棚屋小镇的贫困妇女和一个富裕的城市妇女而言将产生迥然不同的后果，事实上，第二位妇女需要居家协助或照顾者或许还能给一两个人创造了就业机会。根据伤残调整生命年，两个截瘫的男人和两个严重视力受损的女人将对他们的社会有相同的负担，但是在现实世界中，影响他们生活的是经济和社会问题，而不是医疗问题。(Groce，Chamie and Me 2000)

当我们把残障作为一个社会现象思考的时候，使用这类计算就引发了相当多的政治的和哲学的问题。因为伤残调整生命年的计算依据的假设是，有损伤的生活是本质上对生活的“损失的岁月”，其内涵是残障者栖息的这个世界是“在生命和提早死亡之间的某个地方”(Groce，Chamie and Me 2000)。而这些反过来强调了在界定正常生命周期时候的持续的统计学和生物医学知识的主导，也延续了残障的社会死亡模式(见第六章)。

然而，不同人口群体中的预期寿命不仅仅是生物性因素决定的和文化性建构的。它也是社会生产的(如，作为在营养和医疗保健方面技术的和社会性的进展)。可以肯定的是，相当多的具有某种损伤的人比起人口中的平均数更容易在年轻阶段死亡，而这可能有时要归因于对身体生存能力的损伤的生物性影响。但是，同样显而易见的是，在获得医疗救治、医疗保健照顾、健康的环境和福利资源上的不同，对于全世界残障人口的预期寿命的提高发挥了很大作用。因此，尽管历史上残障儿童和成年人比起非残障的人经历了更低的预期寿命水平，但是现在已经有了显著变化。特别是，研究发现已经注意到了被打上学习困难标签的人的历史性的生命周期的增长(Patja et al.2000；Patja and Livanainen 2000)。

例如，在关于伦敦学习困难人群中死亡率的研究中(Hollins et al.1998)显示这些人在50岁之前死亡的风险是英格兰和威尔士人口平均年龄的58倍。然而在解读这些数据时，作者关注的是损伤的显著性而不是调查致残的社会阻隔和机构照顾的影响。这类医疗或损伤的聚焦是有问题的，如果它推动的是一个对预期寿命的生物决定观，而没有认识到或调查早夭的社会原因。自然，实际上在预期寿命的研究发现中区分损伤影响和残障影响是不容易的。

举另外一个例子，在希腊的一个对机构中的学习困难儿童和成年人的预期寿命的一个跨度 30 年的研究发现，这些人的死亡率是普通人口的 20 到 150 倍（Perakis et al.1995）。5 岁以下的儿童死亡现象尤其高，而且 22% 的死亡发生在被收容到机构的第一年中。男性住客比女性住客有更好的生存机会，这一发现将其归因于收容标准的文化原因。因此，几个因素在这里交织在一起。那些收容进机构的人，特别是那些儿童，往往都是有特别复杂的健康状况而这些影响了身体的生存能力（损伤的后果）。与此同时，机构中的各类资源并不必然是为了延续生命而进行分配的，因此一些有生命威胁状况的孩子“被允许死亡”（残障的后果）。和这些致残性做法叠加在一起的，还有对社会性别和家庭背景相关的优先性问题。

总之，通过统计和流行病学知识的预期寿命的正常化倾向于减损残障生命所拥有的价值。此外，在这些建构过程中的主导的医学叙事给早死的生物决定解释平添了权重，而忽略了对致残性社会阻隔或能动性环境影响的描述。对一些特定损伤的随意标签等同于生命的损失也对残障人士产生了影响，而这支持了残障的社会死亡模式。而这反过来维系了一种政策和资源分配将残障人士的预期寿命置于了较低的价值的做法。正如这一章剩余的部分所展示的，诸如此类的叙事为使用更为直接的方式终止残障者的生命提供了充足的论证，这也常常伴随着来自医疗专业人士的积极协作。

二、残障和种族灭绝

对于残障人士大规模杀戮的最具体的例证，发生在第二次世界大战前期和中间阶段的纳粹占领区。尽管对这一时期死亡的那些人的缅怀，过去特别关注了欧洲犹太人的悲惨经历，但是人们很少了解种族灭绝项目始于屠杀残障人士（而且残障人士的死亡数目巨大）。这一明显的疏忽反映了人们既缺乏可靠的数据，又没有能够把具有不同损伤的人作为普通社会大众的一部分（即使是今天，残障还是在大屠杀年鉴信息的历史档案中作为一个类别总体上遭到了忽视)。然而,这里有这一个强调优生假设的共谋危险,即,某种程度上,在优生的历史和医疗情境下,人们认为杀戮残障者不再那么骇人听闻了。在大屠杀中对残障的重新发现是早就应该进行的事情了。

> 纳粹时期对残障人士邪恶且系统性的屠杀遭到了我们的忽视并且在历史研究和我们对于大屠杀的历史记忆中遭到严重低估。原因在于公众对于这些恐怖行径的普遍忽视,冷漠的政客、学界和媒体维系了这一忽视现象。而且,赔偿性措施几乎就不存在(残障权利倡导/Disability Rights Advocates① 2001:1)。

正如弗里德兰德(Friedlander 1995)注意到的,纳粹的种族灭绝的源头是20世纪30年代中期开始的针对残障者的"安乐死"计划(这也包括了在第五章谈到的强制绝育计划)。通过政治宣传,1933年开始安乐死得到了某些阶级的残障人士的积极鼓吹,导致了很多来自家长们对他们自己的残障孩子进行仁慈杀害的要求。现在知道最早的,也是被广泛引用的例子(大约1938年),涉及的"克瑙尔婴儿"(Baby Knauer)②,这个男孩有严重的视力、认知和肢体损伤综合征,孩子的父亲向希特勒提出了私人要求希望他的孩子可以被允许死亡。希特勒把这个案例转给了他的私人医生卡尔·勃兰特(Karl Brandt),后者确认了这个孩子的损伤并得到了元首的允许,即,医生促成这一杀害并且不用担心孩子复活(对这个案子的描述,参见Burleigh 1994;Gallagher 1995;Lifton 1986)。

为了让医生们安心,希特勒签署了一个秘密的备忘录授权通过医疗介入实施对残障儿童的仁慈谋杀(mercy killing)。自1938年建立起来的对严重遗传性和先天性疾病科学登记的帝国委员会(Reich Committee for the Scientific Registration of Serious Hereditary and Congenital Diseases)对这一计划给予了额外的医学权威。这包括对所有3岁以下怀疑具有某种特定专门

---

① 美国的非营利残障人权机构,网站链接:http://www.dralegal.org/。——译者注

② 对该案例的描述详见维基百科网站,网站链接:http://en.wikipedia.org/wiki/Child_euthanasia_in_Nazi_Germany。——译者注

损伤的儿童进行“登记”，这包括“白痴和蒙古症、小头畸形、脑积水、天生畸形和瘫痪”。于是，医学专家就经常用一种相当武断的方式来评估这个孩子是应该活下去还是被杀死。在这里注意到在这一领域中医务工作者们的明显的积极作用很重要，尽管参加这个项目是志愿性的，但它从来都不缺乏志愿者（Gallagher 1995；Lifton 1986）。

在这个计划中大约5000名儿童遭到杀害，至少30个杀人中心得以建立（在波兰、奥地利和德国），在这些中心儿童被留置到给予致命毒药。这之后紧接着政府就批准了安乐死，一个相应的针对成年残障者的项目在帝国疗养院和护理之家集团（Reich Work Group on Sanatoriums and Nursing Homes）的赞助下开始了，代号“T-4”。成年人的登记类型包括被怀疑具有诸如精神分裂症、癫痫、低能、瘫痪、“智力低下”（feeblemindeness）、进行性神经系统症状等的人群，还包括那些作为刑事精神病罪犯遭到拘禁的人，包括那些已经机构化超过5年的人，以及那些只能被雇佣从事“简单机械性工作”的人们。

参与T-4计划的6个杀人中心试验性地使用了致死毒气，这种毒气随后在集中营中使用并具有令人恐怖的效果（Kogon，Langbein and Ruckerl 1993）。尽管具体数目不详，但是可能有250,000残障人士死于这种医学介入（残障权利倡导2001；Lifton 1986）。还有更多残障者死于集中营或在纳粹占领区遭到了谋杀（如在波兰以及其他地方纳粹党卫军系统性杀害避难所的患者）。尽管1941年希特勒叫停了T-4计划，但是一些医生直到战争结束还一直继续这么做（Gallagher 1995），而且对杀害残障儿童的默许一直保留着。

一如国家支持谋杀犹太人和其他人群，杀害残障人士的合法性在于把残障者非人化（dehumanization）了，大量政治宣传都把具有各类损伤的人描述为缺乏过一个值得过的生活的前景。例如，达尔（Dahl 2001）研究了那些残障儿童的画像都是“反社会的”和“腐化堕落的”。在研究了在大屠杀中对残障者的大规模杀戮后，弗里德兰德（Friedlander 1995）提出这类杀戮应该被认定为一个种族灭绝的明显例证，类似于对其他人群的种族性动机的优生性质的杀戮。残障人士被清晰地界定为,作为一个生物意义上的人群是不值得生存的,并遭到了系统杀戮以便从人口中消灭这一人群。事实上,这类杀戮发生在了令人尊敬的"医学"支持下(而不是在一个完全的政治种族主义的情境中),这也构成一种类似的压迫形式的事实不应被掩盖。

三、医师协助之死亡的过去和现在

正如第二章和第五章所讨论的那样,在20世纪早期大规模的优生计划反映了现代主义的民族国家的很多关键特征。然而,在一个更为后现代的技术和社会变迁中,消费者和知识社会提出了优生的决策选择已经更加成为一个个人关切(尽管依然遭到了专业人士和国家的塑造)。于是,包含在本章第一部分谈到的要求死亡的消费者趋向提供了一个结束生命的决定所涉及的在个体残障人士、医生和法庭之间的充满各类目的的谈判过程。这样的谈判已经引起了很多关注和争论,强调了不断增加的合法化安乐死和"医生协助自杀"(physician-assisted suicide)的实践。

例如,卡廷尼(Cuttini et al.2000)研究了8个欧盟国家中对"具有高死亡风险或严重残障"的新生儿"终止生命决定"中医生的观点。大多数医生都卷入了这类决定,涉及了一系列的做法,诸如"不强化"或拒绝治疗。故意停止生命支持(如呼吸机)这种情况很少见了,仅有两个国家的医生确实是经常性地介入到终止儿童的生命中(法国和荷兰)。国家专门的制度比医生个人的态度和性格有更大的意义。然而,公共关切的往往是个案,特别是那些美国医生协助自杀的案例,下面将更加详细地描述这些例证。

对残障人士的医生协助死亡在美国并不是什么新鲜事,珀尼克(Pernick 1996)描述了那个几乎被人们遗忘的哈利·黑兹尔登(Harry Haiselden),这个20世纪早期芝加哥的一个德美医院中的著名医生的例子,黑兹尔登是一个热心的优生主义者,他鼓吹和促成"有缺陷"婴儿的安乐死。在他最著名的案例中,黑兹尔登由于拒绝对一个5天大的残障男婴实施一个常规的但却是救命的手术,结果导致了那个男婴的死亡。他召开了一个媒体会议为他的行为辩护,并制作了一个完整的无声电影,名字叫作

《黑鹳》，重现了那个男婴的死亡。随后，他卷入了很多残障婴儿的死亡案例中，并使用了很多技术（如让一个孩子因未缝合的脐带而流血致死或喂给了含有鸦片的致命药丸）。尽管黑兹尔登的行为被广为报道并遭到了很多同代人的指责，但是他却从来没有被起诉，并且他的优生倡导得到了主要媒体和著名美国人士的大量支持。

查费兹（Cheyfitz 1999）重提珀尼克关于黑兹尔登案子的描述，并且和最近美国发生的若干医生协助死亡的案件作了类比。查费兹在更广阔的社会情境下审视了这些案件，并和历史上的自杀、安乐死、杀婴、优生和大屠杀等等做法作比较。查费兹提出这一历史标志着两个始终存在的道德难题，即："什么样的生命是不值得活下去的？以及谁来作这个决定？"在这一情境下，查费兹对柏拉图关于医生不应治疗那些患有影响工作的长期疾病之人的论点给予了关注，作为那些"不值得活下去"的例子的基础（参见 Republic Ⅲ.1.406①）。20 世纪 20 年代在德国，作为"对不值得过下去的人生"的合法终结的"死亡协助"中医疗介入的支持和选择性"仁慈谋杀"的措词是极为相似的。于是，如前所述，这一概念也被适用于为纳粹大屠杀中的大规模杀戮作辩解。

医生协助的死亡看起来和建立起来的医学伦理规则相抵触，因为后者强调的是延长生命，而在医疗机构中对屠杀也始终存在着相当多的反对意见（Meisel，Snyder and Quill 2000；Snyder and Sulmasy 2001）。然而，在残障者得到协助死亡的案例中医生出现的情况不断增加。有不少研究都显示了美国对于医生协助死亡的公众态度倾向于在原则上是普遍接受的，特别是在白人和自由人士中（如 Kaplan and Bratman 1999；Lachenmeier，Kaplan and Caragacianu 1999；Muller et al.1996）。1994 年俄勒冈州的公投提出了支持在绝症晚期的患者的医生协助自杀，结果这导致了《俄勒冈州尊严死亡方案》（1997 年正式成为法律），尽管后来联邦政府倒向限制这类做法，但是还是有超过 40 个人已经在该州死于协助自杀了（关于一些案例的讨论，参见

---

① 可以参考柏拉图：《理想国》，郭斌和、张竹明译，商务印书馆 1996 年版。

Lee and Werth 2000)。实际上,这类案例已经引起了相当多的公众的关注,恐怕最有名的案例是杰克·凯沃尔基安(Jack Kevorkian)医生,他因为在密歇根州导致超过 130 个人的死亡而被判刑 25 年。

与他的美国前辈黑兹尔登不同,凯沃尔基安承认只协助了一名要求死亡且在这一过程中寻求帮助的患者。和黑兹尔登一样,他寻求公开此事并为自己的状况辩护。事实上,这一相似之处扩展到制作了一个录像带记录一个他的患者,一个叫托马斯·亚克(Thomas Youk)患晚期绝症的男士,并在 1998 年 11 月哥伦比亚广播公司的《60 分钟》(CBS Sixth Minutes programme)节目中播出。在仔细研究了凯沃尔基安的 69 个安乐死的案例,罗斯科、马尔萨斯、多科维克和科恩(Roscoe, Malphurs, Dragovic and Cohen 2001),把这些案例和俄勒冈州项目的第一年的案例以及美国全国人口数据作了比较。他们总结说凯沃尔基安的患者里只有 25%的患者确实是绝症晚期的人(俄勒冈州的案例都是晚期绝症者)。只有 2 个处于临终关怀,而很多人的预后都超过 6 个月。少量案例中尸检并没有发现任何疾病的证据。

更一般地说,凯沃尔基安的患者中女性死亡的比例比一般已知的其他案例要高 2.5 倍(在美国女性的自杀要比男性少,而在俄勒冈州的案例中男性和女性一样多)。此外,从来没有结婚或已经离婚的人,在上面两种情况下看起来似乎更容易寻求安乐死。罗斯科和他的同事提出在这些发现中需要更多的研究,提出家庭支持和社会环境可能是决定死亡的因素。获得的照顾和支持的关系不同以及得到医疗保健服务的性别问题也都相关。正如作者们总结的:

> 照顾者的可得性可能对那些作出终止生命决定的男性和女性也有不同影响。尽管需要照顾的女性比起男性等少得到家庭成员的协助,但是女人们给临终的患者提供了大多数的照顾,而且女性即便是结婚了也更可能是要为协助支付费用的。(Roscoe et al.2001:439)

上面的这些发现也都支持了残障和相互依存的社会模式分析并贯穿了全书,提出了通过自我引导支持为残障生命增值是增加生活质量和预期寿命的关键性因素。残障人士社会运动的奋斗创造了这类支持，广泛传播了对于独立生活更加能动的叙述，而这些对于质疑残障生命缺少生存价值的主流假设特别重要。

残障人士协助死亡的倡导者们经常把“有尊严的死亡”的呼吁立足于假设具有损伤将不可避免地有困顿的生活质量这一错误的想象上。例如，珍妮特·古德(Janet Good)是密歇根州海姆劳克拥护安乐死组织(the pro-euthanasia group Hemlock in Michigan state)的发起人，在凯沃尔基安事件期间在报纸访谈中提出如下观点：

> 疼痛不是我们想死的主要原因。想死是因为没有尊严。是我们没有他人帮助就不能下床和上厕所，更不能开车或购物。我可以不夸张地为千百个我这些年曾坐在他们床边的人代言。和我说过话的每一个案主，我叫他们案主是因为我不是医务工作者，他们已经受够了——当他们不能自己去洗手间的时刻。他们中的大多数人都说，“我不能依赖我的妈妈、我的老公给我擦屁股”。这就是为什么在这场社会运动中每个人都在谈论尊严问题。人们是有他们自己的骄傲的。他们要自己做主。(华盛顿邮报/Washington Post，1996 年 8 月 11 日)

然而，这样的说法否认了在这运动中残障者关于独立生活的奋斗和主张，他们展示了可以通过对以社区为基础的支持性服务的自我引导的选择和控制来实现尊严(例如 Priestley 1999)。尊严和有质量的生活的真正社会障碍更多地来自致残的社会阻隔而非与损伤的关联，诸如为了提供支持的资源的分配方式。倡导杀害残障人士作为对经济和政治问题的一个合适的回应本身问题多多。

在这种情境下，残障社群一直在活跃地倡议有权利活下去的议题(right-to-life issues)，在杀害儿童、安乐死和协助死亡等优生学滥用的情况中进行抗议。例如，美国的抗议团体“生活还在继续”(Not Dead Yet)在凯沃尔基安庭审期间通过质疑要求死亡运动背后的道德和经济理性而提出了它的反对意见，取得了世所瞩目的结果。作为全国运动的组织者，黛安·科尔曼(Diane Coleman)提出，我们医疗保健系统的失败不能为这类杀害辩解。有权去死的风行是因为社会极为严重的偏见，而大多数的专家甚至都不了解，更不用说去克服(这一偏见了)(Not Dead Yet press release，18 June 1996)。

核心观点和学习要点

本章第二部分强调的这些例证说明了医学知识和权威还在持续塑造着残障人士临终的轨迹。一方面，预期寿命的正常化生产出了关于损伤和更低劣的生命价值之间的假设关系这一医学模式的观点。而另外一方面，医务从业者和法院在和残障人士讨论死亡时行使了相当大的权力。在成年人临终问题中朝向了更多的消费者参与的运动暗示了从现代主义者关切的国家优生学向死亡作为生命历程风险个体协商的转型。然而，正如那些准父母的生育决定(在第二章讨论)的一样，成年人的死亡决定在一个散落无章的情境下得到了型塑，这其中致残的价值和经济压力一直都超过了那些更为能动的替代性选择。

1. 问题

(1)预期寿命的正常化对残障生命工程所依附的价值有什么影响？

(2)把纳粹对残障人士的杀戮作为一个“种族灭绝”的例子合理吗？

(3)在什么程度上这些对残障成年人的医生协助死亡的当代案例反映了新的消费者选择或老的优生学的实践？

2. 练习

使用前述提到的案例或者从媒体报道中的类似案例，考虑一下涉及残障人士的协助死亡的情况。为什么有一些有损伤的人要求有权选择他们自己死亡的时机，那么其他人是如何做的，包括残障权利的倡导者们对这类要求的反应？尝试鉴别出可能包含以下每一个标题的论点：(a)疾病和损伤的具身性的体验；(b)自我认同和生命工程等议题；(c)残障生命的文化建构；(d)经济和资源上的考虑。思考在课堂或网络辩论上组织这些讨论。

第三节　总结和推荐阅读

最后一章的讨论强调了在残障生命历程分析问题上囊括死亡和临终的重要性。人们对把临终理论化为处于某个境遇的社会过程越来越有兴趣，这就超越了对死亡仪式和哀丧的传统关注。特别是，作为知识社会的一个协商的生命历程过程，社会学的文献中对临终的个人生平意义给予了关注。消费者质疑了对日常生活的医疗化反映出了对要求有尊严的死亡和在临终过程中的更多参与等社会运动的兴起。残障问题在这些争议中特别地凸显，也暗示了残障者继续是专业和政策介入的主要对象。然而，对消费者选择的聚焦掩盖了在这些（死亡）决定中致残的文化价值和资源理性的重要作用。

当代社会中对死亡和临终的建构，揭示了对“好的”和“合时宜”的概念上的文化含义，强调了在完成生命工程中长寿的重要性。与之相反，残障儿童和成年人的死亡更容易被建构为便利的或“仁慈的”，而不是提早的或不合时宜的，这反映出了作为人力资本残障生命被归为具有低等的社会和经济价值。通过医学知识得到的预期寿命正常化和“疾病负担”生产出了这些致残的叙事，也有助于维系了一个残障社会死亡的模式。

那些案例也暗示了朝向一个更为技术规制性的死亡、国家立法更多参与以及法庭在协调有权去死要求上的改变。类似的，在成年人临终上的消费者参与暗示了从现代主义者关心的国家优生主义向死亡作为生命历程的个体沟通的转变。但是，致残性言论依然主导了公共辩论，而这些维持了一个在损伤和消极生活质量间悲剧承载的关联性内容。相反的是，残障社会活动家和残障文化要求一个更为积极的残障生命工程的代表，并且质疑了在优生主义宣称的“有尊严的死亡”中的优生设想。这些文化上的交锋强调了社会模式分析的重要性，说明了那些成功的生命工程的障碍是如何主要来自致残的社会制度和权力关系的，而非那些损伤的具身性体验。

一、延伸阅读

通过回顾一些社会学上死亡和临终的核心文献将有助于把本章的资料放在一个上下文中给予思考。在这一点上，最有影响力的描述当属 1969 年库布勒－罗斯（Kubler-Ross 1969）的《死亡和临终》，尽管它有点过时了。1989 年卡尔的《终结》（Kearl 1989）提供了一个非常好的对于传统模式的回顾，并且设想了一些新的发展。而 1999 年科尔、多卡和卡斯特鲍姆（Corr Doka and Kastenbaum 1999）论文提供了一个更加简明和新鲜的文献综述。对于其他的新近的分析，可以参见《建构死亡》（*Constructing Death*, Seale 1998）和《超越身体》（beyond the Body, Hallam, 1999）。但是这类主流的研究普遍没有直接涉及批判性的残障争鸣，因此也就没有相对应的从残障研究视角对这些问题给予解决的详细说明了。尽管如此，这些书还是讨论了一些特别的议题和例子，如本章所引用的这些。例如，在几个教科书中都谈到了纳粹大屠杀中残障的显著性问题（如 Burleigh 1998；残障权利倡导/Disability Rights Advocates 2001；Lifton 1986），而要求死亡和医生协助自杀等议题也得到了不断增加的批判性的检视（如 Assche 2001；Snyder and Sulmasy 2001）。

二、网络资源

Not Dead Yet：*www.notdeadyet.org*。生活还在继续（是建立在美国的残障团体，倡议生命权的问题，包括以残障权利为视角的法律辩论等）。

Forgotten Crimes：*www.gralegal.org/publications/forgotten-crimes.pdf*。被遗忘的犯罪（是一个在线的对纳粹大屠杀中对待残障人士有详细的出版网资料）。

The Kevorkian Papers：*www.kevork.org*。凯沃尔基安的资料（从密歇根协助自杀的讨论，可以得到很多背景性资料和详细的证据）。

Exit：*www.euthanasia.org*。死亡（建在英国的组织，是支持和反对安乐死的一个重要的门户网站）。

结　　语

我写此书的目的是为了探究生命历程进路是否能够为当下残障的种种讨论提供一个有价值的分析框架。我自己的研究和教学经验都表明，生命历程的进路无论从深度上还是广度上都和现存的残障领域很契合，并且提供了一种探索残障“从摇篮到坟墓”的一以贯之的分析方式。此外，采取生命历程视角提供了一种新颖方式，在更一般意义上连接了相关社会理论的新近成果。残障研究中存在着的多样性和代表性不足问题一直激励着我。在涉及性别、损伤、种族或性欲等残障领域中，已经有研究者进行了很好的探索。然而，在对残障更为一般的论述中，有关儿童期、青年和老年期的叙述却一直被看作是某种非常态的“特例”或可忽略的附加项。在更多了解世代分工后，我认识到，残障研究被限制在了成人中心框架的狭窄范围内，从而严重影响了诉求的包容度。

和大部分残障研究文献一样，我在这本书中的研究进路是植根于残障社会模式的。诚如我在第一章分析过的，这一视角强调了纵贯生命历程中，致残性的社会阻隔塑造了对有肉眼可见损伤的残障人士体验的种种方式（如外部环境、公众态度、制度设置、社会话语、国家政策和具体实践）。之后几章则用大量材料对这些复杂的塑造过程加以论证。尽管如此，纵观全书还是有不少基本观点和结论作为一个整体反复出现。特别是，在这里有必要回到第一章提到的核心概念框架，即身体、认同、文化和社会结构的关系上来。

一、身体

在当代,批判性残障理论的发展使得残障议题的探讨方式产生了革命性的转变。特别是,研究重点从对具有损伤的身体的历史考察转为一种对残障问题更为社会的和政治的视角。在这些转向的发展中有一种趋势,它反对作为单纯的与政治无关的(apolitical)或医学关切去讨论身体,而是乐于讨论融合的社会性和物质性障碍。这一从身体到社会的研究重心的转变,既带有政治权宜性,也是残障研究的一个必要阶段。然而,社会学领域对残障研究的重新关注也遭到了持有更为激进的对身体采用社会视角的学者们的批评。

铭记这一点很重要,即,传统上残障研究都被生物医学话语垄断,这使得对身体的理解被限制在非社会性(asocial)和生物性所决定的有限框架内。与此相反,当代社会理论更倾向于社会情境和语境化的进路,强调社会通过语言、文化和制度对身体的建构与规制。而一些社会模式理论家讨论身体议题时最初的沉默也需要放置在历史和学术的情境下来看待,因为这种沉默是对占统治地位的生物医学模式的反抗。在残障研究中,思考身体的社会、文化意涵是少有什么问题的,而这也被证明在理解残障、世代和生命历程间的相互关系上是有用的。

例如,第二、第三章论述了社会制度对幼儿和胎儿身体缺陷的强烈关注,持续占据统治地位的医学观念背后,是新兴的基因知识和技术的生物还原论。尽管社会理论家极力论证后现代消费社会将对身体多样性具有更大的包容性,但在管制残障儿童出生这一问题上,他们的理论并未得到多少支持。在现代知识社会中,家长和医生生产“正常”儿童的压力反映了知识社会中,新形式的对生命历程风险的处置,但这种变化更像是出于现代主义对身体整齐划一的规制,而非对个体多样性的尊重。

第四、第五章中对青年期和成人期的分析同样表明身体在当前残障争议中的社会意义。在消费社会中,对完美身体的追求很大程度上源于“青春”这一理想化的、被建构的理念,同时“独立成年人”概念也强调对身体和认知的完全自主。这些对身体的理想化描述从两方面影响了残障:一、提供了一种文化脚本(cultural scripts),年轻人照此将身体理解为追求漂亮和性爱的客体,这使得那些因为身体缺陷而无法追求漂亮和性爱的人被迫选择自我压抑。二、导致一种隐形结果,即,年轻人及他的身体不得不去适应资本、父权和国家不断生产与再生产的逻辑。现代社会对残障人的制度性区隔基于对“残障”的定义,而这种界定考虑的恰恰是身体机能和工作能力,于是出现了通过对残障妇女实施绝育实现对残障人性欲进行制度管制的情况。

残障问题争论中一个反复出现的主题是把残障身体作为畸形和反常的表达。本书从整体上认为,追求身体正常化的话语及其实践在个体生命初期起着更大的作用(尤其是胎儿阶段的对多样性的管控和儿童阶段的矫正对多样性的消灭)。在某些情况下这更像是个悖论,因为损伤在文化和社会层面对有功能的成人期的独立所造成的威胁,要远远大于社会所接纳的儿童期的依赖。但是,制度层面对成年期残障的关注更多地集中在如何控制或监禁这一异常的身体,而并非对其进行矫正。

对身体进行世代考察的重要性在第六章老年期残障的讨论中得以呈现。损伤的身体在对老年期进行建构时意义重大,但其却鲜在残障讨论中得以阐明。事实上,对世代建构下的老年期来说,残障的具身性体验被视为远不及对儿童期或青壮年期那么具有毁灭性的影响。人们很容易认为,老年期损伤的身体是一种正常化的生命历程,这也就解释了何以具有损伤的老年人极少如青年般被视为残障,但同样重要的是,老年人被现代社会中主要的生产/再生产的劳动力市场(包括工作和家庭两方面)排除甚至是驱逐出去,因此,具有损伤的老年人就较少受制于制造残障的社会过程。

残障研究和残障权利运动对身体正常化提出了重大挑战,它们通过强调尊重人类的身体多样性反对“完美身体”(bodily perfection)的神话。例如,它们采取积极行动反对消灭多样性的基因技术和优生实践。同样的,残障文化提供针对损伤身体,更强调差异和多样化的新的表征形式,用以进行躯体美丽和性感的重新建构。不过这些主张仍奠基于美与青春的密切联系,即无法挑战那种贬抑老年身体的世代系统中的权力关系。

二、认同

在对当代社会的分析中，社会学越来越强调个体认同(identities)与身份政治(identity politics)间的关系。这一趋势同样体现在残障研究中，例如，学者越来越强调对残障人士真实生活进行一手调查的重要性。尽管本书并未对残障人个体生活进行具体描述，但是，仍强调了会影响到个体认同和生命历程的社会制度与实践。此外，通过生命历程视角进行的系统分析也展示出在集体认同和身份政治层面残障和世代之间的互动状况。

首先，应当承认，各种致残性的社会阻隔和做法可能会对残障人士认同产生影响。例如，将缺陷婴儿建构为一种错误生命并通过基因技术对缺陷特质加以根除，这种贬低残障者社会价值的做法会影响他的自我认同。同样的，对儿童发展的正常化和对残障儿童的隔离也助长了发育迟缓和反常的恶性循环。那些阻止残障人士在一个注重劳动生产和再生产的社会中进行参与的障碍，同样也阻碍他们进入社交网络并获得公民权利，而这恰恰是形成自主成年人认同的前提。现实福利制度注重对对象的管控，这使得残障人的依赖性进一步滋长，却没能培养出他们的选择和反思能力。

其次，现代社会对残障人士的制度回应有赖于对残障的分类定义，而这种分类是依据损伤标签或服务机构官僚组织的便利性。这体现在对残障人士更为精细、情境化的认同的广泛否认上。例如，大量证据表明，残障儿童和青年常常因其肉眼可见损伤的特质而被赋予一种固定身份，这种关于损伤的固定身份遮蔽了他们的性别、阶级、种族和性欲等。在这里，因为时代同期人群的认同是个人跨越生命历程的重要方面，所以，年龄和世代因素也十分重要。然而，政府的政策和服务经常无视残障人士生命历程转折，以及其对同伴群体世代转折进行充分参与的重要意义。

应当注意到，对不同世代来说，特殊的世代生产和消费模式可以帮助其在整个生命过程中培养认同。例如，对同龄人活动和青年文化参与不足会导致青年残障人士在认同管理上的矛盾，迫使他们不得不在残障人士或青年世代认同中非此即彼地确定自身定位。人们朝向一个更具包容性的教育，可能会为未来发展共享的同期人群经验和身份认同提供更多的机会。

但是,依旧存在这样的问题,即青年残障人士持续的经历集体性生平的模式,而鲜有展现当代认同理论中的反思性和自我决定。

与之相异,老年残障人士的自我认同更少受具身性损伤体验或外部社会障碍的影响。这并不是说老年残障人士没有受到社会的歧视,而是说,相较于年轻人,损伤和残障对老年人来说已经不太会妨碍到他们的生平认同和正常叙述;毕竟,残障在老年期也被广泛接受。不过这一观点也面临挑战,新的关于积极老年期的文化观念认为,在这个时期也需要保持良好的身体机能并享受休闲消费。尽管有很多人从这种观念中受益,但老年残障人士却面临着被这种奠基于“积极”和“成功”的老年期世代认同加剧排斥的风险。

残障文化和残障政治的发展显著推动了更为积极的残障认同的形成。自我倡导和独立生活也为残障人士的自我反思和认同表达提供了可能,而此时的认同表达相较之传统意义上的消极和依赖的角色形象,则显得更为自主有权。因此,残障人士争取权利的运动创造出了文化空间和社会资本网络,新的认同选择可以借此形成。然而,这些认同资源在很大程度上仍是成年人中心的,儿童、青年和老年人明显缺席。对青年残障人士和老年残障人士来说,在这场运动中追求积极的残障认同意味着脱离其自身的世代网络以及淡化其同期群体的认同。如果残障文化是为了形成一种具有包容性、共享性的残障认同,那么这场运动就必须反对以成人为中心的世代系统的自我再生产。

三、文化

文化分析方式为残障人研究提供了大量理论和研究指导,揭示了不同文化中各种残障关系的社会性和嵌入性本质。在本书中,文化视角也呈现了现当代社会中世代分类的生产过程。具体来说有以下两种机制:一、文化视角表明残障是如何通过对生命历程的理想化而被社会性地建构出来的;二、文化视角引起了对损伤和残障之于不同世代的不同文化意义的关注。本书通过多个章节对残障的建构进行了论述:在胎儿和幼儿阶段,残障被建构为一种反常状态;在青年阶段,残障被看作难以向独立成人阶段过渡的社会问题；在晚年阶段，残障成为一种文化常态和在临终轨迹上的协商（negotiation of dying trajectories）。

本书的一个重要主题是考察对残障人和非成年的建构，这二者被并行不悖地建构为边缘和依赖性的社会分类。对残障人、儿童和老年人的文化建构具有高度相似性，他们都被视为不能独立生活的社会群体。这些文化建构在某种程度上和当下通过各种机构对残障人进行的混乱管理有着直接关系。例如，将残障人士文化建构为儿童（如天真、无性需求或蛮不讲理）是通过将成人权力关系合法化而得以再生产的，而这种成人权力关系则来自于其执行的监护性照料和监管。与此相似，机构对老年人所实行的婴儿化和社会死亡与其对青年残障人士的做法如出一辙。

文化建构是生命历程正常化的核心。在现代社会中，人们对自身的期望已被规制为理想化了的成人观念。理想的成人呈现为具有独立性和能力的个体，这恰恰是西方过分关注个体主义、自主观念所导致的结果。此类文化建构是高度性别化的，依据传统认识中强调男性成年人和女性成年人在各自生产和再生产劳动力中的不同角色。相反，儿童、青年人、老年人和所有残障人士都被建构为缺乏成年人特质的群体，他们因此也就不能获得完全的人格和公民权。

这种文化上成人中心式的生命历程理论面临着很多挑战。对世代冲突和权力关系的持续认识在一种新型世代政治中得以呈现，在这一政治中，非成人少数群体提出了他们对成年人权利和责任的诉求。各种争取儿童权利和老人权利的社会运动持续冲击着传统的、以成人为中心的公民权概念。追求残障权利的社会运动提出了相似的挑战，它们提出的自主、反思和相互依赖冲击了功能自主和个体自主的观念。不过这些文化诉求也使残障人士和新的世代政治渐行渐远，因为后者仍只是在现代成年人这一概念的范围内讨论诸如亲权或雇佣关系的问题。

四、结构

残障的社会模式奠基于对现代社会的结构性分析，即展现具有可见损伤的人士是如何经历社会转折而成为残障的。唯物论者已经论述过西方资本主义经济中社会生产和再生产关系的历史变化，推动了将残障构建为社会和行政管理意义上的分类的过程。工业化、竞争性劳动力市场、新技术和父权制民族国家在这场变化中都起到了重要作用。本书前述章节表明，上述分析有利于理解现代社会中以成年人为中心的世代系统的形成。

举例来说，结构分析解释了儿童和青年这些不同于独立成年人的边缘社会群体分类是如何出现的。工业化对技术的需求，以及知识社会中个体化的过程，使得年轻人在成为高效成年劳动力之前必须接受必要的培训，儿童和青年则被培训机构视为不具备独立性的群体。事实上，对非成人状态的界定受到经济发展和成人劳动力市场结构的影响。与此同时，人均寿命增长和劳动力市场竞争性增强使得老年人这一分类被创造出来，他们其实是以退休的方式被劳动力市场驱逐的群体。这些都意味着世代矛盾和权力关系的兴起，因为这些群体都必须结构性依赖于成年劳动力群体。上述进程和现代社会中将残障人士制造为结构性依赖于其他群体的过程是同步的。

事实上，本书所展现出来的分析说明了，作为孤立于世代系统生产分析的"特殊案例"，残障的结构性分析没什么道理。要理解残障人士在现代社会中的位置，就必须明白他们的世代意义。尤其重要的是，以成年人雇佣劳动为核心的现代社会不断生产着残障和世代系统。正因如此，制度和政治上对残障人的关注往往变成讨论各种成年人中心议题，这在劳动雇佣问题和亲权问题上表现得尤为明显。青年和老年残障人的问题可以在已然是依赖性的世代位置中得到部分解决，与他们不同，成年残障问题更是一种结构性挑战。

例如，机构强烈注重对残障儿童的矫正或消灭，这可以理解为国家将儿童作为将来的人力资本进行投资的结构性需求。从某种角度看，社会对残障儿童的回应更多是为了让他们成年以后参与到生产劳动之中，而非出于保持同青少年文化的完整性。相反，老年期残障政策和制度的显见缺失，反映出的事实是，人们已经将老年人结构性地排除在成年劳动力生产性或照顾性的参与之外了。

不但在解释残障和世代系统的历史生成上结构性分析是有效的，在理解当代社会的持续转变上，这一视角同样很有价值。对残障和世代体系的结构性分析奠基于工业化资本主义经济中社会关系的特别视角上。不过就像之前几章分析过的，这种解释有些过于简化，本书中所描述的很多机制过程和社会关系应当被更宽泛地理解为现代性的表征。正如迈耶所说的：

> 在现代社会，生命历程本身是个有深厚文化基础的概念，它不是各种个体选择的简单集合体，也非围绕其他文化目标而组织起来的制度体系的偶然产物。应当说，生命历程是整个现代系统有意识、有目的行动的文化结果。（Meyer 1988：57）

当前已经有不少社会理论试图解释从现代向晚期现代或后现代的转型，我们应当思考，这种转型将如何影响我们对残障和世代体系的理解。其中有两点值得重视：一是个体化进程愈加削弱了现代个体生命历程的统一性和可预测性（如阶级、性别和对世代角色期望的重要性都有所降低），于是现代制度化的生命历程被日益重新界定，愈发地依赖于个体对人生风险的处置和对人生目标的追求。二是消费方式日益取代生产方式成为界定社会分层和社会地位的关键。由于生产方式是成年中心世代体系的基础，这种取代势必带来新的问题。（如，对青年和老年人来说，休闲性消费所带来的社会地位的提升）

残障人和非成年的其他世代少数群体（尤其是儿童和老年人）追求全面参与和普遍平等的行动同时进行，并都取得了成功。一方面，这表明边缘群体可以在社会多样性和成人公民权上进行抗争并取得成功，这将使一部分青年人、老年人和成年残障人获得宝贵的成人身份和责任。然而，这些诉求也可能和固有的世代系统进行合谋，而这个世代系统则使那些和传统成年人相距甚远的年龄人群（尤其是残障青少年和濒死残障人士）遭受进一步排斥。

另一方面，这些社会运动的发展意味着制度化的生命历程和世代系统进一步松动。在这种情况下，儿童、老人和残障人的诉求可能会变得更激进。将一切残障纳入诉求主体中也就相当于将最年幼和最年长的人群纳入进来。这些都要求我们修正以往强调个体主义、成人中心的能力和自主观念,从而引入一种更为相互依赖的视角。如果残障研究能够在当代社会全然接纳多样性和差异,那么一个使人拥有能力的社会就一定是一个为所有年龄人服务的社会。

参考文献

Abberley, P. (1987). The concept of oppression and the development of a social theory of disability. *Disability, Handicap & Society*, 2(1), 5–19.

Abrams, M. (1959). *The Teenage Consumer*. London: Routledge & Kegan Paul.

Accardo, P., and Whitman, B. (1989). Factors influencing child abuse/neglect in children of mentally retarded parents. *Pediatric Research*, 25, 95.

Adnan, A., and Hafiz, I. (2001). A disabling education: the case of disabled learners in Malaysia. *Disability & Society*, 16(5), 655–69.

Agree, E. (1999). The influence of personal care and assistive devices on the measurement of disability. *Social Science & Medicine*, 48(4), 427–43.

Alanen, L. (1994). Gender and generation: feminism and the 'child question'. In J. Qvortrup, M. Bardy, G. Sgritta, and H. Wintersberger (eds), *Childhood Matters: Social Theory, Practice and Politics*, Aldershot: Avebury, 27–42.

Albrecht, G. (1992). *The Disability Business: Rehabilitation in America*. Newbury Park, CA: Sage.

Albrecht, G., Seelman, K. D., and Bury, M. (eds). (2001). *The Handbook of Disability Studies*. London: Sage.

Alderson, P. (1993). *Children's Consent to Surgery*. Buckingham: Open University Press.

Alderson, P. (2001). Prenatal screening, ethics and Down's syndrome: a literature review. *Nursing Ethics*, 8(4), 360–74.

Alderson, P., and Goodey, C. (1998). *Enabling Education: Experiences in Special and Ordinary Schools*. London: The Tuffnel Press.

Allen, S. M., Foster, A., and Berg, K. (2001).Receiving help at home: the interplay of human and technological assistance. *Journals of Gerontology Series B: Psychological Sciences and Social Sciences*, 56, S374–82.

Arber, S., and Evandrou, M. (eds). (1993). *Ageing, Independence and the Life Course*. London: Jessica Kingsley Publishers.

Ariès, P. (1962). *Centuries of Childhood: A Social History of Family Life*. New York: Vintage Books.

Arnett, J. J., and Taber, S. (1994). Adolescence terminable and interminable–when does adolescence end? *Journal of Youth and Adolescence*, 23 (5), 517–37.

Asche, A. (1999). Prenatal diagnosis and selective abortion: a challenge to practice and policy. *American Journal of Public Health*, 89(11), 1649–57.

Asche, A. (2000). *Prenatal Testing and Disability Rights*. Washington, DC: Georgetown University Press.

Asche, A. (2001). Disability, bioethics and human rights. In G. Albrecht, K. D. Seelman, and M. Bury (eds), *Handbook of Disability Studies*, London: Sage, 297–326.

Ashman, A.,Suttie, J., and Bramley, J. (1995). Employment, retirement and elderly persons with an intellectual disability. *Journal of Intellectual Disability Research*, 39, 107–15.

Attane, I. (1998). Birth rate and fertility in China: how credible are recent data? *Population*, 53(4), 847–57.

Aylott, J. (1999). Should children with Down's syndrome have cosmetic surgery? *British Journal of Nursing*, 8(1), 33–8.

Bailey, R. (1996). Prenatal testing and the prevention of impairment: a woman's right to choose? In J. Morris (ed.), *Encounters with Strangers: Feminism and Disability*, London: Women's Press, 143-67.

Balaban, E. (1998). Eugenics and individual phenotypic variation: to what extent is biology a predictive science? *Science in Context*, 11(3-4), 331-56.

Baldwin, S., and Carlisle, J. (1994). *Social Support for Disabled Children and their Families*. London: HMSO.

Barker, C., and Green, A. (1996). Opening the debate on DALYs. *Health Policy and Planning*, 11(2), 179-83.

Barnartt, S., and Scotch, R. (2001). *Disability Protests: Contentious Politics 1970-1999*. Washington, DC: Gallaudet University Press.

Barnes, C. (1990). *Cabbage Syndrome: The Social Construction of Dependence*. Lewes: Falmer.

Barnes, C. (1991). *Disabled People in Britain and Discrimination: A Case for Anti-Discrimination Legislation*. London: Hurst/BCODP.

Barnes, C. (1996). Theories of disability and the origins of the oppression of disabled people in Western society. In L. Barton (ed.), *Disability & Society*, London: Longman, 43-60.

Barnes, C. (1997a). A legacy of oppression: a history of disability in Western culture. In L. Barton and M. Oliver (eds), *Disability Studies: Past, Present and Future*, Leeds: Disability Press, 3-24.

Barnes, C. (1997b). *Older People's Perceptions of Direct Payments and Self-Operated Support Systems*. Leeds: Disability Research Unit, University of Leeds.

Barnes, C. (1999). A working social model: disability and work in the 21st century. Paper presented at the Disability Studies Seminar, Apex International Hotel, Edinburgh, 9 December 1999.

Barnes, C., Barton, L., and Oliver, M. (eds). (2002). *Disability Studies Today*. Cambridge: Polity.

Barnes, C., Mercer, G., and Shakespeare, T. (1999). *Exploring Disability: A Sociological Introduction*. Cambridge: Polity.

Baron, S., Riddell, S., and Wilson, A. (1999). The secret of eternal youth:

identity, risk and learning difficulties. *British Journal of Sociology of Education*, 20(4), 483–99.

Barton, L., and Slee, R. (1999). Competition, selection and inclusive education: some observations. *International Journal of Inclusive Education*, 3(1), 3–12.

Basta, L., and Tauth, J. (1996). High technology near the end of life: setting limits. *Journal of the American College of Cardiology*, 28(6), 1623–30.

Bauman, Z. (1987). *Legislators and Interpreters: On Modernity, Post-Modernity, and Intellectuals*. Cambridge: Polity.

Bauman, Z. (1989). *Modernity and the Holocaust*. Cambridge: Polity.

Bauman, Z. (1995). *Life in Fragments: Essays in Postmodern Morality*. Oxford: Blackwell.

Bauman, Z. (2001). *The Individualized Society*. Cambridge: Polity.

Beck, U. (1992). *Risk Society: Towards a New Modernity*. London: Sage.

Bengtson, V. L., Burgess, E. O., and Parrott, T. M. (1997). Theory, explanation, and a third generation of theoretical development in social gerontology. *Journals of Gerontology Series B: Psychological Sciences and Social Sciences*, 52(2), S72–88.

Bernard, C. (1999). Child sexual abuse and the black disabled child. *Disability & Society*, 14(3), 325–39.

Bernard, M., and Phillips, J. (1998). *The Social Policy of Old Age*. London: Centre for Policy on Ageing.

Biggs, S. (1997). Choosing not to be old? Masks, bodies and identity management in later life. *Ageing and Society*, 17, 553–70.

Biklen, D. (2000). Constructing inclusion: lessons from critical disability narratives. *International Journal of Inclusive Education*, 4, 337–53.

Black, J., and Meyer, L. (1992). But...is it really work? Social validity of employment training for persons with very severe disabilities. *American Journal on Mental Retardation*, 96(5), 463–74.

Blaikie, A. (1999). *Ageing and Popular Culture*. Cambridge: Cambridge University Press.

Bloch, M. N. (2000). Governing teachers, parents, and children through child development knowledge. *Human Development*, 43(4-5), 257-65.

Block, P. (2000). Sexuality, fertility, and danger: twentieth-century images of women with cognitive disabilities. *Sexuality and Disability*, 18(4), 239-54.

Bohme, G. (1997). The structures and prospects of information society. *Social Science Information sur les Sciences Sociales*, 36(3), 447-68.

Booth, Tim (2000). Parents with learning difficulties, child protection and the courts. *Representing Children*, 13(3), 175-88.

Booth, Tim, and Booth, W. (1994). *Parenting under Pressure: Mothers and Fathers with Learning Difficulties*. Buckingham: Open University Press.

Booth, Tim, and Booth, W. (1998a). *Advocacy for Parents with Learning Difficulties: Developing Advocacy Support.* Brighton: Pavilion Publishing.

Booth, Tim, and Booth, W. (1998b). Risk, resilience and competence: parents with learning difficulties and their children. In R. Jenkins (ed.), *Questions of Competence: Culture, Classification and Intellectual Disabilities*, Cambridge: Cambridge University Press, 76-101.

Booth, Tim, and Booth, W. (1999a). *Growing Up with Parents who have Learning Difficulties*. London: Routledge.

Booth, Tim, and Booth, W. (1999b). Parents together: action research and advocacy support for parents with learning difficulties. *Health and Social Care in the Community*, 7(6), 464-74.

Booth, Tony (2000). *Inclusion in Education: Participation of Disabled Learners*. Paris: UNESCO Education for All 2000 Assessment, Thematic: Studies.

Botsford, A. (2000). Integrating end of life care into services for people with an intellectual disability. *Social Work in Health Care*, 31(1), 35-48.

Botsford, A., and Force, L. (2000). End-of-life project: Training staff to address the death and/or dying concerns of older people with developmental disabilities. *Journal of Intellectual Disability Research*, 44, 103.

Brady, S. (2001a). The sterilisation of girls and young women with intellectual disabilities in Australia: an audit of family court and guardianship tribunal cases between 1992-1998. Paper presented at the Disability with Attitude: Critical Issues 20 Years after International Year of the Disabled conference, University of Western Sydney, 16-17 February 2001.

Brady, S. (2001b). Sterilization of girls and women with intellectual disabilities-past and present justifications. *Violence against Women*, 7(4), 432-61.

Brady, S., Briton, J., and Grover, S. (2001). *The Sterilisation of Girls and Young Women: Issues and Progress*. Sydney: Australian Human Rights and Equal Opportunity Commission.

Brake, M. (1980). *The Sociology of Youth Culture and Youth Subcultures: Sex and Drugs and Rock'n'roll*. London: Routledge & Kegan Paul.

Brake, M. (1985). *Comparative Youth Culture: The Sociology of Youth Cultures and Youth Subcultures in America, Britain and Canada*. London: Routledge.

Brannen, J., and O'Brien, M. (1995). Childhood and the sociological gaze: paradigms and paradoxes. *Sociology*, 29(4), 729-37.

Breitenbach, N. (2001). Ageing with intellectual disabilities; discovering disability with old age: same or different? In M. Priestley (ed.), *Disability and the Life Course: Global Perspectives*, Cambridge: Cambridge University Press, 231-9.

Brooks, C. (2001). The Victorian celebration of death. *Interdisciplinary Science Reviews*, 26(2), 144-5.

Brown, G., and Harris, T. (eds). (1989). *Life Events and Illness*. London: Hyman Unwin.

Brown, K., and Gillespie, D. (1992). Recovering relationships-a feminist analysis of recovery models. *American Journal of Occupational Therapy*, 46(11), 1001-5.

Brückner, H. (1995). Poverty in transition? Life course, social policy, and changing images of poverty. In D. Chekki (ed.), *Urban Poverty in Affluent Nations*, Research in Community Sociology no. 5, London: JAI Press, 203-24.

Brush, P. (1998). Metaphors of inscription: discipline, plasticity and the rhetoric of choice. *Feminist Review* 58, 22–43.

Bryman, A., Bytheway, B., Allat, P., and Keil, T. (eds). (1987). *Rethinking the Life Cycle*. London: Macmillan.

Buchanan, A., Daniels, N., Wikler, D., Brock, D. W., and Wilker, D. I. (2000). *From Chance to Choice: Genetics and Justice*. Cambridge: Cambridge University Press.

Burch, S. (2000). Transcending revolutions: the Tsars, the Soviets and Deaf culture. *Journal of Social History*, 34(2), 393–402.

Burkhauser, R. (1997). Post-ADA: Are people with disabilities expected to work? *Annals of the American Academy of Political and Social Science*, 549, 71–83.

Burleigh, M. (1994). *Death and Deliverance: 'Euthanasia' in Germany 1900–1945*. Cambridge: Cambridge University Press.

Burleigh, M. (1998). *Ethics and Extermination: Reflections on the Nazi Genocide*. Cambridge: Cambridge University Press.

Bury, M. (1982). Chronic illness as biographical disruption. *Sociology of Health & Illness*, 4(2), 167–82.

Butler, I., and Shaw, I. (eds). (1996). *A Case of Neglect? Children's Experiences and the Sociology of Childhood*. Aldershot: Avebury.

Caillaud, B., and Cohen, D. (2000). Inter-generational transfers and common values in a society. *European Economic Review*, 44(4–6), 1091–103.

Cambois, E., and Robine, J. M. (2000). Social inequalities in disability-free life expectancy in France: results and methodological issues. *M S-Médecine Sciences*, 16(11), 1218–24.

Campbell, C. (1987). *The Romantic Ethic and the Spirit of Modern Consumerism*. Oxford: Blackwell.

Campbell, J., and Oliver, M. (1996). *Disability Politics: Understanding our Past, Changing our Future*. London: Routledge.

Campion, M. (1995). *Who's Fit to be a Parent?* London: Routledge.

Carricaburu, D., and Pierret, J. (1995). From biographical disruption to biographical reinforcement-the case of HIV-positive men. *Sociology of Health & Illness*, 17(1), 65-88.

Carter, T., and Beresford, P. (2000).*Age and Change: Models of Involvement for Older People*. York: York Publishing Services.

Castells, M. (1996). *The Rise of the Network Society*. Oxford: Blackwell.

Chadsey, J., and Beyer, S. (2001). Social relationships in the workplace. *Mental Retardation and Developmental Disabilities Research Reviews*, 7(2), 128-33.

Chadwick, R., Ten Have, H., Husted, J., Levitt, M., Mcgleenan, T., Shickle, D., and Wiesing, U. (1998). Genetic screening and ethics: European perspectives. *Journal of Medicine and Philosophy*, 23(3), 255-73.

Chamberlayne, P., and Rustin, M. (1999). *From Biography to Social Policy: SOSTRIS Working Paper 9*. London: Centre for Biography in Social Policy, University of East London.

Chamberlayne, P., Bornat, J., and Wengraf, T. (eds). (2000). *The Turn to Biographical Methods in Social Science: Comparative Issues and Examples*. London: Routledge.

Chen, J. H., and Simeonsson, R. J. (1993). Prevention of childhood disability in the People's Republic of China. *Child Care Health and Development*, 19, 71-88.

Cherrington, R. (1997). Generational issues in China: a case study of the 1980s generation of young intellectuals. *British Journal of Sociology*, 48(2), 302-20.

Cheyfitz, K. (1999). Who decides? The connecting thread of euthanasia, eugenics, and doctor-assisted suicide. *Omega-Journal of Death and Dying*, 40(1), 5-16.

Cimera, R. E. (1998). Are individuals with severe mental retardation and multiple disabilities cost efficient to serve via supported employment programs? *Mental Retardation*, 36(4), 280-92.

Clough, P., and Barton, L. (1999).*Articulating the Difficulty: Research Voices in Inclusive Education*. London: Paul Chapman.

Clough, P., and Corbett, J. (2000).*Theories of Inclusive Education*. London:

Paul Chapman Publishing.

Cobbs, E. L. (2001). Improving quality in end-of-life care: dying at home. *Journal of the American Geriatrics Society*, 49(6), 831-2.

Cohen, J. (2000). The global burden of disease study: a useful projection of future global health? *Journal of Public Health Medicine*, 22(4), 518-24.

Coles, B. (1986). Gonna tear your playhouse down: towards reconstructing a sociology of youth. *Social Science Teacher*, 15(3), 78-80.

Coles, B. (1995). *Youth and Social Policy: Youth, Citizenship and Young Careers*. London: UCL Press.

Coll, C., Lamberty, G., Jenkins, R., Mcadoo, H., Crnic, K., Wasik, B., and Garcia, H. (1996). An integrative model for the study of developmental competencies in minority children. *Child Development*, 67(5), 1891-914.

Collard, D. (2001). The generational bargain. *International Journal of Social Welfare*, 10(1), 54-65.

Collins, B., Hall, M., and Branson, T. (1997). Teaching leisure skills to adolescents with moderate disabilities. *Exceptional Children*, 63(4), 499-512.

Committee of Enquiry into the Education of Handicapped Children and Young People. (1978). *Special Educational Needs: Report of the Committee of Enquiry into the Education of Handicapped Children and Young People*. London: HMSO.

Cook, A., and Oltjenbruns, K. (eds). (1998). *Dying and Grieving: Life Span and Family Perspectives*, 2nd edn. Orlando, FL: Harcourt Brace and Company.

Cook, T., Swain, J., and French, S. (2001). Voices from segregated schooling: towards an inclusive education system. *Disability & Society*, 16(2), 293-310.

Corbett, J. (1989). The quality of life in the 'independence' curriculum. *Disability, Handicap & Society*, 4(2), 145-63.

Corbett, J. (1998). *Special Educational Needs in the Twentieth Century: A Cultural Analysis*. London: Cassell.

Corbett, J. (2001). *Supporting Inclusive Education - A Connected Pedagogy*.

London：Routledge-Falmer.

Corker, M. (1996). *Deaf Transitions: Images and Origins of Deaf Families, Deaf Communities, and Deaf Identities*. London: Jessica Kingsley Publishers.

Corker, M. (1998). *Deaf and Disabled, or Deafness Disabled? Towards a Human Rights Perspective*. Buckingham: Open University Press.

Corker, M. (2001). *Disabling Language: Analyzing Disability Discourse*. London: Routledge.

Corker, M., and French, S. (eds). (1999). *Disability Discourse*. Milton Keynes: Open University Press.

Corr, C. A., Doka, K. J., and Kastenbaum, R. (1999). Dying and its interpreters: a review of selected literature and some comments on the state of the field. *Omega-Journal of Death and Dying*, 39(4), 239–59.

Corsten, M. (1999). The time of generations. *Time & Society*, 8(2), 249–72.

Costello, J. (2001). Nursing older dying patients: findings from an ethnographic study of death and dying in elderly care wards. *Journal of Advanced Nursing*, 35(1), 59–68.

Cote, J. (1997). A social history of youth in Samoa-religion, capitalism, and cultural disenfranchisement. *International Journal of Comparative Sociology*, 38(3–4), 217–34.

Courbage, Y. (1994). An analysis of population-policy in Egypt-using information from recent surveys. *Population*, 49(4–5), 1041–55.

Crimmins, E., Saito, Y., and Ingegneri, D. (1997). Trends in disability-free life expectancy in the United States, 1970–90. *Population and Development Review*, 23(3), 555–72.

Crow, L. (1996). Including all of our lives: renewing the social model of disability. In J. Morris (ed.), *Encounters with Strangers: Feminism and Disability*, London: Women's Press, 206–26.

Crowther, R., Marshall, M., Bond, G., and Huxley, P. (2001). Helping people with severe mental illness to obtain work: systematic review. *British Medical*

Journal, 322(7280), 204–8.

Cumming, E., and Henry, W. (1961). *Growing Old: The Process of Disengagement*. New York: Basic Books.

Cummings, R., Maddux, C., and Casey, J. (2000). Individualized transition planning for students with learning disabilities. *Career Development Quarterly*, 49 (1), 60–72.

Cunningham, C., Turner, S., Sloper, P., and Knussen, C. (1991). Is the appearance of children with Down's syndrome associated with their development and social functioning? *Developmental Medicine and Child Neurology*, 33(4), 285–95.

Cunningham, H. (1995). *Children and Childhood in Western Society since 1500*. London: Longman.

Cunningham-Burley, S., and Kerr, A. (1999). Defining the 'social': towards an understanding of scientific and medical discourses on the social aspects of the new human genetics. *Sociology of Health & Illness*, 21(5), 647–68.

Cuttini, M., Nadai, M., Kaminski, M., Hansen, G., De Leeuw, R., Lenoir, S., Persson, J., Rebagliato, M., Reid, M., De Vonderweid, U., Lenard, H., Orzalesi, M., and Saracci, R. (2000). End-of-life decisions in neonatal intensive care: physicians' self-reported practices in seven European countries. *Lancet*, 355 (9221), 2112–18.

Cuypers, S. (1991). Is personal autonomy the first principle of education? *Journal of Philosophy of Education*, 26, 5–17.

Dahl, M. (2001). Selection and killing–the treatment of children "not worth living" during the period of National Socialism and the role of child and adolescent psychiatry. *Praxis der Kinderpsychologie und Kinderpsychiatrie*, 50(3), 170–91.

Dattilo, J., and Hoge, G. (1999). Effects of a leisure education program on youth with mental retardation. *Education and Training in Mental Retardation and Developmental Disabilities*, 34(1), 20–34.

Davidson, I., Woodill, G., and Bredberg, E. (1994). Images of disability in 19th century British children's literature. *Disability & Society*, 9(1), 33–46.

Davies, C. (1998). Constructing other selves: (in) competences and the category of learning difficulties. In R. Jenkins (ed.), *Questions of Competence: Culture, Classification and Intellectual Disability*, Cambridge: Cambridge University Press, 102–24.

Davis, J., and Watson, N. (2001a). Countering stereotypes of disability: disabled children and resistance. In M. Corker and T. Shakespeare (eds), *Disability and Postmodernity*, London: Continuum, 159–74.

Davis, J., and Watson, N. (2001b). Where are the children's experiences? Analysing social and cultural exclusion in 'special' and 'mainstream' schools. *Disability & Society*, 16(5), 671–87.

Davis, L. (1995). *Enforcing Normalcy: Disability, Deafness, and the Body*. London: Verso.

Davis, L. (ed.). (1997). *The Disability Studies Reader*. New York: Routledge.

Degener, T. (1992). Sterile without consent. In D. Driedger and S. Gray (eds), *Imprinting Our Image*, Gynergy Books, 119–23.

Delanty, G. (2000). *Modernity and Postmodernity: Knowledge, Power and the Self*. London: Sage.

Demaitre, L. (2001). Death and dying in the Middle Ages. *Bulletin of the History of Medicine*, 75(2), 305–6.

Deng, M., Poon-McBrayer, K., and Farnsworth, E. (2001). The development of special education in China – a sociocultural review. *Remedial and Special Education*, 22(5), 288–98.

Diepstraten, I., Ester, P., and Vinken, H. (1999). Talkin' bout my generation. Ego and alter images of generations in the Netherlands. *Netherlands Journal of Social Sciences*, 35(2), 91–109.

Disability Rights Advocates. (2001). *Forgotten Crimes: The Holocaust and People with Disabilities*. Oakland, CA: Disability Rights Advocates.

Disabled People's International Europe. (2000). *The Right to Live and be Different*. Available: www. independentliving. org/docs1/dpi022000. html [20 February

2002].

Dodson, M., and Williamson, R. (1999). Indigenous peoples and the morality of the Human Genome Diversity Project. *Journal of Medical Ethics*, 25(2), 204–8.

Doren, B., and Benz, M. (1998). Employment inequality revisited: predictors of better employment outcomes for young women with disabilities in transition. *Journal of Special Education*, 31(4), 425–42.

Dowd, J. (1986). The old person as stranger. In V.Marshall (ed.), *Later Life: The Social Psychology of Ageing*, London: Sage, 147–90.

Dowling, M., and Dolan, L. (2001). Families with children with disabilities–inequalities and the social model. *Disability & Society*, 16(1), 21–35.

Doyle, B. (1995).*Disability, Discrimination and Equal Opportunities: A Comparative Study of the Employment Rights of Disabled Persons*. London: Mansell.

Drackle, D. (1999). Living and dying–images of death and mourning in the Alentejo (Portugal). *Anthropos*, 94(1–3), 121–40.

Driedger, D. (1989). *The Last Civil Rights Movement*. London: Hurst & Co.

Drouard, A. (1992). The sources of eugenics in France–neo–Malthusianism (1896–1914).*Population*, 47(2), 435–60.

Drucker, P. F. (1993).*Post-Capitalist Society*. Oxford: Butterworth-Heinemann.

Dunham, C. C. (1998).Generation units and the life course: a sociological perspective on youth and the anti-war movement. *Journal of Political & Military Sociology*, 26(2), 137–55.

Dutton, K. (1996).*The Perfectable Body*. London: Cassell.

Eastwood, R., and Lipton, M. (1999). The impact of changes in human fertility on poverty. *Journal of Development Studies*, 36(1), 1–30.

Elias, N. (1985).*The Loneliness of the Dying*. Oxford: Blackwell.

Engels, R., and Ter Bogt, T. (2001). Influences of risk behaviors on the quality of peer relations in adolescence. *Journal of Youth and Adolescence*, 30(6), 675–95.

Erikson, E. (1968).*Identity, Youth and Crisis*. New York: Norton.

Ettorre, E. (2000). Reproductive genetics, gender and the body: 'Please doctor, may I have a normal baby?' *Sociology-the Journal of the British Sociological Association*, 34(3), 403-20.

European Communities. (2001). *Disability and Social Participation in Europe*. Luxembourg: Office for Official Publications of the European Communities.

Evans, J. (2001). Ageing and medicine (reprinted from *Journal of Internal Medicine*, vol. 247, 159-167, 2000). *Journal of Internal Medicine*, 249, 7-15.

Evans, K., and Furlong, A. (1997). Metaphors of youth transition: niches, pathways, trajectories or navigations. In J. Bynner, L. Chisholm, and A.

Furlong (eds), *Youth, Citizenship and Social Change in a European Context*, Aldershot: Ashgate, 17-41.

Falkingham, J., and Hills, J. (eds). (1995). *The Dynamic of Welfare: The Welfare State and the Life Cycle*. London: Harvester Wheatsheaf.

Fargues, P. (1997). State policies and the birth rate in Egypt: from socialism to liberalism. *Population and Development Review*, 23(1), 115-38.

Farrant, W. (1985). Who's for amniocentesis? In H. Homans (ed.), *The Sexual Politics of Reproduction*, London: Gower, 96-177.

Featherstone, M. (1991a). The body in consumer culture. In M. Featherstone, M. Hepworth, and B. Turner (eds), *The Body: Social Process and Cultural Theory*, London: Sage, 170-96.

Featherstone, M. (1991b). *Consumer Culture and Postmodernity*. London: Sage.

Featherstone, M. (1995). Post-bodies, aging and virtual reality. In M. Featherstone and A. Wernick (eds), *Images of Aging: Cultural Representations of Later Life*, London: Routledge, 227-44.

Featherstone, M. (ed.). (2000). *Body Modification*. London: Sage.

Featherstone, M., and Hepworth, M. (1991). The mask of ageing and the postmodern lifecourse. In M. Featherstone, M. Hepworth, and B. Turner (eds), *The Body: Social Process and Cultural Theory*, London: Sage.

Feldman, M. (1998). Parents with intellectual disabilities: implications and interventions. In J. Lutzker (ed.), *Child Abuse: A Handbook of Theory, Research and Treatment*, New York: Plenum Press, 401-19.

Ferrari, M., and Sussman, M. B. (eds). (1987). *Childhood Disability and Family Systems*. New York: Howarth.

Finch, N., Lawson, D., Williams, J., and Sloper, P. (2001). *Disability Survey 2000: Survey of Young People with a Disability and Sport*. London: Sport England.

Finkelstein, V. (1975).More on phase 2. *Magic Carpet*, 27(2), 16-17.

Finkelstein, V. (1980).*Attitudes and Disabled People: Issues for Discussion*, Monograph 5. New York: World Rehabilitation Fund.

Finkelstein, V. (1991). Disability: an administrative challenge? (the health and welfare heritage). In M. Oliver (ed.), *Social Work: Disabled People and Disabling Environments*, London: Jessica Kingsley Publishers, 19-39.

Fitzgerald, J. (1998).Geneticizing disability: the Human Genome Project and the commodification of self. *Issues in Law & Medicine*, 14(2), 147-63.

Fleischer, D., and Zames, F. (2001). *The Disability Rights Movement: From Charity to Confrontation*. Philadelphia: Temple University Press.

Flippen, C., and Tienda, M. (2000). Pathways to retirement: patterns of labor force participation and labor market exit among the pre-retirement population by race, Hispanic origin, and sex. *Journals of Gerontology Series B: Psychological Sciences and Social Sciences*, 55(1), S14-27.

Floyd, M., and Curtis, J. (2000). An examination of changes in disability and employment policy in the United Kingdom. *European Journal of Social Security*, 2(4), 303-22.

Foner, A. (1988). Age inequalities: are they epiphenomena of the class system? In M. W. Riley (ed.), *Social Structures and Human Lives*, Newbury Park, CA: Sage, 176-91.

Ford, A., Haug, M., Stange, K., Gaines, A., Noelker, L., and Jones, P.

(2000). Sustained personal autonomy: a measure of successful aging. *Journal of Aging and Health*, 12(4), 470–89.

Foster, G., Sherrard, M., Cosbey, J., and Hummel, R. (2001). Dying to be old: a sociological analysis of old age as cause of death. *Journal of Aging and Identity*, 6(3), 165–79.

Foucault, M. (1967). *Madness and Civilisation: A History of Insanity in the Age of Reason*. London: Tavistock.

Foucault, M. (1977). *Discipline and Punish*. New York: Pantheon.

Fratiglioni, L., De Ronchi, D., and Aguero-Torres, H. (1999). Worldwide prevalence and incidence of dementia. *Drugs & Aging*, 15(5), 365–75.

French, S. (1993). What's so great about independence? In J. Swain, V. Finkelstein, S. French, and M. Oliver (eds), *Disabling Barriers: Enabling Environments*, London: Open University Press/Sage, 44–8.

Fried, T., Pollack, D., Drickamer, M., and Tinetti, M. (1999). Who dies at home? Determinants of site of death for community-based long-term care patients. *Journal of the American Geriatrics Society*, 47(1), 25–9.

Friedlander, H. (1995). *The Origins of Nazi Genocide: From Euthanasia to the Final Solution*. Chapel Hill, NC: University of North Carolina Press.

Frith, S. (1984). *The Sociology of Youth*. Ormskirk: Causeway Press Ltd.

Fullagar, S., and Owler, K. (1998). Narratives of leisure: recreating the self. *Disability & Society*, 13(3), 441–50.

Furstenberg, F. (2000). The sociology of adolescence and youth in the 1990s: a critical commentary. *Journal of Marriage and the Family*, 62(4), 896–910.

Gabard, D. (1999). Homosexuality and the Human Genome Project: private and public choices. *Journal of Homosexuality*, 37(1), 25–51.

Gabriel, S., and Gardner, W. (1999). Are there 'his' and 'hers' types of interdependence? The implications of gender differences in collective versus relational interdependence for affect, behavior, and cognition. *Journal of Personality and Social Psychology*, 77(3), 642–55.

Gajdos, P. (2000). The decline of birth rate in Slovakia: the sociological perspective. *Sociologia*, 32(1), 131-4.

Galjaard, H. (1997).Gene technology and social acceptance. *Pathologie Biologie*, 45(3), 250-5.

Gallagher, H. (1995).*By Trust Betrayed: Patients, Physicians, and the License to Kill in the Third Reich*. Arlington, VA: Vandamere Press.

Gallo, W., Baker, M., and Bradley, E. (2001). Factors associated with home versus institutional death among cancer patients in Connecticut. *Journal of the American Geriatrics Society*, 49(6), 771-7.

Galton, D. (1998). Greek theories on eugenics.*Journal of Medical Ethics*, 24 (4), 263-7.

Galton, D., and Galton, C. (1998). Francis Galton and eugenics today. *Journal of Medical Ethics*, 24(2), 99-105.

Galton, F. (1869).*Hereditary Genius: An Inquiry into Its Laws and Consequences*. London: Macmillan.

Gannotti, M., Handwerker, W., Groce, N., and Cruz, C. (2001). Sociocultural influences on disability status in Puerto Rican children. *Physical Therapy*, 81 (9), 1512-23.

Gardella, J. (1995). Eugenic sterilization in America and North Carolina. *North Carolina Medical Journal*, 56(2), 106-10.

Garland, R. (1995). *The Eye of the Beholder: Deformity and Disability in the Graeco-Roman World*. London: Gerald Duckworth & Co. Ltd.

Gayle, V. (1998). Structural and cultural approaches to youth: structuration theory and bridging the gap.*Youth and Policy*, 61, 59-72.

Genskow, J. (1986). *Independent Living and the Elderly Disabled in Denmark*. Sangamon, IL: Sangamon State University, IL, World Rehabilitation Fund, Inc. International Exchange of Experts and Information in Rehabilitation.

Gething, L. (2000). Ageing with long-standing hearing impairment and deafness. *International Journal of Rehabilitation Research*, 23(3), 209-15.

Gibson, D. (1996). Broken down by age and gender–'The problem of old women' redefined. *Gender & Society*, 10(4), 433–48.

Giddens, A. (1984). *The Constitution of Society*. Berkeley: University of California Press.

Giddens, A. (1991). *Modernity and Self-Identity: Self and Society in the Late Modern Age*. Cambridge: Polity.

Giele, J., and Elder, G. (eds). (1998). *Methods of Life Course Research: Qualitative and Quantitative Approaches*. Thousand Oaks, CA: Sage.

Giese, S., and Dawes, A. (1999). Child care, developmental delay and institutional practice. *South African Journal of Psychology*, 29(1), 17–22.

Gilger, J. (2000). Contributions and promise of human behavioral genetics. *Human Biology*, 72(1), 229–55.

Gillberg, C., and Geijer-Karlsson, M. (1983). Children born to mentally retarded women: a 1–21-year follow-up study of 41 cases. *Psychological Medicine*, 13, 891–4.

Gilleard, C., and Higgs, P. (1998). Ageing and the limiting conditions of the body.*Sociological Research Online*, 3(4), U56–70.

Giroux, H. (1998). Teenage sexuality, body politics, and the pedagogy of display. In J. S. Epstein (ed.), *Youth Culture: Identity in a Postmodern World*, Oxford: Blackwell, 24–55.

Glaser, B., and Strauss, A. (1965).*Awareness of Dying*. Chicago: Aldine.

Glaser, B., and Strauss, A. (1968).*Time for Dying*. Chicago: Aldine.

Glasper, E., and Powell, C. (1999). Facial surgery and children with Down's syndrome. *British Journal of Nursing*, 8(1), 6.

Glass, J. (1999).'*Life Unworthy of Life*': *Racial Phobia and Mass Murder in Hitler's Germany*. New York: Basic Books.

Glassner, B. (1992). *Bodies: The Tyranny of Perfection*. Los Angeles: Lowell House.

Gleeson, B. (1999).*Geographies of Disability*. London: Routledge.

Gold, S. (1996). An equality approach to wrongful birth statutes. *Fordham Law Review*, 65(3), 1005-41.

Gooding, C. (1996). Employment and disabled people: equal rights or positive action. In G. Zarb (ed.), *Removing Disabling Barriers*, London: Policy Studies Institute, 64-76.

Goodinge, S. (2000). *A Jigsaw of Services: An Inspection of Services to Support Disabled Adults in their Parenting Role*. London: Social Services Inspectorate/Department of Health, C1 (2000) 6.

Goodley, D. (1996). Tales of hidden lives: a critical examination of life history research with people who have learning difficulties. *Disability & Society*, 11(3), 333-48.

Goodley, D. (2000). *Self-Advocacy in the Lives of People with Learning Difficulties: The Politics of Resilience*. Buckingham: Open University Press.

Goss, D., Goss, F., and Adam-Smith, D. (2000). Disability and employment: a comparative critique of UK legislation. *International Journal of Human Resource Management*, 11(4), 807-21.

Graves, P., and Tracy, J. (1998). Education for children with disabilities: the rationale for inclusion. *Journal of Paediatrics and Child Health*, 34(3), 220-5.

Graycar, R. (1994). Sterilisation of young women with disabilities: towards a regulatory framework. *Australian Journal of Human Rights*, 1(1), 380-1.

Greely, H. (1998). Legal, ethical, and social issues in human genome research. *Annual Review of Anthropology*, 27, 473-502.

Gregory, S. (1995). *Deaf Young People and their Families Developing Understanding*. Cambridge: Cambridge University Press.

Groce, N. E., Chamie, M., and Me, A. (2000). Measuring the quality of life: rethinking the World Bank's Disability Adjusted Life Year. *Disability World*, *3*, http://www.disabilityworld.org/June-July2002/International/DALY.html.

Grossman, P. (1992). Employment discrimination law for the learningdisabled community. *Learning Disability Quarterly*, 15(4), 287-329.

Gruber, J. (2000). Disability insurance benefits and labor supply. *Journal of Political Economy*, 108(6), 1162-83.

Gutierrez-Fisac, J., Gispert, R., and Sola, J. (2000). Factors explaining the geographical differences in disability free life expectancy in Spain. *Journal of Epidemiology and Community Health*, 54(6), 451-5.

Haffter, C. (1968). The changeling: history and psychodynamics of attitudes to handicapped children in European folklore. *Journal of the History of Behavioural Sciences*, 4, 55-61.

Hahn, H. (1988). Can disability be beautiful? *Social Policy & Administration*, Winter, 26-32.

Hallam, E. (1999). *Beyond the Body: Death and Social Identity*. London: Routledge.

Hans, G. (1996). Future perspective on the youth policy and programmes. *Indian Journal of Social Work*, 57(3), 461-73.

Hareven, T. (1994). Aging and generational relations - a historical and lifecourse perspective. *Annual Review of Sociology*, 20, 437-61.

Harper, P., and Clarke, A. (1997). *Genetics, Society and Clinical Practice*. Oxford: Bios.

Harper, P., and Harris, R. (1986). Medical genetics in China: a Western view. *Journal of Medical Genetics*, 23, 385-8.

Harris, J. (1993). Is gene therapy a form of eugenics? *Bioethics*, 7, 178-87.

Harvey, J. (1997). The technological regulation of death: with reference to the technological regulation of birth. *Sociology-the Journal of the British Sociological Association*, 31(4), 719-35.

Hauser-Cram, P., Warfield, M., Shonkoff, J., Krauss, M., Sayer, A., Upshur, C., and Hodapp, R. (2001). Children with disabilities: a longitudinal study of child development and parent well-being-Introduction. *Monographs of the Society for Research in Child Development*, 66(3), 6-21.

Hayden, M., Lakin, K. C., Hill, B., Bruininks, R., and Copher, J. (1992).

Social and leisure integration of people with mental-retardation in foster homes and small-group homes. *Education and Training in Mental Retardation and Developmental Disabilities*, 27(3), 187–99.

Help Age International. (1999). *Ageing and Development Report: Poverty, Independence and the World's Older People*. London: Earthscan.

Henn, W. (2000). Consumerism in prenatal diagnosis: a challenge for ethical guidelines. *Journal of Medical Ethics*, 26(6), 444–6.

Henry, A. (1998). Development of a measure of adolescent leisure interests. *American Journal of Occupational Therapy*, 52(7), 531–9.

Hevey, D. (1991). From self love to the picket line. In S. Lees (ed.), *Disability Arts and Culture Papers*, London: Shape Publications, 23–30.

Hevey, D. (1992). *The Creatures Time Forgot: Photography and Disability Imagery*. London: Routledge.

Hevey, D. (1993). The tragedy principle: strategies for change in the representation of disabled people. In J. Swain, V. Finkelstein, S. French, and M. Oliver (eds), *Disabling Barriers: Enabling Environments*, Milton Keynes: Open University Press/Sage, 116–21.

Heyland, D., Lavery, J., Tranmer, J., Shortt, S., and Taylor, S. (2000). Dying in Canada: is it an institutionalized, technologically supported experience? *Journal of Palliative Care*, 16, S10–16.

Hintermair, M. (2000). Hearing impairment, social networks, and coping: the need for families with hearing-impaired children to relate to other parents and to hearing-impaired adults. *American Annals of the Deaf*, 145(1), 41–53.

Hirschman, C. (1994). Why fertility changes. *Annual Review of Sociology*, 20, 203–33.

Hoche, A., and Binding, K. (1920). *Die Freigabe der Vernichtung lebensunwerten Lebens* [*The Permission to Destroy Life Unworthy of Life*]. Leipzig.

Hockey, J., and James, A. (1993). *Growing Up and Growing Older: Ageing and Dependency in the Life Course*. London: Sage.

Hockey, J., Katz, J., and Small, N. (eds). (2001). *Grief, Mourning and Death Ritual*. Buckingham: Open University Press.

Hodkinson, P., and Sparkes, A. (1997). Careership: a sociological theory of career decision making. *British Journal of Sociology of Education*, 18(1), 29–44.

Hoenig, H., Taylor, D., and Sloan, F. (2001). Assistive technology is associated with reduced use of personal assistance among disabled older persons. *Journal of the American Geriatrics Society*, 49(4), A40.

Hogg, J., and Lambe, L. (1998). *Older People with Learning Disabilities: A Review of the Literature of Residential Services and Family Caregiving*. Dundee: White Top Research Unit, University of Dundee.

Holland, A. (2000). Ageing and learning disability. *British Journal of Psychiatry*, 176, 26–31.

Hollins, S., Attard, M., Von Fraunhofer, N., McGuigan, S., and Sedgwick, P. (1998). Mortality in people with learning disability: risks, causes, and death certification findings in London. *Developmental Medicine and Child Neurology*, 40 (1), 50–6.

Howarth, G. (1998). 'Just live for today'. Living, caring, ageing and dying. *Ageing and Society*, 18, 673–89.

Howarth, G., and Jefferys, M. (1996). Euthanasia: sociological perspectives. *British Medical Bulletin*, 52(2), 376–85.

Hubbard, G. (2000). The usefulness of in-depth life history interviews for exploring the role of social structure and human agency in youth transitions. *Sociological Research Online*, 4(4).

Hubbard, R. (1997). Abortion and disability: who should and who should not inhabit the world? In L. Davis (ed.), *The Disability Studies Reader*, New York: Routledge, 187–200.

Hudson, F. (ed.). (1999). *The Adult Years: Mastering the Art of Self-Renewal*. San Francisco: Jossey-Bass.

Hughes, B. (2000). Medicine and the aesthetic invalidation of disabled people.

Disability & Society, 15(4), 555-68.

Hughes, B., and Paterson, K. (1997). The social model of disability and the disappearing body: towards a sociology of impairment. *Disability & Society*, 12(3), 325-40.

Hughes, C. (2001). Transition to adulthood: supporting young adults to access social, employment, and civic pursuits. *Mental Retardation and Developmental Disabilities Research Reviews*, 7, 84-90.

Humphries, S., and Gordon, P. (1992). *Out of Sight: The Experience of Disability 1900-1950*. Plymouth: Channel Four/Northcote House.

Hurst, R., and Lansdown, G. (2002). 'We are children too!' Are disabled children included in the rights agenda? In *All Things being Equal: Perspectives on Disability and Development*, Milton Keynes: World Vision UK, 13-18.

Hurt, G. (1981). The handicapped family. In A. Walker and P. Townsend (eds), *Disability in Britain: A Manifesto of Rights*, Oxford: Martin Robertson & Company, 23-6.

Hyde, M. (1998). Sheltered and supported employment in the 1990s: the experiences of disabled workers in the UK. *Disability & Society*, 13(2), 199-215.

Hyder, A. A., and Morrow, R. H. (2000). Applying burden of disease methods in developing countries: a case study from Pakistan. *American Journal of Public Health*, 90(8), 1235-40.

Illich, I. (1975). *Medical Nemesis: The Expropriation of Health*. London: Calder & Boyars.

Ingstad, B., and Reynolds Whyte, S. (eds). (1995). *Disability and Culture*. Berkeley: University of California Press.

International Labour Organization. (1983). *Convention Concerning Vocational Rehabilitation and Employment (Disabled Persons)*. Geneva: ILO, Convention C159.

International Save the Children Alliance. (2001). *Disabled Children's Rights: A Practical Guide*. Stockholm: Save the Children Sweden.

Iredale, R. (2000). Eugenics and its relevance to contemporary health care.

Nursing Ethics, 7(3), 205-14.

Irwin, S. (1995). *Rights of Passage: Social Change and the Transition from Youth to Adulthood*. London: UCL Press.

Irwin, S. (1999). Later life, inequality and sociological theory. *Ageing and Society*, 19(6), 691-715.

Irwin, S. (2001). Repositioning disability and the life course: a social claiming perspective. In M. Priestley (ed.), *Disability and the Life Course: Global Perspectives*, Cambridge: Cambridge University Press, 15-25.

Irwin, S., and Bottero, W. (2000). Market returns? Gender and theories of change in employment relations. *British Journal of Sociology*, 51(2), 261-80.

Jagger, C., Ritchie, K., Bronnum-Hansen, H., Deeg, D., Gispert, R., Evans, J., Hibbett, M., Lawlor, B., Perenboom, R., Polge, C., and Van Oyen, H. (1998). Mental health expectancy-the European perspective: a synopsis of results presented at the Conference of the European Network for the Calculation of Health Expectancies (Euro-REVES). *Acta Psychiatrica Scandinavica*, 98(2), 85-91.

Jallinoja, P. (2001). Genetic screening in maternity care: preventive aims and voluntary choices. *Sociology of Health & Illness*, 23(3), 286-307.

James, A., and Prout, A. (eds). (1997). *Constructing and Reconstructing Childhood: Contemporary Issues in the Sociological Study of Childhood*. London: Falmer.

James, A., Jenks, C., and Prout, A. (1998). *Theorizing Childhood*. Cambridge: Polity.

Janicki, M., Dalton, A., Henderson, C., and Davidson, P. (1999). Mortality and morbidity among older adults with intellectual disability: health services considerations. *Disability and Rehabilitation*, 21(5-6), 284-94.

Jayasooria, D., Krishnan, B., and Ooi, G. (1997). Disabled people in a newly industrialising economy: opportunities and challenges in Malaysia. *Disability & Society*, 12(3), 455-63.

Jelas, Z. (2000). Perceptions of inclusive practices: the Malaysian *perspective. Educational Review*, 52(2), 187–96.

Jenkins, R. (ed.). (1998). *Questions of Competence: Culture, Classification and Intellectual Disability*. Cambridge: Cambridge University Press.

Jitapunkul, S., Bunnag, S., and Ebrahim, S. (1993). Health-care for elderly people in developing-countries–a case-study of Thailand. *Age and Ageing*, 22(5), 377–81.

Johnson, M. (1995). Interdependency and the generational compact. *Ageing and Society*, 15, 243–65.

Johnson, M., and Shaw, B. (eds). (2001). *To Ride the Public's Buses: The Fight that Built a Movement*. Louisville: Advocado Press.

Jones, E., Strom, R., and Daniels, S. (1989). Evaluating the success of deaf parents. *American Annals of the Deaf*, 134(5), 312–16.

Jones, G. (1988). Integrating process and structure in the concept of youth: a case study for secondary analysis. *Sociological Review*, 36, 706–32.

Jones, R. (2000). Parental consent to cosmetic facial surgery in Down's syndrome. *Journal of Medical Ethics*, 26(2), 101–2.

Juengst, E. (1999). Genetic testing and the moral dynamics of family life. *Public Understanding of Science*, 8(3), 193–205.

Kalekin-Fishman, D. (2001). The hidden injuries of 'a slight limp'. In M. Priestley (ed.), *Disability and the Life Course: Global Perspectives*. Cambridge: Cambridge University Press, 136–48.

Kallianes, V., and Rubenfeld, P. (1997). Disabled women and reproductive rights. *Disability & Society*, 12(2), 203–21.

Kaplan, K., and Bratman, E. (1999). Gender, pain, and doctor involvement: high school student attitudes toward doctor-assisted suicide. *Omega–Journal of Death and Dying*, 40(1), 27–41.

Kapp, M. (2000). Physicians' legal duties regarding the use of genetic tests to predict and diagnose Alzheimer disease. *Journal of Legal Medicine*, 21(4), 445–75.

Kasnitz, D. (2001). Life event histories and the US independent living movement. In M. Priestley (ed.) , *Disability and the Life Course*: *Global Perspectives*, Cambridge: Cambridge University Press, 67–78.

Kastenbaum, R., and Thuell, S. (1995).Cookies baking, coffee brewing–toward a contextual theory of dying. *Omega–Journal of Death and Dying*, 31(3), 175–87.

Kavale, K., and Forness, S. (2000). History, rhetoric, and reality–analysis of the inclusion debate. *Remedial and Special Education*, 21(5), 279–96.

Kearl, M. (1989). *Endings*: *A Sociology of Death and Dying*. Oxford: Oxford University Press.

Keigher, S. (1999). The limits of consumer directed care as public policy in an aging society. *Canadian Journal on Aging–Revue Canadienne du Vieillissement*, 18 (2), 182–210.

Keith, L. (ed.).(1994). *Mustn't Grumble*: *Writings by Disabled Women*. London: Women's Press.

Keith, L. (2001).*Take Up Thy Bed and Walk*: *Death*, *Disability*, *and Cure in Classic Fiction for Girls*. London: Routledge.

Kelly, M., and Dickinson, H. (1997). The narrative self in autobiographical accounts of illness. *Sociological Review*, 45(2), 254–78.

Kennedy, C. (2001). Social interaction interventions for youth with severe disabilities should emphasize interdependence. *Mental Retardation and Developmental Disabilities Research Reviews*, 7(2), 122–7.

Kennedy, J., and Minkler, M. (1998). Disability theory and public policy: implications for critical gerontology. *International Journal of Health Services*, 28(4), 757–76.

Kevles, D. (1985). *In the Name of Eugenics*. New York: Knopf.

King, D. (1999).Preimplantation genetic diagnosis and the 'new' eugenics. *Journal of Medical Ethics*, 25(2), 176–82.

Kinsella, K. (2000). Demographic dimensions of global aging. *Journal of Family Issues*, 21(5), 541–58.

Kinsella, K., and Suzman, R. (1992). Demographic dimensions of population aging in developing countries. *American Journal of Human Biology*, 4(1), 3-8.

Kirshbaum, M. (2000). A disability culture perspective on early intervention with parents with physical or cognitive disabilities and their infants. *Infants and Young Children*, 13(2), 9-20.

Kogon, E., Langbein, H., and Ruckerl, A. (eds). (1993). *Nazi Mass Murder: A Documentary History of the Use of Poison Gas*. New Haven, CT: Yale University Press.

Kohler, H. (2000). Social interactions and fluctuations in birth rates. *Population Studies-a Journal of Demography*, 54(2), 223-37.

Kohler, L. (1993). Children with and without disabilities in the Nordic countries-a Nordic project. *Scandinavian Journal of Social Medicine*, 21(3), 146-9.

Konur, O. (2000). Creating enforceable civil rights for disabled students in higher education: an institutional theory perspective. *Disability & Society*, 15(7), 1041-63.

Kristeva, J. (1982). *Power of Horror: An Essay in Abjection*. New York: Columbia University Press.

Kubler-Ross, E. (1969). *On Death and Dying*. New York: Macmillan.

Lachenmeier, F., Kaplan, K., and Caragacianu, D. (1999). Doctor assisted suicide: an analysis of public opinion of Michigan adults. *Omega-Journal of Death and Dying*, 40(1), 61-87.

Landau, R., Guttmann, D., and Talyigas, K. (1998). Eligibility criteria for cash assistance for older and disabled people in Hungary: a model for countries in passage from a planned to a market economy. *British Journal of Social Work*, 28(2), 233-46.

Larson, E. (ed.). (1995). *Sex, Race, and Science: Eugenics in the Deep South*. Baltimore: Johns Hopkins University Press.

Laslett, P. (1989). *A Fresh Map of Life: The Emergence of the Third Age*. London: Weidenfeld and Nicolson.

Laudor, M. (1994). In defense of wrongful life-bringing political-theory to the defense of a tort. *Fordham Law Review*, 62(6), 1675-1704.

Lee, B., and Werth, J. (2000). Observations on the first year of Oregon's Death with Dignity Act. *Psychology Public Policy and Law*, 6(2), 268-90.

Lee, D. (2001). Imperfect conceptions: medical knowledge, birth defects, and eugenics in China. *Pacific Affairs*, 74(1), 110-11.

Leichtentritt, R., and Rettig, K. (2000). The good death: reaching an inductive understanding. *Omega-Journal of Death and Dying*, 41(3), 221-48.

Leichtentritt, R., and Rettig, K. (2001). The construction of the good death-a dramaturgy approach. *Journal of Aging Studies*, 15(1), 85-103.

Leveille, S., Resnick, H., and Balfour, J. (2000). Gender differences in disability: evidence and underlying reasons. *Aging-Clinical and Experimental Research*, 12(2), 106-12.

Levesque, R. (1996). Regulating the private relations of adults with mental disabilities: old laws, new policies, hollow hopes. *Behavioral Sciences & the Law*, 14(1), 83-106.

Levine, P., and Nourse, S. (1998). What follow-up studies say about postschool life for young men and women with learning disabilities: a critical look at the literature. *Journal of Learning Disabilities*, 31(3), 212-33.

Lifton, R. (1986). *The Nazi Doctors*. London: Macmillan.

Light, J. (2001). Separate but equal? Reasonable accommodation in the information age. *Journal of the American Planning Association*, 67(3), 263-78.

Linton, S. (1998). *Claiming Disability: Knowledge and Identity*. New York: New York University Press.

Lisker, R., Carnevale, A., and Armendares, S. (1999). Mexican geneticists' views of ethical issues in genetics testing and screening. Are eugenic principles involved? *Clinical Genetics*, 56(4), 323-7.

Little, H. (1993). Non-consensual sterilisation of the intellectually disabled in the Australian context: potential for human rights abuse and the need for reform. *Aus-*

tralian Yearbook of International Law, 1993, 203.

Liu, X., Liang, J., Muramatsu, N., and Sugisawa, H. (1995). Transitions in functional status and active life expectancy among older people in Japan. *Journals of Gerontology Series B: Psychological Sciences and Social Sciences*, 50 (6), S383-94.

Lloyd, C. (2000). Excellence for all children-false promises! The failure of current policy for inclusive education and implications for schooling in the 21st century. *International Journal of Inclusive Education*, 4(2), 133-51.

Loeppky, R. (1998). Control from within? Power, identity, and the human genome project. *Alternatives-Social Transformation and Humane Governance*, 23(2), 245-66.

Longino, C., and Murphy, J. (1995). *The Old Age Challenge to the Biomedical Model*. New York: Baywood Publishing Co.

Lonsdale, S., and Walker, A. (1984). *A Right to Work: Disability & Employment*. London: Disability Alliance and Low Pay Unit.

Lubeck, S. (1996). Deconstructing 'child development knowledge' and 'teacher preparation'. *Early Childhood Research Quarterly*, 11(2), 147-67.

Luken, P., and Vaughan, S. (1999). Life history and the critique of American sociological practice. *Sociological Inquiry*, 69(3), 404-25.

Luo, H. (1988). Medical genetics in China. *Journal of Medical Genetics*, 25, 253-7.

Lynn, J. (2001). Serving patients who may die soon and their families-the role of hospice and other services. *JAMA* (*Journal of the American Medical Association*), 285(7), 925-32.

Lysack, C. (1997). Modernity, postmodernity and disability in developing countries. *International Journal of Rehabilitation Research*, 20(2), 121-8.

Macdonald, R., Mason, P., Shildrick, T., Webster, C., Johnston, L., and Ridley, L. (2001). Snakes and ladders: in defence of studies of youth transition. *Sociological Research Online*, 5(4), U86-103.

Macleod, R. (2001). On reflection: doctors learning to care for people who are dying. *Social Science & Medicine*, 52(11), 1719-27.

Maddox, G. (1994). Lives through the years revisited. *Gerontologist*, 34(6), 764-7.

Mamo, L. (1999). Death and dying: confluences of emotion and awareness. *Sociology of Health & Illness*, 21(1), 13-36.

Mannheim, K. (1952). *Essays in the Sociology of Knowledge*. London: Routledge & Kegan Paul.

Mao, X. (1998). Chinese geneticists' views of ethical issues in genetic testing and screening: evidence for eugenics in China. *American Journal of Human Genetics*, 63(3), 688-95.

Mao, X., and Wertz, D. (1997). China's genetic service providers' attitudes towards several ethical issues: a cross-cultural survey. *Clinical Genetics*, 52(2), 100-9.

Markham, I. (1998). Ethical and legal issues. *British Medical Bulletin*, 54(4), 1011-21.

Marshall, V. (1980). *Last Chapters: A Sociology of Aging and Dying*. Belmont, CA: Wadsworth.

Marshall, V. (1986). A sociological perspective on aging and dying. In V. Marshall (ed.), *Later Life: The Social Psychology of Ageing*, London: Sage, 125-46.

Mayer, K., and Tuba, N. (1990). *Event History Analysis in Life Course Research*. Madison: Wisconsin University Press.

Mazumdar, P. (1992). *Eugenics, Home Genetics and Human Failings: The Eugenics Society, its Sources and its Critics in Britain*. London: Routledge.

McConkey, R., and Ryan, D. (2001). Experiences of staff in dealing with client sexuality in services for teenagers and adults with intellectual disability. *Journal of Intellectual Disability Research*, 45, 83-7.

McConnell, D., and Llwellyn, G. (2000). Disability and discrimination in statutory child protection proceedings. *Disability & Society*, 15(6), 883-95.

McConnell, D., Llewellyn, G., and Ferronato, L. (2000). *Parents with a Dis-*

ability and the NSW Children's Court. Lidcombe, NSW: University of Sydney, Family Support and Services project.

McDaniel, S. (2001). Born at the right time? Gendered generations and webs of entitlement and responsibility. *Canadian Journal of Sociology-Cahiers Canadiens de Sociologie*, 26(2), 193-214.

McDonough, P. (1996).The social production of housework disability. *Women & Health*, 24(4), 1-25.

McInerney, F. (2000). 'Requested death': a new social movement. *Social Science & Medicine*, 50(1), 137-54.

Mehler, B. (1997). Beyondism: Raymond B. Cattell and the new eugenics. *Genetica*, 99(2-3), 153-63.

Meijer, C., and Jager, B. (2001). Population density and special needs education. *European Journal of Special Needs Education*, 16(2), 143-8.

Meisel, A., Snyder, L., and Quill, T. (2000). Seven legal barriers to endof-life care-myths, realities, and grains of truth. *JAMA*, 284(19), 2495-501.

Melse, J., Essink-Bot, M., Kramers, P., and Hoeymans, N. (2000). A national burden of disease calculation: Dutch disability-adjusted life-years. *American Journal of Public Health*, 90(8), 1241-7.

Melzer, D., Izmirlian, G., Leveille, S., and Guralnik, J. (2001). Educational differences in the prevalence of mobility disability in old age: the dynamics of incidence, mortality, and recovery.*Journals of Gerontology Series B: Psychological Sciences and Social Sciences*, 56(5), S294-301.

Melzer, D., McWilliams, B., Brayne, C., Johnson, T., and Bond, J. (2000). Socioeconomic status and the expectation of disability in old age: estimates for England. *Journal of Epidemiology and Community Health*, 54(4), 286-92.

Mencap, Respond, and Voice UK. (2001). *Behind Closed Doors: Preventing Sexual Abuse against Adults with a Learning Disability*. London: Mencap.

Meyer, J. (1988). Levels of analysis: the life course as a cultural construction. In M. W. Riley (ed.), *Social Structures and Human Lives*, Newbury Park, CA:

Sage, 49-62.

Michailakis, D. (2001). Information and communication technologies and the opportunities of disabled persons in the Swedish labour market. *Disability & Society*, 16(4), 477-500.

Michalko, R. (2002). *The Difference that Disability Makes*. Philadelphia: Temple University Press.

Middleton, L. (1996). *Making a Difference: Social Work with Disabled Children*. Birmingham: Venture Press.

Miles, S. (2000). *Youth Lifestyles in a Changing World*. Buckingham: Open University Press.

Miller, E., and Gwynne, G. (1972). *A Life Apart: A Pilot Study of Residential Institutions for the Physically Handicapped and the Young Chronic Sick*. London: Tavistock Publications.

Miller, H. (1992). Not the only game in town-zooepistemology and ontological pluralism. *Synthese*, 92(1), 25-37.

Milligan, M., and Neufeldt, A. (2001). The myth of asexuality: a survey of social and empirical evidence. *Sexuality and Disability*, 19(2), 91-109.

Minichiello, V., Browne, J., and Kendig, H. (2000). Perceptions and consequences of ageism: views of older people. *Ageing and Society*, 20, 253-78.

Minkler, M., and Estes, C. (eds). (1991). *Critical Perspectives on Aging: The Political and Moral Economy of Growing Old*. Amityville, NY: Baywood Press.

Mirfin-Veitch, B., Bray, A., Williams, S., Clarkson, J., and Belton, A. (1999). Supporting parents with intellectual disabilities. *New Zealand Journal of Disability Studies*, 6, 60-74.

Misztal, B. (1998). New times, new social movements and new theories in sociology-generational determinants for professing the critical theory of society. *Sociologia*, 30(6), 557-86.

Mitchell, W. (1999). Leaving special school: the next step and future aspirations. *Disability & Society*, 14(6), 753-70.

Mollard, D. (2001). *On Death without Dignity: The Human Impact of Technological Dying*. Amityville, NY: Baywood Publishing Company.

Moody, H. (1995). Ageing, meaning and the allocation of resources. *Ageing and Society*, 15, 163-84.

Morgan, D. (1998). Sociological imaginings and imagining sociology: bodies, auto/biographies and other mysteries. *Sociology*, 32(4), 647-63.

Morgan, J. (1996). Adefence of autonomy as an educational ideal. *Journal of Philosophy of Education*, 30, 239-53.

Morita, K. (2001). The eugenic transition of 1996 in Japan: from law to personal choice. *Disability & Society*, 16(5), 765-71.

Morris, J. (1991). *Pride Against Prejudice: Transforming Attitudes to Disability*. London: Women's Press.

Morris, J. (1993). *Independent Lives? Community Care and Disabled People*. Basingstoke: Macmillan.

Morris, J. (1995). Creating a space for absent voices-disabled women's experience of receiving assistance with daily living activities. *Feminist Review*, 51, 68-93.

Morris, J. (ed.). (1996). *Encounters with Strangers: Feminism and Disability*. London: Women's Press.

Morris, J. (1997). Care or empowerment? A disability rights perspective. *Social Policy & Administration*, 31(1), 54-60.

Morris, J. (1998a). *Accessing Human Rights: Disabled Children and the Children Act*. London: Barnardo's.

Morris, J. (1998b). *Don't Leave Us Out: Involving Children and Young People with Communication Impairments*. York: Joseph Rowntree Foundation.

Morris, J. (1999). *Hurtling into a Void: Transition to Adulthood for Young Disabled People with 'Complex Health and Support Needs'*. York: Pavilion Publishing/Joseph Rowntree Foundation.

Morrison, E., and Finkelstein, V. (1993). Broken arts and cultural repair: the role of culture in the empowerment of disabled people. In J. Swain, V. Finkelstein, S. French, and M. Oliver (eds), *Disabling Barriers: Enabling Environments*, Milton Keynes: Open University Press/Sage, 122-7.

Morton, N. (1998). Hippocratic orhypocritic: birth pangs of an ethical code. *Nature Genetics*, 18, 18.

Muller, M., Onwuteakaphilipsen, B., Kriegsman, D., and Vanderwal, G. (1996). Voluntary active euthanasia and doctor-assisted suicide: knowledge and attitudes of Dutch medical students. *Medical Education*, 30(6), 428-33.

Murray, C., and Lopez, A. (1997). Regional patterns of disability-free life expectancy and disability-adjusted life expectancy: global burden of disease study. *Lancet*, 349(9062), 1347-52.

MurrayParkes, C., Laungani, P., and Young, B. (eds). (1997). *Death and Bereavement across Cultures*. London: Routledge.

Najman, J., Bor, W., Morrison, J., Andersen, M., and Williams, G. (1992). Child developmental delay and socioeconomic disadvantage in Australia-a longitudinal study. *Social Science & Medicine*, 34(8), 829-35.

National Council on Disability and Social Security Administration. (2000). *Transition and Post-School Outcomes for Youth with Disabilities: Closing the Gaps to Post-Secondary Education and Employment*. Washington, DC: National Council on Disability.

Newell, C. (2000). Biomedicine, genetics and disability: reflections on nursing and a philosophy of holism. *Nursing Ethics*, 7(3), 227-36.

Newman, B., and Newman, P. (2001). Group identity and alienation: giving the we its due. *Journal of Youth and Adolescence*, 30(5), 515-38.

Nikolaraizi, M., and Reybekiel, N. (2001). A comparative study of children's attitudes towards deaf children, children in wheelchairs and blind children in Greece and in the UK. *European Journal of Special Needs Education*, 16(2), 167-82.

Nirje, B. (1969). The normalisation principle and its human management implications. In R. Kugel and W. Wolfensberger (eds), *Changing Patterns in Residen-*

tial Services for the Mentally Retarded, Washington, DC: President's Committee on Mental Retardation, 179–95.

Noom, M., Dekovic, M., and Meeus, W. (2001). Conceptual analysis and measurement of adolescent autonomy. *Journal of Youth and Adolescence*, 30(5), 577–95.

Norrie, K. (1991). Wrongful birth and the Supreme-Court of South-Africa. *International and Comparative Law Quarterly*, 40, 437–42.

Öberg, P. (1996). The absent body-a social gerontological paradox. *Ageing and Society*, 16, 701–19.

Öberg, P., and Tornstam, L. (2001). Youthfulness and fitness–identity ideals for all ages? *Journal of Aging and Identity*, 6(1), 15–29.

O'Brien, C. (1996). China urged to delay 'eugenics' law. *Nature*, 383 (6597), 204.

O'Brien, R. (2001). *Crippled Justice: The History of Modern Disability Policy in the Workplace*. Chicago: University of Chicago Press.

Ogden, R. (2001). Non-physician assisted suicide: the technological imperative of the deathing counterculture. *Death Studies*, 25(5), 387–401.

Oldman, D. (1994). Adult–child relations as class relations. In J. Qvortrup, M. Bardy, G. Sgritta, and H. Wintersberger (eds), *Childhood Matters: Social Theory, Practice and Politics*, Aldershot: Avebury, 43–58.

Oliver, M. (1983). *Social Work and Disabled People*. Basingstoke: Macmillan.

Oliver, M. (1989). Disability and dependency: a creation of industrialized societies. In L. Barton (ed.), *Disability and Dependency*, London: Falmer Press, 6–22.

Oliver, M. (1990). *The Politics of Disablement*. Basingstoke: Macmillan.

Oliver, M. (1993). Societal responses to long term disability. In G. Whiteneck, S. Charlifue, K. Gerhart, D. Lammertse, S. Manley, R. Manter, and K. Seedroff (eds), *Ageing with Spinal Cord Injury*, New York: Demos Publications, 251–62.

Oliver, M. (1996). *Understanding Disability: From Theory to Practice*. Basingstoke: Macmillan.

Oliver, M. (1998). The sexual politics of disability: untold desires (book review). *Disability & Society*, 13(1), 150-2.

Opie, I. (1993). *The People in the Playground*. Oxford: Oxford University Press.

Opie, I., and Opie, P. (1959). *The Lore and Language of Schoolchildren*. Oxford: Oxford University Press.

O'Toole, C. (2000). The view from below: developing a knowledge base about an unknown population. *Sexuality and Disability*, 18(3), 207-24.

Otsubo, S., and Bartholomew, J. (1998). Eugenics in Japan: some ironies of modernity, 1883-1945. *Science in Context*, 11(3-4), 545-65.

Padden, C., and Humphries, T. (1988). *Deaf in America: Voices from a Culture*. Cambridge, MA: Harvard University Press.

Painton, D. (ed.). (1997). *Antenatal Screening and Abortion for Fetal Abnormality: Medical and Ethical Issues*. London: Birth Control Trust.

Parsons, T. (1951). *The Social System*. London: Free Press/RKP.

Parsons, T. (1963). Death in American society: a brief working paper. *American Behavioural Scientist*, 6, 61-5.

Patja, K., and Livanainen, M. (2000). Life expectancy of people with intellectual disability: a follow-up study from 1963 to 1997. *Journal of Intellectual Disability Research*, 44, 907.

Patja, K., Livanainen, M., Vesala, H., Oksanen, H., and Ruoppila, I. (2000). Life expectancy of people with intellectual disability: a 35-year follow-up study. *Journal of Intellectual Disability Research*, 44, 591-9.

Pattersonkeels, L., Quint, E., Brown, D., Larson, D., and Elkins, T. E. (1994). Family views on sterilization for their mentally-retarded children. *Journal of Reproductive Medicine*, 39(9), 701-6.

Pattison, E. (1977). *The Experience of Dying*. Englewood Cliffs, NJ: Prentice-Hall.

Pecheux, M. (1999). Parental representations of early development. *Année psychologique*, 99(4), 709-30.

Perakis, A., Kolaitis, G., Kordoutis, P., Kranidioti, M., and Tsiantis, J. (1995). Mortality among institutionalized people with learning disabilities in Greece-a 30-year survey at the Leros Pikpa Asylum. *British Journal of Psychiatry*, 167, 70-7.

Pernick, M. (1996). *The Black Stork*. New York: Oxford University Press.

Peters, S. (2000). Is there a disability culture? A syncretisation of three possible world views. *Disability & Society*, 15(4), 583-601.

Petersen, K. (1997). Medical negligence and wrongful birth actions: Australian developments. *Journal of Medical Ethics*, 23(5), 319-22.

Pfafflin, F., and Gross, J. (1982). Involuntary sterilization in Germany from 1933 to 1945 and some consequences for today. *International Journal of Law and Psychiatry*, 5(3-4), 419-23.

Pfeiffer, D. (2000). The devils are in the details: the ICIDH2 and the disability movement. *Disability & Society*, 15(7), 1079-82.

Phillipson, C. (1982). *Capitalism and the Construction of Old Age*. London: Macmillan.

Phillipson, C., Bernard, M., and Strang, P. (1986). *Dependency and Interdependency in Old Age: Theoretical Perspectives and Policy Alternatives*. London: Croom Helm in association with the British Society of Gerontology.

Philp, M., and Duckworth, D. (1982). *Children with Disabilities and their Families: A Review of Research*. Windsor, Berks: NFER-Nelson.

Piaget, J. (1959). *The Language and Thought of the Child*, 3rd edn. London: Routledge.

Pixa-Kettner, U. (1998). Parents with intellectual disability in Germany: results of a nation-wide study. *Journal of Applied Research in Intellectual Disabilities*, 11(4), 355-64.

Plummer, K. (1995). *Telling Sexual Stories*. London: Routledge.

Polivka, L. (2001). Globalization, population, aging, and ethics. *Journal of Aging and Identity*, 6(3), 147-63.

Porter, D. (2000). The problem of mental deficiency: eugenics, democracy, and social policy in Britain, c.1870-1959. *Isis*, 91(4), 802-4.

Porter, E. (2001). Interdependence, parenting and responsible citizenship. *Journal of Gender Studies*, 10(1), 5-15.

Potts, M. (1997). Sex and the birth rate: human biology, demographic change, and access to fertility-regulation methods. *Population and Development Review*, 23(1), 1-39.

Pound, P., Gompertz, P., and Ebrahim, S. (1998). Illness in the context of older age: the case of stroke. *Sociology of Health & Illness*, 20(4), 489-506.

Prakash, I. (1997). Women and ageing. *Indian Journal of Medical Research*, 106, 396-408.

Preston, P. (1995). Mother father deaf-the heritage of difference. *Social Science & Medicine*, 40(11), 1461-7.

Preston, P. (1996). Chameleon voices: interpreting for deaf parents. *Social Science & Medicine*, 42(12), 1681-90.

Priestley, M. (1997). The origins of a legislative disability category in England: a speculative history. *Disability Studies Quarterly*, 17(2), 87-94.

Priestley, M. (1998a). Childhood disability and disabled childhoods-agendas for research. *Childhood-A Global Journal of Child Research*, 5(2), 207-23.

Priestley, M. (1998b). Constructions and creations: idealism, materialism and disability theory. *Disability & Society*, 13(1), 75-94.

Priestley, M. (1998c). Discourse and resistance in care assessment: integrated living and community care. *British Journal of Social Work*, 28(5), 659-73.

Priestley, M. (1999). *Disability Politics and Community Care*. London: Jessica Kingsley Publishers.

Priestley, M. (2000). Adults only: disability, social policy and the life course. *Journal of Social Policy*, 29, 421-39.

Priestley, M. (ed.). (2001). *Disability and the Life Course: Global Perspectives*. Cambridge: Cambridge University Press.

Priestley, M. (2002a). 'It's like your hair going grey', or is it? Impairment, disability and the habitus of old age. In S. Riddell and N. Watson (eds), *Disability, Culture and Identity*, London: Longman.

Priestley, M. (2002b). Whose voices? Representing the claims of older disabled people under New Labour. *Policy & Politics*, 30(3), 361–72.

Priestley, M., Corker, M., and Watson, N. (1999). Unfinished business: disabled children and disability identity. *Disability Studies Quarterly*, 19(2), 90–7.

Prince, M. (1997). The need for research on dementia in developing countries. *Tropical Medicine & International Health*, 2(10), 993–1000.

Proctor, G. (2001). Listening to older women with dementia: relationships, voices and power. *Disability & Society*, 16(3), 361–76.

Putnam, C. (2001). New information on 'death with dignity'. *Hastings Center Report*, 31(4), 8.

Qvortrup, J. (1994). Childhood matters: an introduction. In J. Qvortrup, M. Bardy, G. Sgritta, and H. Wintersberger (eds), *Childhood Matters: Social Theory, Practice and Politics*, Aldershot: Avebury, 1–23.

Qvortrup, J., Bardy, M., Sgritta, G., and Wintersberger, H. (eds). (1994). *Childhood Matters: Social Theory, Practice and Politics*. Aldershot: Avebury.

Rabiee, P., Priestley, M., and Knowles, J. (2001). *Whatever Next? Young Disabled People Leaving Care*. Leeds: First Key.

Rao, S. (2001). 'A little inconvenience': perspectives of Bengali families with children with disabilities on labelling and inclusion. *Disability & Society*, 16(4), 531–48.

Read, S. (1999). *Bereavement and People with a Learning Disability*. London: Nursing Times Books.

Redelman, M. (2001). Sexuality and the intellectually disabled. *Current Therapeutics*, 42(5), 63–7.

Reindal, S. (1999). Independence, dependence, interdependence: some reflections on the subject and personal autonomy. *Disability & Society*, 14(3), 353-67.

Reindal, S. (2000). Disability, gene therapy and eugenics-a challenge to John Harris. *Journal of Medical Ethics*, 26(2), 89-94.

Richards, T., Wrubel, J., and Folkman, S. (1999). Death rites in the San Francisco gay community: cultural developments of the AIDS epidemic. *Omega-Journal of Death and Dying*, 40(2), 335-50.

Riddell, S. (1996). Theorising special educational needs in a changing political climate. In L. Barton (ed.), *Disability & Society: Emerging Issues and Insights*, Harlow: Longman, 83-106.

Riddell, S. (1998). The dynamic of transition to adulthood. In K. Stalker and L. Ward (eds), *Growing Up with Disability*, London: Jessica Kingsley Publishers, 189-209.

Riddell, S., Baron, S., and Wilson, A. (2001). The significance of the learning society for women and men with learning difficulties. *Gender and Education*, 13(1), 57-73.

Riggs, A., and Turner, B. (1997). The sociology of the postmodern self: intimacy, identity and emotions in adult life. *Australian Journal on Ageing*, 16(4), 229-32.

Riley, J. (1983). Dying and the meanings of death-sociological inquiries. *Annual Review of Sociology*, 9, 191-216.

Riley, M. (1988a). On the significance of age in sociology. In M. W. Riley (ed.), *Social Structures and Human Lives*, Newbury Park, CA: Sage, 24-45.

Riley, M. (ed.). (1988b). *Social Structures and Human Lives*. Newbury Park, CA: Sage.

Roberge, R., Berthelot, J. M., and Cranswick, K. (1999). Adjusting life expectancy to account for disability in a population: a comparison of three techniques. *Social Indicators Research*, 48(2), 217-43.

Roberts, K. (1997). Structure and agency: the new youth research agenda. In J. Bynner, L. Chisholm, and A. Furlong (eds), *Youth, Citizenship and Social Change in a European Context*, Aldershot: Ashgate, 17–41.

Rock, P. (1988).Independence: what it means to six disabled people living in the community. *Disability, Handicap & Society*, 3, 27–35.

Rock, P. (1996). Eugenics and euthanasia: a cause for concern for disabled people, particularly disabled women. *Disability & Society*, 11(1), 121–7.

Rohrlich, F. (2001). Cognitive scientific realism. *Philosophy of Science*, 68 (2), 185–202.

Rojek, C., and Turner, B. (2000). Decorative sociology: towards a critique of the cultural turn. *Sociological Review*, 48(4), 629–48.

Roscoe, L., Malphurs, J., Dragovic, L., and Cohen, D. (2001). A comparison of characteristics of Kevorkian euthanasia cases and physician-assisted suicides in Oregon. *Gerontologist*, 41(4), 439–46.

Rosman, E., and Knitzer, J. (2001). Welfare reform: the special case of young children with disabilities and their families.*Infants and Young Children*, 13 (3), 25–35.

Roulstone, A. (1998). *Enabling Technology: Disabled People, Work and Technology*. Milton Keynes: Open University Press.

Rousso, H., and Wehmeyer, M. L. (eds). (2001). *Double Jeopardy: Addressing Gender Equity in Special Education.* Albany, NY: State University of New York Press.

Rowlands, A. (2001). Breaking my head in the prime of my life: acquired disability in young adulthood. In M. Priestley (ed.), *Disability and the Life Course: Global Perspectives*, Cambridge: Cambridge University Press, 179–91.

Russell, P., John, A., and Lakshmanan, J. (1999). Family intervention for intellectually disabled children–randomised controlled trial. *British Journal of Psychiatry*, 174, 254–8.

Rustin, M. (2000). Reflections on the biographical turn in social sciences. In P.

Chamberlayne, J. Bornat, and T. Wengraf (eds), *The Turn to Biographical Methods in Social Science: Comparative Issues and Examples*, London: Routledge, 33-52.

Ryan, J., and Thomas, F. (1980). *The Politics of Mental Handicap*. Harmondsworth: Penguin.

Sainsbury, S. (1986). *Deaf Worlds: A study of Integration, Segregation and Disability*. London: Hutchinson.

Salisbury, P. (1998). Factors affecting birth rates among white women 20-24 years of age: a trend analysis (January 1972-March 1992). *Social Indicators Research*, 43(3), 261-89.

Salisbury, P. (1999). Factors affecting birth rates among black women 20-24 years of age: a trend analysis (January 1972-March 1992). *Social Indicators Research*, 48(1), 1-38.

Saloviita, T. (2000). Supported employment as a paradigm shift and a cause of legitimation crisis. *Disability & Society*, 15(1), 87-98.

Salvatori, P., Tremblay, M., Sandys, J., and Marcaccio, D. (1998). Aging with an intellectual disability: a review of Canadian literature. *Canadian Journal on Aging-Revue Canadienne du Vieillissement*, 17(3), 249-71.

Sandieson, R. (1998). A survey on terminology that refers to people with mental retardation developmental disabilities. *Education and Training in Mental Retardation and Developmental Disabilities*, 33(3), 290-5.

Sankar, A. (1987). The living dead. In P. Silverman (ed.), *The Elderly as Modern Pioneers*, Bloomington: Indiana University Press, 345-56.

Santana, P. (2000). Ageing in Portugal: regional iniquities in health and health care. *Social Science & Medicine*, 50(7-8), 1025-36.

Saviolonegrin, N., and Cristante, F. (1992). Teachers' attitudes towards plastic surgery in children with Down's syndrome. *Journal of Intellectual Disability Research*, 36, 143-55.

Savulescu, J. (2001). Is current practice around late termination of pregnancy eugenic and discriminatory? Maternal interests and abortion. *Journal of Medical Eth-*

ics, 27(3), 165–71.

Schneider, J., Simons, K., and Everatt, G. (2001). Impact of the national minimum wage on disabled people. *Disability & Society*, 16(5), 723–41.

Schofield, G. (1996). Parental competence and the welfare of the child: issues for those who work with parents with learning disabilities and their children. *Child and Family Social Work*, 1(2), 87–92.

Scott, J. (2000). Is it a different world to when you were growing up? Generational effects on social representations and child-rearing values. *British Journal of Sociology*, 51(2), 355–76.

Scott, S., Jackson, S., and Backett-Milburn, K. (1998). Swings and roundabouts: risk anxiety and the everyday worlds of children. *Sociology*, 32(4), 689–705.

Seale, C. (1998). *Constructing Death: The Sociology of Dying and Bereavement*. Cambridge: Cambridge University Press.

Seelman, K. (2000). Science and technology policy: is disability a missing factor? *Assistive Technology*, 12(2), 144–53.

Selden, S. (1999). *Inheriting Shame: The Story of Eugenics and Racism in America*. New York: Teachers' College Press.

Selden, S. (2000). Eugenics and the social construction of merit, race and disability. *Journal of Curriculum Studies*, 32(2), 235–52.

Seymour, J. (1999). Revisiting medicalisation and 'natural' death. *Social Science & Medicine*, 49(5), 691–704.

Shakespeare, T. (1994). Cultural representation of disabled people: dustbins for disavowal? *Disability & Society*, 9, 283–99.

Shakespeare, T. (1998). Choices and rights: eugenics, genetics and disability equality. *Disability & Society*, 13(5), 665–81.

Shakespeare, T. (1999). 'Losing the plot'? Medical and activist discourses of contemporary genetics and disability. *Sociology of Health & Illness*, 21(5), 669–88.

Shakespeare, T. (2000). Disabled sexuality: towards rights and recognition.

Sexuality and Disability, 18(3), 159–66.

Shakespeare, T., and Watson, N. (1998). Theoretical perspectives on research with disabled children. In K. Stalker and L. Ward (eds), *Growing Up with Disability*, London: Jessica Kingsley Publishers, 13–27.

Shakespeare, T., Gillespie-Sells, K., and Davies, D. (1996). *The Sexual Politics of Disability: Untold Desires*. London: Cassell.

Shamgar-Handelman, L. (1994). To whom does childhood belong? In J. Qvortrup, M. Bardy, G. Sgritta, and H. Wintersberger (eds), *Childhood Matters: Social Theory, Practice and Politics*, Aldershot: Avebury, 249–66.

Shapira, A. (1998). 'Wrongful life' lawsuits for faulty genetic counselling: should the impaired newborn be entitled to sue? *Journal of Medical Ethics*, 24(6), 369–75.

Sharp, K., and Earle, S. (2002). Feminism, abortion and disability: irreconcilable differences? *Disability & Society*, 17(2), 137–46.

Shea, G. (1999). *Redress Programs Relating to Institutional Child Abuse in Canada*. Ontario: Law Commission of Canada.

Shepherd, L. (1995). Protecting parents' freedom to have children with genetic differences. *University of Illinois Law Review*, 4, 761–812.

Shepperdson, B. (1995). The control of sexuality in young people with Down's syndrome. *Child Care Health and Development*, 21(5), 333–49.

Simon, A. (2000). A right to life for the unborn? The current debate on abortion in Germany and Norbert Hoerster's legal-philosophical justification for the right to life. *Journal of Medicine and Philosophy*, 25(2), 220–39.

Sitlington, P. (1996). Transition to living: the neglected component of transition programming for individuals with learning disabilities. *Journal of Learning Disabilities*, 29(1), 31–9.

Smith, J. (1993). *The Eugenic Assault on America: Scenes in Red, White and Black*. Fairfax, VA: George Mason University Press.

Smith, J. (1995). The Bell-curve and Carrie Buck: eugenics revisited. *Mental*

Retardation, 33, 60-1.

Smith, P. (1999). Drawing new maps: a radical cartography of developmental disabilities.*Review of Educational Research*, 69(2), 117-44.

Snyder, L., and Sulmasy, D. (2001). Physician-assisted suicide. *Annals of Internal Medicine*, 135(3), 209-16.

Stainton, T. (1994). *Autonomy and Social Policy*. Aldershot: Avebury/ Ashgate.

Stalker, K., Duckett, P., and Downs, M. (1999). *Going with the Flow: Choice, Dementia and People with Learning Difficulties*. Brighton: Pavilion Publishing.

Steele, C.,Kalnins, I., Jutai, J., Stevens, S., Bortolussi, J., and Biggar, W. (1996). Lifestyle health behaviours of 11- to 16-year-old youth with physical disabilities. *Health Education Research*, 11(2), 173-86.

Steinbicker, J. (2001). Soziale Ungleichheit in der Informations- und Wissensgesellschaft [Social inequality in the information and knowledge society]. *Berliner Zeitschrift für Soziologie*, 11(4), 441-58.

Steinhauser, A., Christakis, N., Clipp, E., McNeilly, M., McIntyre, L., and Tulsky, J. (2000). Factors considered important at the end of life by patients, family, physicians, and other care providers. *JAMA* 284(19), 2476-82.

Stepanuk, N. (1998). Genetic information and third party access to information: New Jersey's pioneering legislation as a model for federal privacy protection of genetic information. *Catholic University Law Review*, 47(3), 1105-44.

Stobel-Richter, Y., and Brahler, E. (2001). Children-why not... Results of a representative survey in East and West Germany. *Zentralblatt für Gynäkologie*, 123(1), 64-7.

Stone, D. (1984).*The Disabled State*. Philadelphia: Temple University Press.

Stone, E. (1996). A law to protect, a law to prevent: contextualising disability legislation in China. *Disability & Society*, 11(4), 469-84.

Stone, E. (ed.). (1999).*Disability and Development: Learning from Action Re-*

search on Disability in the Majority World. Leeds: Disability Press.

Stone, S. (1995). The myth of bodily perfection.*Disability & Society*, 10(4), 413-24.

Stoneman, Z. (2001). Supporting positive sibling relationships during childhood. *Mental Retardation and Developmental Disabilities Research Reviews*, 7(2), 134-42.

Storey, K. (2000). Why employment in integrated settings for people with disabilities *International Journal of Rehabilitation Research*, 23(2), 103-10.

Stott, F., and Bowman, B. (1996). Child development knowledge: a slippery base for practice. *Early Childhood Research Quarterly*, 11(2), 169-83.

Strickland, S., and Tuffrey, V. (1997). Parental investment theory and birth sex ratios in Nepal. *Journal of Biosocial Science*, 29(3), 283-95.

Sutherland, S. (1999).*With Respect to Old Age: Long Term Care-Rights and Responsibilities: A Report by the Royal Commission on Long Term Care*. London: Stationery Office, Cm 4192-I.

Swain, J., and French, S. (2000). Towards an affirmation model of disability. *Disability & Society*, 15(4), 569-82.

Synott, A. (1993). *The Body Social: Symbolism, Self and Society*. London: Routledge.

Takala, T., and Gylling, H. (2000). Who should know about our genetic makeup and why? *Journal of Medical Ethics*, 26(3), 171-4.

Taleporos, G., and McCabe, M. (2001). Physical disability and sexual esteem. *Sexuality and Disability*, 19(2), 131-48.

Tang, S. (2000). Meanings of dying at home for Chinese patients in Taiwan with terminal cancer-a literature review. *Cancer Nursing*, 23(5), 367-70.

Tangwa, G. (1999). Globalisation or westernisation? Ethical concerns in the whole big-business. *Bioethics*, 13(3-4), 218-26.

Taylor, C., Norman, D., Murphy, J., Jellinek, M., Quinn, D., Poitrast, F., and Goshko, M. (1991). Diagnosed intellectual and emotional impairment among parents who seriously mistreat their children: prevalence, type, and outcome in a court sample. *Child Abuse*, 15, 389-401.

Taylor, J. (1989). *Holy Living and Holy Dying*, ed. P. G. Stanwood. Oxford: Oxford University Press.

Tepper, M. (2000). Sexuality and disability: the missing discourse of pleasure. *Sexuality and Disability*, 18(4), 283-90.

Test, D. (1994). Supported employment and social validity. *Journal of the Association for Persons with Severe Handicaps*, 19(2), 116-29.

Test, D., Carver, T., Ewers, L., Haddad, J., and Person, J. (2000). Longitudinal job satisfaction of persons in supported employment. *Education and Training in Mental Retardation and Developmental Disabilities*, 35(4), 365-73.

Thomas, C. (1997). The baby and the bath water: disabled women and motherhood in social context. *Sociology of Health and Illness*, 19(5), 622-43.

Thomas, C., and Curtis, P. (1997). Having a baby: some disabled women's reproductive experiences. *Midwifery*, 13, 202-9.

Thomas, N., and Price, N. (1996). The evolution of population policy in rural China. *Health Policy and Planning*, 11(1), 21-9.

Thompson, L., Powers, G., and Houchard, B. (1992). The wage effects of supported employment. *Journal of the Association for Persons with Severe Handicaps*, 17(2), 87-94.

Thornton, P., and Lunt, N. (1997). *Employment Policies for Disabled People in Eighteen Countries: A Review*. York: Social Policy Research Unit, University of York.

Tisdall, K. (2001). Failing to make the transition? Theorising the 'transition to adulthood' for young disabled people. In M. Priestley (ed.), *Disability and the Life Course: Global Perspectives*, Cambridge: Cambridge University Press, 167-78.

Todd, S., and Shearn, J. (1996). Time and the person: the impact of support services on the lives of parents of adults with intellectual disabilities. *Journal of Applied Research in Intellectual Disabilities*, 9(1), 40-60.

Tomlinson, S., and Colquhoun, R. (1995). The political economy of special educational needs in Britain. *Disability & Society*, 10(2), 191-202.

Tooley, M. (1983). *Abortion and Infanticide*. New York: Oxford University Press.

Topliss, E. (1979). *Provision for the Disabled*. Oxford: Blackwell/Martin Robertson.

Townsend, P. (1981). The structural dependency of the elderly: the creation of social policy in the twentieth century. *Ageing and Society*, 1(May), 28.

Tremain, S. (ed.). (1996). *Pushing the Limits: Disabled Dykes Produce Culture*. Toronto: Women's Press.

Tremain, S. (2000). Queering disabled sexuality studies. *Sexuality and Disability*, 18(4), 291-9.

Trent, J. W. (1998). Defectives at the World's Fair-constructing disability in 1904. *Remedial and Special Education*, 19(4), 201-11.

Tsuji,I., Minami, Y., Fukao, A., Hisamichi, S., Asano, H., and Sato, M. (1995). Active life expectancy among elderly Japanese. *Journal of Gerontology Series A: Biological Sciences and Medical Sciences*, 50(3), M173-6.

Tulle-Winton, E. (1999). Growing old and resistance: towards a new cultural economy of old age? *Ageing and Society*, 19, 281-99.

Tulle-Winton, E., and Mooney, E. (1999). Managing old bodies: the body in social gerontological theorising. *Zeitschrift für Gerontologie und Geriatrie*, 32(2, suppl. 2), 835.

Turmusani, M. (2001).Work and adulthood: economic survival in the majority world. In M. Priestley (ed.), *Disability and the Life Course: Global Perspectives*, Cambridge: Cambridge University Press, 192-205.

Turner, B. (1989). Ageing, politics and sociological theory.*British Journal of Sociology*, 40(4), 588-606.

Turner, B. (1998). Ageing and generational conflicts: a reply to Sarah Irwin. *British Journal of Sociology*, 49(2), 299-304.

Turney, J., and Turner, J. (2000). Predictive medicine, genetics and schizophrenia. *New Genetics and Society*, 19(1), 5-22.

Ulrich, M. (2000). *Life Courses in the Transformation of East Germany*. Madrid: Instituto Juan March de Estudios e Investigaciones.

Um, Y. (2000). A critique of a 'wrongful life' lawsuit in Korea. *Nursing Ethics*, 7(3), 250-61.

Union of Physically Impaired against Segregation/DisabilityAlliance. (1976). *Fundamental Principles of Disability*. London: UPIAS/Disability Alliance.

United Nations. (1983). *Vienna International Plan of Action on Aging*. New York: United Nations.

United Nations. (1991). *Principles for Older Persons*. New York: United Nations.

United Nations. (1993). *Standard Rules on the Equalization of Opportunities for People with Disabilities*. New York: United Nations.

United Nations. (1998). *The Sex and Age Distribution of the World Populations: 1998 Revision, Volume II: Sex and Age*. New York: United Nations.

United Nations Educational Scientific and Cultural Organization and Ministry of Education and Science. (1994). The Salamanca Statement and Framework for Action on Special Needs Education. Paper presented at the World Conference on Special Needs Education: Access and Quality, Salamanca, Spain, 7-10 June 1994.

United Nations Secretariat. (1998). *World Population Prospects, the 1998 Revision, Volume II: Sex and Age*. New York: The Population Division, Department of Economic and Social Affairs, United Nations Secretariat.

Ustun, T., Chatterji, S., Bickenbach, J., Trotter, R., Room, R., Rehm, J., and Saxena, S. (eds). (2001). *Disability and Culture: Universalism and Diversity*. Kirkland, WA: Hogrefe & Huber Publishers/World Health Organisation.

Verbrugge, L., Rennert, C., and Madans, J. H. (1997). The great efficacy of personal and equipment assistance in reducing disability. *American Journal of Public Health*, 87(3), 384-92.

Vierzigmann, G., and Kreher, S. (1998). 'Zwischen den Generationen' - Familiendynamik und Familiendiskurse in biographischen Erzählungen ['Between generations' - family dynamics and family discourses in biographical accounts]. *Berliner Zeitschrift für Soziologie*, 8(1), 23-38.

Vincent, J. (1999). *Politics, Power and Old Age*. Buckingham: Open University Press.

Vincent, J., Patterson, G., and Wale, K. (2001). *Politics and Old Age: Older Citizens and Political Processes in Britain*. Aldershot: Ashgate.

Vintzileos, A., Ananth, C., Fisher, A., Smulian, J., Day-Salvatore, D., and Beazoglu, T. (1998). An economic evaluation of the first-trimester genetic sonography for prenatal detection of Down's syndrome. *Obstetrics and Gynecology*, 91, 535-9. Waksler, F. (1991). Studying children: phenomenological insights. In F. Waksler (ed.), *Studying the Social Worlds of Children*, London: Falmer Press, 60-9.

Wald, N., Kennard, A., Densem, J., Cuckle, H., Chard, T., and Butler, L. (1992). Antenatal maternal screening for Down's syndrome: results of a demonstration project. *British Medical Journal*, 305, 391-4.

Waldman, H., Swerdloff, M., and Perlman, S. (1999). A 'dirty secret': the abuse of children with disabilities. *Journal of Dentistry for Children*, 66 (3), 197-202.

Waldman, M. (1990). Prenatal injuries: wrongful life, birth, or conception. *American Jurisprudence*, *2nd ser.*, 62A, 393-518 (and supplement).

Walker, A. (1980). The social creation of poverty and dependency in old age. *Journal of Social Policy*, 9, 49-75.

Walker, R., and Leisering, L. (eds). (1998). *The Dynamics of Modern Society: Poverty, Policy and Welfare*. Bristol: Policy Press.

Wall, M., Gast, D., and Royston, P. (1999). Leisure skills instruction for adolescents with severe or profound developmental disabilities. *Journal of Developmental and Physical Disabilities*, 11(3), 193-219.

Walls, R., Dowler, D., Cordingly, K., Orslene, L., and Greer, J. (2001).

Microenterprising and people with disabilities: strategies for success and failure. *Journal of Rehabilitation*, 67(2), 29–35.

Ward, L. (1997).*Seen and Heard: Involving Disabled Children and Young People in Research and Development Projects*. York: Joseph Rowntree Foundation.

Wates, M. (1997). *Disabled Parents: Dispelling the Myths*. London: Radcliffe Medical Press/National Childbirth Trust.

Wates, M., and Jade, R. (eds). (1999). *Bigger than the Sky: Disabled Women on Parenting*. London: Women's Press.

Wates, M., and Tyers, H. (2000). Supporting Disabled Parents: A Sample Protocol for Good Practice in Social Services Departments. Unpublished research paper.

Watson, N., Shakespeare, T., Cunningham-Burley, S., Barnes, C., Corker, M., Davis, J., and Priestley, M. (1999). *Life as a Disabled Child: A Qualitative Study of Young People's Experiences and Perspectives*. Edinburgh and Leeds: Universities of Edinburgh and Leeds.

Wattanapitayakul, S., and Schommer, J. C. (1999). The Human Genome Project: benefits and risks to society. *Drug Information Journal*, 33(3), 729–35.

Waxman Fiduccia, B. (2000). Current issues in sexuality and the disability movement. *Sexuality and Disability*, 18(3), 167–74.

Waxman Fiduccia, B., and Wolfe, L. (1999). *Women and Girls with Disabilities: Defining the Issues*. Washington, DC: Center for Women's Policy Studies and Women and Philanthropy.

Wehman, P., Revell, G., and Kregel, J. (1997). Supported employment: a decade of rapid growth and impact. In P. Wehman, G. Revell, J. Kregel, and M. West (eds), *Supported Employment Research: Expanding Competitive Employment Opportunities for Persons with Significant Disabilities*, Richmond, VA: Rehabilitation Research and Training Center on Supported Employment, Virginia Commonwealth University.

Welsch, W. (1996). Aestheticization processes-phenomena, distinctions and prospects. *Theory, Culture & Society*, 13(1), 1–24.

Werner, D. (1993). Meeting the needs of disabled village children. *Tropical and Geographical Medicine*, 45(5), 229-32.

Wertz, D. (1998). Eugenics is alive and well: a survey of genetic professionals around the world. *Science in Context*, 11(3-4), 493-510.

Wertz, D., and Gregg, R. (2000). Genetics services in a social, ethical and policy context: a collaboration between consumers and providers. *Journal of Medical Ethics*, 26(4), 261-5.

Westcott, H., and Cross, M. (1996). *This Far and No Further: Towards Ending the Abuse of Disabled Children*. Birmingham: Venture Press.

Williams, G. (1984). The genesis of chronic illness: narrative reconstruction. *Sociology of Health & Illness*, 6, 175-200.

Williams, S. (2000). Chronic illness as biographical disruption or biographical disruption as chronic illness? Reflections on a core concept. *Sociology of Health & Illness*, 22(1), 40-67.

Wirz, S., and Lichtig, I. (1998). The use of non-specialist personnel in providing a service for children disabled by hearing impairment. *Disability and Rehabilitation*, 20(5), 189-94.

Wolbring, G. (2001). Where do we draw the line? Surviving eugenics in a technological world. In M. Priestley (ed.), *Disability and the Life Course: Global Perspectives*, Cambridge: Cambridge University Press, 38-49.

Wolfe, P. (1997). The influence of personal values on issues of sexuality and disability. *Sexuality and Disability*, 15(2), 69-90.

Wolman, C., and Basco, D. (1994). Factors influencing self-esteem and self-consciousness in adolescents with spina-bifida. *Journal of Adolescent Health*, 15(7), 543-8.

Wong, F., Lee, W., and Mok, E. (2001). Educating nurses to care for the dying in Hong Kong-a problem-based learning approach. *Cancer Nursing*, 24(2), 112-21.

World Bank. (1993). *World Development Report* 1993. Washington, DC: World

Bank.

World Conference on Education for All. (1990). World Declaration on Education for All: Meeting Basic Learning Needs. Paper presented at the World Conference on Education for All, Jomtien, Thailand, 5-9 March 1990.

Wu, J. (1994). Population and family planning in China. *Verhandelingen-Koninklijke Academie voor Geneeskunde van Belgie*, 56, 383-400.

Wu, Z. (1994). Conflicts between Chinese traditional ethics and bioethics. *Cambridge Quarterly of Healthcare Ethics*, 3(3), 367-71.

Yasumura, S., Haga, H., Shibata, H., Iwasaki, K., Nakamura, Y., Ahiko, T., Ihara, K., Oiji, A., Fujita, M., Imuta, H., Abe, H., and Fukao, A. (2000). Factors relating to place of death of Japanese people from a small town in a rural area. *Aging-Clinical and Experimental Research*, 12(6), 449-54.

Yelin, E. (1997). The employment of people with and without disabilities in an age of insecurity. *Annals of the American Academy of Political and Social Science*, 549, 117-28.

Yell, M., Rogers, D., and Rogers, E. (1998). The legal history of special education-what a long, strange trip it's been! *Remedial and Special Education*, 19 (4), 219-28.

Zarb, G., and Oliver, M. (1993). *Ageing with a Disability: What do they Expect after all these Years?* London: University of Greenwich.

Zimmerman, S. (1998). The use of genetic tests and genetic information by life insurance companies: does this differ from the use of routine medical information? *Genetic Testing*, 2(1), 3-8.

Zinkin, P., and McConachie, H. (eds). (1995). *Disabled Children & Developing Countries*. Cambridge: Cambridge University Press.

Zola, I. (1977). Healthism and disabling medicalisation. In I. Illich (ed.), *Disabling Professions*, London: Marion Boyars, 41-67.

Zola, I. (1989). Towards a necessary universalizing of disability policy. *Millbank Memorial Quarterly*, 67(2), 401-28.

附录　主要索引翻译对照表

abortion 堕胎

- Australia 澳大利亚
- disabled children 残障儿童
- discrimination 歧视
- impairment 损伤
- Medical Practitioners Board of Victoria 维多利亚执业医师委员会
- moral responsibility 道德责任
- risk negotiation 风险处置
- selective 选择性的
- women's rights 妇女权利

achondroplasia 软骨发育不全综合症

Action for Community Living 社区生活行动

Adulthood 成年期

- autonomy 自主性
- body 身体
- children 儿童
- civil rights 民事权利
- competence 能力
- constructions 建构
- cultural approach 文化进路

dependency 依赖(附)
employment 雇佣(就业)
generation 世代
identity 认同(身份)
independence 独立
labor 劳动力
learning difficulties 智力障碍
life course approach 生命历程进路
modernity 现代性
power relations 权力关系
rights 权利
structure approach 结构进路
training for 培训
transition 转衔
young disabled people 青年残障人士
advocacy 倡导
Age Concern England 英格兰关切年龄
aging 老年
active 积极
body 身体
cognitive impairments 认知损伤
disabled people 残障人士
gender 性别
generation 世代
mask approach 面具进路
personhood 人格
resource allocation 资源配置
social care 社会照料

eugenics 优生学
genetics 遗传学
heterosexuality 异性恋
impairment in old age 老年期损伤
life course approach 生命历程进路
life expectancy 预期寿命
sexual attractiveness 性吸引

Not Dead Yet 生活还在继续

old age 老年
autonomous self 自主的自我
childhood 童年期
cultural construction 文化建构
dependence 依赖
developing countries 发展中国家
dignity 尊严
disability 残障
disability rights 残障权利
Finland 芬兰
impairment 损伤
institutions 制度
learning difficulties 学习困难
longevity 长寿
marginalization of people 边缘人士
medical resources 医药资源
otherness 他者
political activism 政治行动主义
rights 权利

World Conference on Education for All 人人享有教育全球会议

World Conference on Special Needs Education 特殊需求教育全球会议

World Education Forum 全球教育论坛

World Health Organization 世界卫生组织

World Institute on Disability 世界残障研究所

wrongful lives 错误的生命

young disabled people 青年残障人士

　　adult carers 成年照顾者

　　adulthood 成人期

　　body 身体

　　Canada 加拿

　　career choices 职业选择

　　competence 能力

　　death 死亡

　　education 教育

　　employment 雇佣(就业)

　　friendship networks 友谊网络

　　identity 认同(身份)

　　independence 独立

　　institutions 制度(机构)

　　learning difficulties 学习困难

　　leisure 休闲

　　life course 生命历程

　　love/friendship 爱/友谊

　　peer groups 同辈群体/同侪

　　personhood 人格

　　role models 角色模式

译者后记

霞绯:我和敬姐初见于2009年为广东省残疾人联合会承担的一个课题中,从此,她成为我学习生活中的姐姐,和我的导师及我保持了快乐的合作关系。时光荏苒,在燕园学习了七年之后,我决定去美国看看更大的世界,这期间我们通过电子鸿雁继续保留了紧密的交流,而每一次和她交流,似乎都能把时光拉回到曾经的美好,让我在承受压力、抑郁和不被理解的痛苦中得到拯救。

敬姐在这个领域的热情和数年来她对我的鼓励,是我最初接下这个任务的原因与其后坚持工作的动力。能够一起在《残障:一个生命历程的进路》这本书上耕耘是个乐事,也是个苦差。因为,第二年我的博士必修课程依然很多,而暑假还有一些选修的课,我一直是个以优异成绩为追求的人,这就让我的翻译时间变得异常紧张。同时,这是一本有意思的学术书,语言转换是个大挑战。经过沟通,我和敬姐重新作了分工,她克服困难跳进了我这本书的翻译池中。

我在美国主攻儿童福利和青少年社会工作,所以翻译了全书的前四章、导论和结语,并在敬姐帮助下做了全书的统稿工作,翻译整理了原书索引,为了说明本次翻译的一些关键理念和词汇,我负责写了译者前言。

敬:霞绯是我在这些年工作中遇到的一个非常优秀的美丽女生,不论是温婉的容貌还是她善良的心灵。是她引导我走上的信仰之路并让我越来越关注内在的自我,乐享凡尘中的苦乐。在她和她这一代人的身上,我看到很多积极的光芒,这也反过来督促我自己不要做得太差。她在美国分享给了我很多新知识和新理念，促成了我最终决定跑到高威去看看海。2013年夏天她回国休假，我们决定要继续合作一个有意思的事情，而那是我离开北京前的最后一个下午。

因为，我这几年一直在成年人士政策和服务领域探索，所以负责翻译了成年期、老年和死亡这三章，并对翻译书稿统稿完成后进行了最后的完善和定稿。此外，我还负责处理围绕本书的各类琐事。为了确保书稿质量，我们彼此做了校对，相互找毛病，力求翻译忠实于原作并准确、流畅。

说到这里，请允许我们两人将第一份学术敬意呈现给本书作者马克·普里斯特利教授(Mark Priestley)，没有他的充分信任，我们的翻译工作无法起航，在整个工作周期中，马克给予了我们不断的支持和鼓励。

我们还要将由衷地感谢中国残疾人联合会和中国残疾人事业发展研究会。中国残疾人联合会研究室和中国残疾人事业发展研究会里各级领导的支持使这本书的诞生成为可能。

我们还特别感谢中国社工协会医疗救助和社会工作联盟办公室主任林平光先生所在机构的慷慨解囊，使我们的版权转让工作顺利完成。同时，我们也感谢英国政治出版社负责本书版权转让工作的莎拉(Sarah)女士和我们长期坦诚沟通和耐心等待，并协助我们顺利完成了版权转让手续。

我们也要感谢人民出版社责任编辑杨文霞女士和版权经理刘可扬先生在整个出版周期中的严谨工作，让这本书不仅文字优美，且合法地在中国落地开花。

此外，我们还必须感谢我们各自的家人。

霞绯：我感谢我的父母，在我人生中未作过多干涉。他们让我在年幼时期就拥有自我意识而不被外界过分干扰。这份自我意识牵系着我的存在，它带领我领略或明或暗的世界，使我在有限的生命中得以活得强烈。

敬：感谢上天赐我的宝贝。先生因为执行发射任务，我不得不提前一个月离开高威回京。8月的北京，当我因为两本书的翻译和一本书的扫尾工作而焦躁不安的时候，是儿子给了我智慧且细腻的安慰。先生顺利完成任务回家后，就继续在百忙之中接手了他在家中能够接手的事情，让我有更多清静得以完成我的翻译承诺。没有他们爷俩的支持,我不可能顺利完工。他们是我此生的福音。

最后,我们两人还要坦言,即便我们齐心协力、相互支援,但是,因为我们自身学术素质还不高,且翻译时间有限,对原书很多细节的领悟还缺乏耐心思考,所以书中的谬误恳请读者批评、指正。

我们由衷希望这本书的理念可以为越来越多的人接受、并运用于各自的工作中。生命历程不仅是每一个人的经历,更对残障社群的人生之路有着非凡的意义。而残障社群的人生探索离不开同行的伙伴,祝福你也在他们的路上了。感谢你的阅读。

霞绯和敬

2014 年 9 月

责任编辑:杨文霞
封面设计:徐　晖
责任校对:吕　飞

图书在版编目(CIP)数据

残障:一个生命历程的进路/(英)马克·普里斯特利(Priestley,M.)著;王霞绯,李敬 译;李敬,王霞绯 校. -北京:人民出版社,2015.6
书名原文:Disability:A Life Course Approach
(残障与发展系列译丛)
ISBN 978-7-01-014636-2

Ⅰ.①残…　Ⅱ.①普…②王…③李…　Ⅲ.①残疾人-社会问题-研究
Ⅳ.①C913.69

中国版本图书馆 CIP 数据核字(2015)第 052491 号

北京市出版外国图书合同登记号:01-2014-7942

Disability:A Life Course Approach by Mark Priestley © 2003
This edition is published by arrangement with Polity Press Ltd., Cambridge

残障:一个生命历程的进路
CANZHANG YIGE SHENGMING LICHENG DE JINLU

[英]马克·普里斯特利　著　王霞绯　李　敬　译　李　敬　王霞绯　校

人民出版社 出版发行
(100706　北京市东城区隆福寺街 99 号)

环球印刷(北京)有限公司印刷　新华书店经销

2015 年 6 月第 1 版　2015 年 6 月北京第 1 次印刷
开本:710 毫米×1000 毫米 1/16　印张:18.75
字数:271 千字　印数:0,001-3,000 册

ISBN 978-7-01-014636-2　定价:38.00 元

邮购地址 100706　北京市东城区隆福寺街 99 号
人民东方图书销售中心　电话 (010)65250042　65289539

版权所有·侵权必究
凡购买本社图书,如有印制质量问题,我社负责调换。
服务电话:(010)65250042